AK
47

AK
47

매혹적이면서도
가장 잔혹한
도구의 세계사

래리 커해너 지음
유강은 옮김

이데아

어떤 곳에서는 AK47 돌격소총을 고작 곡물 한 자루 값으로 (···)
살 수 있다. 이 총은 사용하기 편리하기 때문에 최소한의 훈련만 받으면
어린아이도 조작할 수 있다. 이 총은 숨겨서 운반하기도 쉽다.
유지 보수도 거의 필요 없어서 수명이 수십 년에 달한다.

-UN 사무총장 코피 아난[1]

───────◦◦◦◦◦───────

노동계급이 사는 아파트나 막노동자의
오두막 벽에 걸린 소총은 민주주의의 상징이다. 이 총이 계속
걸려 있는 것을 보는 게 우리가 할 일이다.

-조지 오웰[2]

───────◦◦◦◦◦───────

나는 내가 만든 발명품이 자랑스럽지만 테러리스트들이
그 총을 사용하는 것은 유감입니다. 사람들이 사용할 수 있는 기계,
농부의 작업을 돕는 기계, 예컨대 잔디 깎는 기계를
발명했더라면 더 좋았을 겁니다.

-미하일 T. 칼라시니코프[3]

일러두기

본문의 단위는 한국의 일반적인 단위 사용 기준에 맞게 옮긴이가 변환해 함께 표기했다.

감사의 말

자료를 조사하고 책을 쓰는 과정에서 도움을 준 이들이 많다. 어떤 이들은 많은 시간을 나와 함께 보냈다. 또 어떤 이들은 살벌한 곳들을 안내하면서 사물을 바라보는 관점이나 생각에 변화를 가져다주었다.

초기에 도움을 준 이들에게 감사한다. 베트남전쟁 당시 군에서 지급받은 M16 대신 종종 AK를 사용한 경험을 들려준 제9기갑부대 제1대대 A중대 소속 글렌 센코스키Glen Senkowski, 박물관에 있는 AK뿐 아니라 개인 소장품까지 보여주면서 그 두드러진 특징을 설명해준 국립총기박물관National Firearms Museum 수석 큐레이터 더그 위클런드Doug Wicklund, AK의 성공 요인에 관한 견해를 들려준 총기 전문 저술가 덩컨 롱Duncan Long, 제2차 세계대전(이하 2차대전) 당시의 전투 전술에 관한 통찰을 보여준 마크 슈워츠Mark Schwartz, 소형화기의 중요성에 관한 연구로 이 무기가 세상에 미친 영향을 이해하는 데 도움을 준 국방정보센터Center for Defense Information 선임 분석가 레이철 J. 스톨Rachel J. Stohl, 칼라시니코프가 미국을 처음 방문했을 때 초청 인사 중 한 명인 윌리엄 애디슨 허스트William Addison Hurst, AK에 관한 기술적 통찰을 선물한 릭 데이비스Rick Davis, 스톡홀름 국제평화연구소Stockholm International Peace Research Institute, SIPRI의 무기 이전 프로젝트Arms Transfers Project 연구원 마크 브롬리Mark Bromley, 재향군인 취업 지원 프로그램인 헬멧투하드햇Helmets to Hardhats 총재인 미 해병대 소장(퇴역) 매슈 P. 콜필드Matthew P. Caulfield, 칼라시니코프 박물관Kalashnikov Museum에 관한 유용한 전자책 자료인 www.ak47-guide.com 설립자 바딤 대브로브Vadim Dabrov, 국제소형화기행동 네트워크International Action Network on Small Arms에서 제작한 소형화기조사일람Small Arms Survey의 자료를 자유롭게 쓰게 해준 담당 직원들, AK47에 관해 시시콜콜한 궁금증이 생길 때마다 곧바로 답을 찾을 수 있는 방대한 정보원인 www.ak-47.net을 운영하는 총기네트워크Guns Network의 간사들과 회원들, 정부 문서 발굴에 도움을 준 조사연구스페셜리스트Investigative Research Specialists와 LLC 대표 래리 질리옥스Larry Zilliox, 경찰과 돌격소총에 관한 통찰을 보여준 미국 법무부 선임 정책분석가 칼 비클Karl Bickel에게 감사드린다.

거의 15년 동안 매달 모이는 작가 그룹의 성원들에게도 고맙다는 말을 하고 싶다. 모두 어엿한 작가이자 저자인 앨런 아펠Allen Appel, 오디 애플Audie Appel, 댄 스태샤워Dan Stashower, 존 매키언John McKeon, 마크 스몰론스키Marc Smolonsky, 그리고 내가 문필가의 곤경에 빠지지 않게 해준 오랜 친구 더그 스타Doug Starr, 미국총기협회 National Rifle Association 사격장에서 나와 함께 시간을 보내면서 M16과 AK의 사격 특성을 알려준 애덤 파이어스톤Adam Firestone에게 감사한다. 전문적인 식견으로 초고를 읽어준 총기 전문가이자 언론인 찰리 커쇼Charlie Cutshaw, 이 책의 중요성을 이해하고 출간을 끝낼 수 있게 재촉해준 게일로스저술에이전시의 담당 에이전트 게일 로스 Gail Ross와 창의성 풍부한 책임자 하워드 윤Howard Yoon, 통찰력과 지혜를 나눠준 담당 편집자 에릭 넬슨Eric Nelson, 그리고 뛰어난 작가이자 저자로서 편집을 비롯한 여러 면에서 도움을 준 아내 로빈 레이섬Robin Latham에게 특별히 감사한다.

지은이의 말

거듭 요청했지만 미하일 칼라시니코프Mikhail Kalashnikov는 이 책을 위한 인터뷰를 거절했다.

이제 80대인 칼라시니코프는 호감이 가면서도 비극적인 인물이 되었다(칼라시니코프는 2013년 12월 23일 아흔네 살의 나이로 세상을 떠났다―옮긴이). 그는 신문과 잡지에 짧은 인터뷰를 계속 하고 있으며, 종종 공개 행사에도 나타나 자기 브랜드의 보드카를 광고하고, 자신이 발명한 무기가 전 세계에서 발휘하는 파괴력을 비판하는 사람들을 반박하고, 새롭게 얻은 유명인 신분으로 자신이 대표하는 러시아 무기 제조업체들의 사업을 선전한다.

다행히도 칼라시니코프와 AK47, 그리고 이 총이 세계사에 미친 영향에 관한 이야기는 내가 찾아낸 개인적 자료와 기밀 자료뿐만 아니라 공개 자료에서도 볼 수 있다. 나는 이 책에서 다루는 정보를 얻기 위해 이 모든 출처에 도움을 받았다.

전쟁의 얼굴을 바꾼
1947년형 칼라시니코프 자동소총

2003년 3월 23일, 미 육군 아파치 공격용 헬리콥터 32기가 어둠을 틈타 바그다드로 날아갔다. 지상에서 수도를 향해 북쪽으로 이동하는 연합군보다 앞선 움직임이었다. 헬기는 수도 남부를 지키기 위해 반원형으로 배치되어 있다고 전해지는 사담 후세인Saddam Hussein의 엘리트 군대인 공화국 수비대를 수색·섬멸하는 작전을 수행하고 있었다. 이 작전을 벌이기에 앞서 미국은 지대지 미사일과 0.5lb(1파운드는 약 453.592g에 해당한다. 0.5lb는 약 0.226kg이다─옮긴이)짜리 자탄 950개를 탑재한 에이타킴스ATACMS 로켓으로 사담의 주요 대포 진지를 두들겼다. 헬파이어 대전차 미사일을 여러 방향으로 동시에 겨냥할 수 있는 최첨단 롱보Longbow 레이더 시스템과 30mm 기관포를 탑재한 채 저공비행하는 2200만 달러짜리 아파치 헬기들이 남은 적군을 쓸어버릴 예정이었다.

그렇지만 아파치 헬기들이 자리를 잡는 동안 예상치 못한 일이 벌어졌다. 마치 정전이라도 된 것처럼 바그다드 외곽의 불빛이 일제히 꺼졌다. 이윽고 2분 뒤 똑같이 영문도 모른 채 다시 불이 들어왔다.

미 육군 조종사들은 불빛이 공격 신호라는 것을 알지 못했다.

그러고는 경험이 가장 풍부한 전투 베테랑들조차 깜짝 놀랄 일이 벌어졌다. 세계에서 가장 많고 효과적인 공격 무기, 워낙 값이 싸고 단순해서 많은 나라에서 살아 있는 닭 한 마리 값도 안 되는 돈으로 살 수 있는 무기가 사방에서 아파치 헬기들을 공격했다. 몇몇 나라에서 국기와 화폐에 그려져 있는 무기, 세계 각지의 게릴라와 반군이 도전적으로 휘두르는 이 무기는 냉전 이후 시대의 지정학적 풍경을 바꿔놓았다. 이 무기는 매년 25만 명 이상의 목숨을 앗아간다. 최소한 50개국의 합법적인 상비군이 선택한 총기이자 국제적 반군과 테러리스트부터 국내의 마약상과 거리 갱단에 이르기까지 수많은 비정규 전투부대가 집어 드는, 이론의 여지가 없는 총기다.

AK47 돌격소총 이야기다.

아파치 헬기들이 자리를 잡고 선회하는 동안 이라크 지상군은 수천 회의 일제사격을 가했다.[4] 32기 중 31기가 손상을 입었다. 전부 다 작전을 포기해야 했다. 1기는 추락해서 조종사 두 명이 생포되었다. 펜타곤 관리들은 이 헬기가 격추됐는지 아니면 기계 고장때문에 추락했는지도 파악하지 못했다. 안전하게 귀환한 조종사가 이렇게 말했다. "사방에서 날아왔습니다. 앞과 뒤, 왼쪽과 오른

쪽을 맞았어요." 매사추세츠주 스프링필드 출신 조종사로 1991년 걸프전에서 전투용 헬기를 몰았던 밥 더프니Bob Duffney가 한마디 덧붙였다. "사막의 폭풍Desert Storm 당시에는 이런 총격을 받지 않았어요."

미군이 우주 시대의 무기와 기술에 수십억 달러를 쏟아부었는데도 AK는 여전히 지구상에서 가장 파괴적인 무기로 남아 있다. 바나나처럼 휘어진 탄창 때문에 생겨난 익숙한 실루엣은 제3세계 반란과 권력의 상징이 되었다. 1947년에 이 소총이 처음 발명된 이래 제조되어 유통된 8000만~1억 정의 AK는 점점 더 위험한 위협을 제기한다. 전 세계에 깔려 있는 골칫거리인 지뢰와 달리 운송과 수리가 쉽고, 여기저기 돌아다니는 공격자 집단이 사용하기 쉽기 때문이다. AK 덕분에 아프리카에서 쿠데타가 일어났고, 중동에서 테러 공격이 벌어졌으며, 로스앤젤레스에서 은행 강도가 빈발했다. AK는 문화적 아이콘이 되었고, 그 독특한 모양은 우리의 의식 속에서 치명적인 소총의 모습으로 각인되었다.

AK는 어떻게 그토록 전설적인 명성을 얻게 되었을까? 이 총은 움직이는 부품이 거의 없어서 막히는 법이 없다. 열기와 냉기, 비와 모래에 강하다. 백발백중은 아니지만, 근접전에서는 엄청난 화력(1분당 600발)과 신뢰성 덕분에 M16같이 더 복잡하게 설계된 무기보다 인정받는다. 베트남전쟁 당시 미군 병사들은 논에 6개월 넘게 처박혀서 녹이 슨 흙투성이 AK라도 끄집어내서 군홧발로 노리쇠를 걷어차면 완벽하게 발사된다고 보고했다.

이라크나 소말리아, 수단, 시에라리온, 가자 지구 같은 전 세계 분쟁 지대 전역에서 펼쳐지는 시나리오를 보면, 수준 낮은 기술의 AK가 우월한 군사 훈련과 무기를 압도한다. 예컨대 이라크에서 반군들은 최근에 주로 폭탄 공격이나 납치, AK를 이용한 소형화기 집중 사격 같은 단순한 전술로 미군의 사기를 꺾는 피해를 주고 있다. 미군은 손발이 묶인 채로 시가전을 할 수밖에 없는데, 이런 전투에서는 일반 시민이라도 전문적으로 훈련받고 완전무장에 신체 능력까지 완벽한 미군 병사만큼이나 살상력이 클 수 있다. 폭발 사건이 벌어지면 신문 헤드라인에 실릴 만큼 많은 사람이 죽기 때문에 대다수 미국인은 이라크인과 미군이 그런 식으로 서로 죽고 죽인다고 생각한다. 그러나 사실 이라크에서는 화제를 모으는 급조 폭발물보다 소형화기로 죽어가는 사람이 여전히 더 많다.

미군이 이러한 전쟁의 "새로운" 면모를 정말 신속하게 인식하지 못했는지는 여전히 의심스럽다. 현장에 있는 개별 병사들은 잘 알았기 때문이다.[5] "좀 실망스럽습니다." 육군 제11항공연대 전 사령관 빌 울프Bill Wolf 대령의 말이다. 그는 미국이 민간인 사상에 관해 오랫동안 견지한 정책을 언급하면서 한마디 덧붙였다. "우리는 우리가 전쟁을 벌이는 방식 때문에 거리 봉쇄를 꺼내 들지 못합니다."

이처럼 "전쟁을 벌이는 방식"은 이제 더는 통하지 않는다. 어떤 이는 러시아제 돌격소총이 전 세계에 퍼져서 감기처럼 흔해진 뒤로는 절대 통하지 않았다고 주장할 것이다.[6] 오늘날 벌어지는 전쟁은 도시 지역에서 소규모로 진행되는 열전熱戰으로, 이런 전쟁에서는 복잡하고 값비싼 무기가 AK를 휴대한 반군들에게 상대가 되지 않는다. 반군들은 훈련이 거의 필요하지 않으면서도 현지 지형은 더 잘 안다. 미 육군 기지이자 훈련소인 포트베닝Fort Benning의 사령관 윌리엄 J. 리브시 주니어William J. Livsey Jr. 소장은 1980년대 초에 이런 정서를 드러낸 바 있다. 당시 군은 1세대 스마트 무기에 컴퓨터칩이 장착되는 가운데 기념비적인 변화를 겪고 있었다. 군은 이런 스마트 무기의 복잡성과 가능성에 매혹되었다. "소련인들과 우리가 만들어낸 온갖 정교한 무기에도 불구하고 우리는 여전히 소총을 든 저 외톨이 보병을 그가 선 땅에서 몰아내야 합니다. 이게 세상에서 제일 어려운 일이에요."

AK 덕분에 군대가 아니라 소규모 파벌만으로도 정부를 통째로 전복할 수 있었기 때문에 힘의 균형이 이동했다. 라이베리아 태생으로 미국에서 교육받은 전도사 찰스 테일러Charles Taylor는 1989년에 AK로 무장한 100명의 초라한 기간요원들을 이끌고 라이베리아 대통령궁을 습격해서 그 후 6년 동안 나라를 장악함으로써 이점을 입증했다. 새로운 정권에 충성을 맹세한 모든 이에게 AK를 지급한 테일러는 깡패 군인 무리를 거느리고 권력을 유지했다. 군인들은 충성의 대가로 자신들이 물리친 적들의 재산을 약탈할 수 있었다.

대륙의 반대편 모잠비크의 국기와 동전에는 AK가 자랑스럽게 새겨져 있다. 이 나라에 자유를 안겨준 무기에 경의를 표하는 것이다. 역설적이게도, UN은 모잠비크 내전 이후 이 나라에 미등록

AK가 수백만 정 남아 있다고 추산한다. AK가 계속 남아 있는 한 불안정의 씨앗은 모잠비크 땅에 계속 뿌리를 내릴 것이다.

바야흐로 전쟁이 바뀌고 있다. 이제 전쟁은 **반드시** 국경 분쟁이나 이데올로기, 정치적 차이를 둘러싸고 벌어지지 않는다. AK 돌격소총의 위력 덕분에 파벌들이 나라 곳곳을 돌아다니면서 시민들을 위협하고 전리품을 **빼앗을** 수 있다.

이런 파벌들은 심지어 초강대국도 궁지로 몰아넣을 수 있다.

저 유명한 '블랙호크 격추Black Hawk Down' 사건(나중에 할리우드에서 동명의 영화로 만들어졌다) 당시 미 육군 레인저 부대가 모가디슈에서 겪은 일을 생각해보라.[7] 7일에 걸쳐 격렬한 시가전이 벌어지면서 미군 병사 18명이 사망하고 훨씬 더 많은 부상자가 발생한 끝에 결국 국방부 장관이 사임하고 미군 전체가 소말리아에서 철수했다. 이 사건을 취재한 BBC 소말리아 지국의 유수프 하산Yusuf Hassan은 방송 중에 이렇게 말했다. "영화는 미군을 영웅처럼 그렸지만, 사실 그들은 **온갖** 기술로 중무장했습니다. 고작 AK47로만 무장한 사람들을 상대로 한 첨단 기술 전쟁이었죠." (공정하게 말하자면, 소말리아 무장세력에게는 로켓 추진 유탄rocket-propelled grenade, RPG과 다양한 기관총도 있었다.)

소말리아에서 이렇게 패배를 당했어도 정책 결정권자들은 거기에 담긴 메시지를 읽지 못한 것 같다. 초강력 병기를 갖춘 초강대국이라 할지라도 돌격소총과 결의로 무장한 전사 한 명을 당하지 못한다는 메시지 말이다. 아프가니스탄의 모하마드 야히아 나우로즈Mohammad Yahya Nawroz 장군과 미 육군의 레스터 W. 그라우

Lester W. Grau 중령은 외국군연구실Foreign Military Studies Office에 제출하기 위해 작성한 〈소련의 아프가니스탄 전쟁: 역사와 미래 전쟁의 전조?The Soviet War in Afghanistan: History and Harbinger of Future War〉라는 제목의 사례 연구에서 충분히 무장한 나라는 미국과 전쟁을 벌이기를 원치 않는다고 가정했다. 미국의 무기가 기술적으로 더 우월하기 때문이다. 이상한 이야기이지만, 군사력이 부족한 나라가 오히려 더 유리한 위치를 차지한다. "현재 첨단 무기를 대량으로 공급받는 나라는 극히 적고, 가까운 미래에 미국과 전쟁을 벌일 가능성이 없다. 이제 기술적으로 발전하지 못한 나라가 기술적으로 발전한 나라를 상대로 싸우는 유일하게 효과적인 방법은 게릴라전뿐이다. 민족적 의지와 인내력의 시험대인 게릴라전은 여러 기술의 이점을 부정한다." 오늘날 미국이 이라크와 아프가니스탄에서 수렁에 빠진 걸 보면, 1996년에 작성된 이 보고서가 무시된 것이 분명하다.

역설적이게도, 세계에서 가장 발전되고 파괴적인 무기인 원자폭탄은 수준 낮은 기술의 AK가 대두하는 길을 열어주었다. 원자폭탄이 지구적 차원의 대량 살상을 보장해준 까닭에 냉전의 두 초강대국은 직접 전쟁을 벌이는 것을 거부했다. 그 대신 두 나라는 '대리전'을 고안했다. 훈련도 제대로 받지 않은 전투원들을 보유한 제3세계 나라들에 자신들의 이데올로기를 실행하는 과제를 떠넘긴 것이다. 이 나라들은 훈련을 거의 또는 전혀 받지 않았지만 값싸고 내구성 있고 쉽게 손에 넣을 수 있는 AK로 무장한 전사들을 활용했다. 소규모 열전은 더 신속하게 개시되고 오래 지속되었다. 훈련을 받든 안 받든 간에 누구든지 곧바로 사격할 수 있고, 고도로 훈련된 병사만큼이나 살상력을 발휘할 수 있는 이 단단한 무기가 톡톡히 역할을 했다. 특정한 전쟁이 끝나면, 무기 중개상들이 AK를 모아서 다음번 분쟁 지역의 전사들에게 팔았다. 이런 시나리오는 특히 아프리카와 중동에서 되풀이되었다. 원자폭탄이 현대전의 면모를 바꾸었다면, AK 역시 그것을 바꾸었다.

문화적 차원에서 보면, AK는 매일같이 미국과 유럽 신문의 1면을 장식하는 반서구 이데올로기의 상징이다. 소련에서 제작된 AK는 공산주의의 세계 지배라는 꿈을 공유하는 나라들에 공급되었다. 원래는 판매용이었지만, 소련은 결국 소비에트권 국가에 수백만 정을 무상으로 제공하고 다른 나라들에는 자국에서 직접 생산하게 해주었다. 요즘 불안정한 지역에서는 AK를 가지고 있다는 것이 남자다움의 징표이자 일종의 통과의례다. 콩고, 미얀마, 스리랑카 등 수십 개 나라의 소년병들은 여봐란듯이 AK를 들어 보인다. 흰옷을 걸친 오사마 빈라덴의 모습이 담긴 동영상 자료에는 그가 AK를 발사하는 장면이 있는데, 이는 그가 진정한 반체제 전사임을 전 세계에 알리는 메시지다. 사담 후세인이 지하 은신처에서 생포될 때 그의 옆에는 AK 두 자루가 있었다. 그 또한 이 무기에 워낙 매료되어 바그다드에 AK 총신의 독특한 모양으로 된 뾰족탑을 과시하는 사원을 지을 정도였다. 그의 아들 우다이는 금으로 도금된 AK를 주문 제작했다.

그런데 이 무기를 만든 설계자는 어떻게 되었을까? 2차대전 당시 농민의 아들인 젊은 전차병 미하일 티모페예비치 칼라시니코프Mikhail Timofeevich Kalashnikov는 동쪽으로 진격하는 나치에게 입은 총상에서 회복되는 중이었다. 그는 병상에서 가장 단순한 자동화기를 스케치했는데, 나중에 그것을 만들 기회를 얻었다. 그의 목표는 소련군이 독일군을 물리치고 전쟁을 신속하게 끝낼 수 있도록 돕는 것이었다.

지금은 여든다섯 살로 작고 약하며, 귀가 거의 멀고 수전증 때문에 오른손을 제대로 움직이지도 못하는 칼라시니코프는 자신이 세계에 내놓은 끔찍한 선물에 관해 생각하면서 종종 악몽에 시달린다. "잔디 깎는 기계 같은 걸 발명했더라면 더 좋았겠지요." 또 어떤 때는 자기 발명품의 로열티를 전혀 받지 못하는 이 가난한 남자는 도발적이고 초연한 태도로 자식 같은 자기 발명품을 오용하는 세상 사람들을 개탄한다. "나는 조국을 수호하기 위해서 그걸 발명한 겁니다. 일말의 후회도 없고, 정치인들이 그 총을 어떻게 쓰든 나는 아무 책임이 없어요."

이 총이 공식 병기로 채택된 해를 가리키는 '1947년형 칼라시니코프 자동소총Avtomat Kalashnikova 1947'의 약자인 AK47은 2차대전을 끝내기에는 너무 늦게 실용화되었지만, 이 총의 탄생은 세계 전역에 죽음과 파괴를 퍼뜨리기에는 완벽할 정도로 시기적절했고, 금세기까지도 그런 죽음과 파괴는 계속될 것이다.

차 례

1장
제2차 세계대전과 AK47의 탄생

2장
논에서의 명성, 베트남전쟁

1

제2차 세계대전과
AK47의 탄생

"복잡한 건 쉽다.
단순한 게 어렵다."

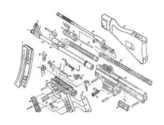

AK 탄생의 씨앗, 브랸스크 전투

2차대전에 관한 책들을 보면, 브랸스크 전투는 워낙 사소한 충돌이라 각주로도 다룰 만한 가치가 없다. 그러나 대다수 역사학자가 대충 한 번 훑어보고 말 정도로 중요하지 않은 이 전투는 역사에서 별개의 자리를 차지한다. 당시 무명의 전차장이던 미하일 칼라시니코프는 바로 여기서 다시는 자기 동지들이 외국군에 패배를 당하는 일이 없도록 하겠다고 결심했다. 소련 선전가들이 명명한 대조국전쟁Great Patriotic War 이후에 그는 무척 단순하면서도 혁명적인 무기를 구상하고 만들었는데, 이 무기는 결국 전쟁을 치르고 이기는 방법을 바꾸게 된다.

독일군은 소련을 침략하면서 새롭고 무시무시한 전투 방식을 채택했다. 전격전Blitzkrieg은 대규모 공습과 장거리 포격으로 적을 두들기는 신속하고 개방적인 공격 교의였다. 집결한 전차 군단과 보병 군단이 그 뒤를 이었다. 독일군은 거의 직선 궤도 포격을 하면서 적군을 혼비백산케 해 대응 능력을 앗아갔다.

전격전의 성공은 적의 방어선 한 지점에 병력을 집중하여 구멍을 낸 뒤 적 영토 깊숙이 쳐들어가서 의표를 찌르고, 조직적이고 극도로 효율적인 침략군을 잇달아 투입해 상대를 항복시킬 수 있는지에 달려 있었다. 이 과정 전체가 대단히 신속하고 대규모로 이루어져서 상대는 공격을 받는다는 사실을 미처 알기도 전에 결정적인 타격을 입었다. 전격전의 심리적 효과는 굉장한 파괴력이 있었다.

나치 정권은 1939년 9월에 전격전을 훌륭하게 활용하여 신속하면서도 난폭하게 폴란드를 꺾었다. 이듬해에 이른바 저지低地 국가들(네덜란드, 벨기에, 룩셈부르크)을 침략했을 때도 이 전술은 독일에 크게 도움이 되었다. 승리를 거둘 때마다 독일은 추진력과 확신을 얻었다. 그 직후, 독일은 프랑스를 침략했다. 언젠가 한번은 소규모의 결연한 독일 기갑부대 탱크들이 프랑스의 방어선을 돌파하고 상대가 반격을 시작하기도 전에 해안까지 다다랐다.

전격전은 여러 면에서 과거의 전쟁 수행 방식에 대한 논리적 반작용이었다. 제1차 세계대전(이하 1차대전—옮긴이) 당시 각국 군대는 참호 속에 웅크린 채 때로는 몇 달 동안 버텼다. 각국은 국경을 따라, 그리고 중요한 도시들 주변으로 가늘고 길게 방어선을 펼쳤다. 벙커 안에 설치한 고정식 기관총으로 무장한 군대는 적의 진군을 물리칠 수 있었다. 저격수들은 먼 거리에 겨우 보이는 상대편 병사를 겨냥해서 사격할 수 있다는 희망을 품은 채 참호 위로 머리를 내밀었다. 1차대전은 대체로 정적인 전쟁이었다.

히틀러의 군대는 탱크와 트럭(내연기관의 성능이 향상되면서 자연스럽게 뒤따른 결과였다), 송수신 겸용 무전기를 활용해 지상의 특정한 지점에 있는 적을 상대로 신속하고 맹렬하게 화력을 과시하는 일제 공격을 가했다. 야전 장교들에게는 중앙사령부의 특별한 명령이 없이도 최대한 신속하게 병력을 전진시키는 책임이 주어졌다. 가장 단순한 형태를 보면, 이런 전쟁 수행 방식은 중앙에서 조정된 전략, 잘 훈련된 병사들, 기술적으로 발전된 대량의 장비와 그것을 지원하는 병참 기반구조 등에 의지했다. 이런 요소를 갖춘 군대는 거의 승리의 보증수표나 다름없었다.

따라서 1941년 6월에 독일이 소련을 침략한 동안 전격전이 주요 전략이 되고, 칼라시니코프를 비롯한 소련 병사들이 그 야만적인 영향을 받은 것은 전혀 놀랄 일이 아니다.

양국은 원래 동맹국이었고 심지어 몇 년 전에 자기들끼리 폴란드를 나눠 가졌기 때문에 예상치 못한 공격과 번개 같은 진격에 소련 지상군은 곧바로 궤멸되었다. 고도로 훈련되고 규율이 잡힌 독일군은 도시와 소도시를 잇달아 장악하고 전진하면서 순식간에 그 경로에 있는 소련 군대와 민간인을 절멸했다. 독일 보병은 몇 미터 떨어진 소련 방어군 무리에 수백 발을 쏘아대면서 자동기관총으로 수십만 명을 죽였다. 독일군 손에 군인과 민간인이 떼거리로 쓰러졌다.

독일군이 최종 목표인 모스크바로 돌격하면서 닥치는 대로 파괴하는데도 소련은 이를 막을 수 없었다.

1941년 9월 말, 대규모 독일군이 모스크바 서남쪽 데스나강에 바짝 붙어 숲속 깊이 자리한 브랸스크 외곽에 다다랐다. 독일 공군이 지상 공격에 대비해 이미 7월에 브랸스크와 주변 지역을 폭격한 상태였다. 소련인 수천 명이 그 지역에서 철수했다. 공장들도 더 안전한 동쪽 지역으로 옮겨갔다. 주민들은 도시 주변에 대전차 참호를 팠다.

이 모든 준비 태세는 결국 아무 쓸모가 없었다. 나치는 도시 주택의 90퍼센트를 파괴하고 8만여 명을 죽였다. 2만여 명이 노예수용소로 끌려갔는데, 나중에 대부분 굶어 죽거나 고문을 이기지 못하고 죽었다.

브랸스크 전투 당시 칼라시니코프의 탱크는 적의 측면을 기동하다가 포격을 맞았다. 칼라시니코프의 귀가 울렸다. 탱크 장갑 파편이 왼쪽 어깨를 관통해서 의식을 잃었다. 포탄의 충격에 출혈까지 생긴 칼라시니코프와 담당 의사를 포함한 12명은 병원으로 이송되었다. 일행이 인근의 마을로 들어갈 때 칼라시니코프와 운전사는 적군이 있는지 확인하기 위해 트럭에서 내렸다. 텅 빈 마을은 칠흑처럼 어두웠다. 아무도 없는 거리를 통과하는데, 기관단총으로 무장한 독일군 병사들이 트럭을 습격해 일제사격을 가했다. 칼라시니코프와 운전사는 기관단총 소리를 듣고 관목 숲에 잠시 몸을 숨겼다가 두고 온 동료들을 향해 기어갔다. 현장에 도착했을 때 사이드카가 달린 독일군 오토바이 몇 대가 막 모퉁이를 돌아 사라지는 게 보였다.

끔찍한 광경이었다. 병사들은 총을 맞은 채 트럭 침상에 어지러이 나뒹굴어 있었다. 도망치려던 이들 몇은 비포장도로에 쓰러져 있었다. 그중 일부는 죽음을 코앞에 두고 단말마의 비명을 질러댔다. 칼라시니코프는 팔다리가 잘린 사람들의 모습을 보고 토악질을 했다.

그 후 며칠 동안 두 생존자는 독일군의 살인적인 정찰을 피하기 위해 죽을힘을 다해 걸었다. 지치고 두려운 데다 상처까지 입은 둘은 마침내 병원에 다다랐다. 칼라시니코프는 이제 병상에서 안전하게 지내면서 감염된 상처를 치료받았지만, 특히 밤에는 편하게 쉴 수 없었다.

칼라시니코프는 우월한 기관단총으로 트럭에 실린 동지들을 도살하는 독일군들이 나오는 악몽에 시달렸다. 괴로움에 몸부림치며 침대에 누워 자신의 삶에 대해, 조국이 처한 위험과 부모님에 대해, 자기가 살던 작은 마을에 대해 생각했다.

독학한 무기 설계자의 첫 시제품

미하일 티모페예비치 칼라시니코프는 1919년 11월 10일에 태어났다. 당시 세계는 이제 막 1차대전—"모든 전쟁을 끝내기 위한 전쟁"—이 끝나는 것을 보면서 영원한 평화를 기대했다.[8] 그의 가족은 정치적 숙청이 벌어지는 와중에 알타이주의 춥고 황량한 쿠리야 마을로 추방된 상태였다. 병약한 아이로서는 도무지 이해할 수 없는 일이었다. 이런 가혹한 환경에서 가족의 아이들 19명 가운데 여덟 명만이 살아남았다.

뭐든지 만지작거리는 아이였던(미하일은 마을에 있는 자물쇠를 전부 분해해보았다) 그와 친구는 미제 브라우닝 권총을 하나 손에 넣었다. 미하일은 깨끗하게 닦아서 광을 내고 분해했다가 다시 조립하기를 여러 번 했다. 제대로 작동하는지, 총을 쏴보고 싶어서 안달이 났다. 총이 무서우면서도 매료되었는데, 당국에서 나온 잡동사니 문서 더미 속에 숨겨 두었다. 그런 무기를 갖고 있는 건 불법이었기 때문이다.

여하튼 민병대가 이 총에 관해 알게 되었고, 10대 소년 미하일은 체포되었다가 금세 풀려났다. 자기는 권총을 갖고 있지 않다고 몸부림치면서 잡아뗐고, 당국도 총을 찾아내지 못했기 때문이다.

결국 발각될 것이 두려웠던 칼라시니코프와 친구는 도망치면서 브라우닝 부품을 길 여기저기에 내버렸다. 나중에 그는 이런 예언적인 경험에 관해 이렇게 말했다. "바로 그날이었다. 내게 고난을 안겨준 주범, 무기를 처음 알게 된 것이."

카자흐스탄으로 가서 철도 일자리를 구한 뒤인 1938년에 칼라시니코프는 징집되었다. 그는 기계를 만지는 데 재능이 있었기 때문에 탱크 회사에 배속되어 엔진 가동 시간을 체크하는 계기에 몇 가지 개선점을 고안했다. 그러나 고안한 내용을 충분히 시험해볼 수는 없었다. 독일이 1941년 6월에 공격을 해서 전선으로 보내졌기 때문이다. 그는 전선으로 떠나기 전에 독일인들이 전술적으로 우수하고 잔인하다는 이야기를 들었지만, 자신이 희생양이 된다거나 그 때문에 인생이 어떻게 바뀔지는 전혀 알지 못했다.

전선에서 이송되고 불과 몇 주일 뒤, 칼라시니코프 병장은 전쟁에서 영원히 밀려났다.[9] 부상이 꽤 심각해서 다시는 군 복무를 할 수 없었다. 병원에서 몸을 회복하는 중에 그는 독일군을 조국에서 몰아낼 수 있는 무기를 만들겠다고 순진하게 스스로 다짐했다. 이 약속은 강박으로 바뀌었다. "밤에 잠에서 깨면 이 생각을 하면서 어떤 종류의 기관단총을 만들지 상상하려고 애썼다. 아침에 일어나면 침대 협탁에서 노트를 꺼내 이런저런 스케치를 했다. 나중에 몇 번이고 고쳐 그렸다."

그는 통증을 잊기 위해 애쓰면서 병원 도서관에서 기관단총에 관해 찾을 수 있는 자료를 죄다 읽었다. 많은 군사전략가는 기관단총이야말로 보병의 궁극적인 무기이자 지상전 승리의 열쇠라고 보았다. 교전국들은 신속하게 자체 개발한 기관단총을 생산하고 있었지만, 소련은 뒤늦게 생산에 뛰어들었고 이 속사 총기를 손에 쥔 병사는 거의 없었다.

칼라시니코프를 비롯한 소련 군인들이 무서워한 것은 독일군의 기관단총(MP40)이었는데, 설계자인 후고 슈마이서Hugo Schmeisser의 이름을 따 슈마이서라고도 불렀다. 슈마이서는 사실 MP40을 설계한 것이 아니라 MP41 개발 작업을 했다. MP41은 MP40에 구식 나무 개머리판을 붙인 것이었다. 기관단총이 모두 그렇듯이, MP40 역시 소총에 사용되는 더 크고 위력이 강한 총탄 대신 권총 크기의 총탄—현대의 많은 권총에서 사용하는 직경 9mm 총탄—을 사용했다.(권총과 소총 총탄의 차이가 항상 분명한 것은 아니다. 권총도 큰 총알을 사용할 수 있고, 때로는 소총도 작은 총알을 사용하기 때문이다. 그러나 몇 가지 예외를 빼면, 소총 총탄은 대체로 더 길고 무거우며 발사 화약도 더 많이 들어 있어서 '살상력'이 크다.) 그래서 유효 사격 거리가 짧았지만, MP40은 가볍고 다루기 쉽고 1분당 500발이라는 놀라운 속도로 발사할 수 있어 그러한 단점이 상쇄되었다. 총에 총탄을 자동으로 공급하는 장치인 탄창에는 32발이 들어갔다. MP40(대부분의 소형화기에서 숫자는 처음 도입되거나 생산된 연도를 가리킨다. 이 경우에는 1940년을 뜻한다)은 또한 소총보다 길이가 짧아서 공수부대원이나 전차병이 휴대하기 쉽다. 기관단총으로는 처음으로 나무 개머리판이나 손잡이가 없이 전체가 금속으로 만들어졌기 때문에 거의 파괴가 불가능했다. 1945년까지 독일은 100만 정 이상을 생산했고, 워낙 인기가 좋아서 연합군 병사들도 자기 기관단총 대신 포획한 이 총을 즐겨 썼다. 연합군의 총기는 1920년대에 갱단 덕분에 '토미건Tommy Gun'으로 유명해진 톰

슨 기관단총을 변형한 것들이었다.

사실 소련에도 PPD34/38이라는 기관단총이 있었지만 부실하게 설계된 총이었다. 1분당 800발을 발사할 수 있지만 무겁고 실전에서 신뢰하기 어려웠다. 무슨 말인가 하면, 이물질이나 과열 때문에 발사가 안 되기 일쑤였다. 대량 생산도 불가능했다. 한결 단순해진 PPSh41이라는 총기가 후속으로 나와서 1941년에 한정 생산되었지만 이듬해까지도 승인을 받지 못했다. 이 총은 병사들 사이에서 인기가 좋았다. 그러나 독일제 기관단총만큼 완성도가 높지 않았다. 소련의 리벳과 용접 기술이 독일에 한참 뒤처졌기 때문이다.

퇴원하자마자 칼라시니코프는 철도국에서 일하는 친구들을 설득해 금속 가공소에 일자리를 얻었다. 왼팔이 불편하고 완쾌되지도 않았는데 그는 조국의 기관단총을 개량하는 일에 착수했다. 동부 전선에서 전쟁이 여전히 끝도 없이 맹렬하게 계속되었기 때문이다.

히틀러가 전략적 오류를 범한 까닭에 소련은 어느 정도 숨을 돌리면서 무기를 개발할 여유가 생겼다. 자신만만한 총통은 모스크바로 모든 병력을 곧바로 보내는 대신 장성들의 조언을 거부하고 세 집단군 중 하나를 남쪽으로 보냈다. 석유와 가스 자원이 풍부한 우크라이나를 점령하기 위해서였다. 이렇게 한 달을 허비하고 나자 히틀러는 시간이 부족했다. 매서운 소련의 겨울이 빠르게 다가오고 있었다. 진흙탕 도로가 빙판으로 바뀌고 있었고, 독일군은 혹한의 날씨에 대비되어 있지 않았다. 11월에 이르러 독일군은 크렘린을 약 27km 앞둔 지점까지 이르렀지만, 영하 34도까지 떨어지는 날씨를 등에 업은 소련의 반격 때문에 더는 나아가지 못했다. 독일 병사들은 추위에 익숙해질 수 없었고, 방한복도 지급받지 못했다. 많은 병사가 얼어 죽었고, 생존자들은 지쳤다. 독일군은 처음으로 수세에 몰리는 처지가 되었다.

어느 쪽도 분명한 승리를 끌어내지 못하는 가운데 전쟁은 계속되었고, 칼라시니코프의 작업도 계속되었다. 그는 몇몇 이들과 함께 몇 달 동안 철도 작업장에서 땀을 흘리면서 기관단총을 만들었다. 이 총으로 전장의 균형을 맞추게 될 것으로 기대했다. 그의 유일한 목표는 조국을 수호하는 것이었다. 그는 시제품을 겨드랑이에 끼고 알마아타(오늘날의 알마티―옮긴이)로 가서 공산당과 군 간부들의 관심을 사로잡았다. 그들은 이 독학한 설계자에게서 가능성을 보았다. 기관단총 시제품이 퇴짜를 맞긴 했지만, 그는 몇 가지 중요한 교훈을 얻었다. 그가 만든 총은 너무 복잡해 혹독한 전투 상황에서 제대로 작동하지 못했다. 예컨대 발사 장치에 움직이는 부품이 너무 많았다. 총에 전체적으로 소형 부품이 많아서 어느 한 부품이라도 고장 나면 작동하지 않을 가능성이 컸다. 그러나 이 젊은이의 번득이는 천재성을 목격한 당국은 기술학교에서 기술을 연마할 기회를 주었다. 거기서 그는 카빈총carbine을 고안했는데, 다양한 장점 때문에 인기 있는 무기였다.

독일과 소련의 총알 전쟁

카빈총은 일반적인 소총과 비슷하지만 총신과 개머리판이 짧다. 원래 기병용으로 개발된 총이다. 말을 탄 채로는 일반적인 크기의 소총을 쏠 수 없기 때문이다. 나중에는 자연스럽게 낙하산병과 전차병이 쓰는 총이 되었다. 무게가 가볍고 좁은 공간에 딱 맞았기 때문이다. 권총 크기의 총알을 사용하는 기관단총과 달리, 카빈총은 더 큰 소총형 총탄을 사용한다.

2차대전 당시 미군의 주력 화기였던 M1 개런드M1 Garand 같은 많은 정식 소총은 온전한 크기와 카빈 버전이 둘 다 나왔다. 실제로 칼라시니코프는 자신의 카빈총을 만들기 위해 탄피 배출 방식뿐만 아니라 발사를 위해 탄창에서 약실로 총탄을 공급하는 방식도 M1의 것을 차용해서 수정했다.

그러나 이 무렵 독일군은 전쟁의 양상이 다시 바뀌고 있음을 분명히 감지했으며, 기관단총이나 카빈총이나 이제 최선의 보병 화기가 아니었다. 기관단총은 사거리가 너무 짧고 총탄도 가벼워서 이제 100~300m 거리를 두고 벌어지는 전투에 적합하지 않았다. 주로 도시 환경에서 전투가 벌어졌기 때문이다. 기관총은 사거리가 길고 총탄이 커서 살상력이 있었지만, 너무 무거워서 신속하게 움직이는 전투 상황에서 휴대하기 어려웠다. 게다가 기관총은 반동이 커서 발사할 때마다 움직였기 때문에 표적을 계속 맞히기가 어려웠다. 기관단총의 가벼운 무게와 기관총의 사거리·살상력을 결합한 새로운 무기가 필요했다.

칼라시니코프를 비롯한 소련의 무기 설계자들은 알지 못했지만, 독일은 이미 바로 그런 무기를 개발하는 중이었고, 그 성공의 열쇠는 총이 아니라 새로운 종류의 총탄이었다.

많은 경우에 총탄의 난해하고 미세한 설계 요소들이 총탄을 발사하는 무기보다 훨씬 복잡하기 때문에 탄도공학자들 사이에서 논쟁을 유발한다. 총알의 무게를 몇 그램 줄이거나, 모양을 끝이 뾰족한 것에서 뭉툭한 것으로 바꾸거나, 탄피에 사용하는 화약의 양을 조금 늘리거나 줄이기만 해도, 총기와 무관하게 전혀 다른 전투 수단이 되어버린다.

총탄은 몇 가지 부분으로 구성된다. 첫 번째는 실제 발사체인 총알이다. 총알은 보통 납과 주석의 혼합물로 만들어지며, 대부분의 군사용 총알은 더 단단하게 하기 위해 구리나 철을 입힌다. 이른바 풀 메탈 재킷full metal jacket 총알이다.

총알은 탄피 앞부분 안쪽에 자리하는데, 탄피를 오그라뜨려서 제자리에 꽉 고정한다. 탄피 재료로 선택되는 금속은 황동이다. 오그라뜨리기 좋게 부드러우면서도 신속하게 발사되고 배출 과정에도 모양을 유지할 만큼 단단하기 때문이다. 탄피는 실제로 압력을 받자마자 약간 퍼지면서 약실의 틈새를 막는다. 폐색obturation이라고 알려진 과정이다. 그리고 압력이 떨어지는 순간 곧바로 수축된다. 황동은 또한 강도에 비해 가볍다. 탄피 안에 들어 있는 화약은 총기의 공이가 탄피 가운데 아랫부분에 있는 뇌관을 때리는 순간 점화한다. 옛날 성냥의 대가리를 부딪치는 것처럼 때리면 화약에 불이 붙는 것이다. 화약이 점화하면서 초음속의 속도로 탄피에서 밀려난 총알은 총신을 통과한다.

1930년대에 독일의 무기 설계자들은 권총 총알과 소총 총알의 중간 크기인 총탄을 실험하기 시작했는데, 결국 PP쿠르츠PP Kurz(kurz는 '짧다'는 뜻이다)라는 절충물을 내놓았다. '7.92×33' 사이즈였다. 총알 지름이 7.92mm에 총알이 들어 있는 탄피 길이가 33mm였다.

간혹 (미터법에 계속 반대하는) 미국과 영국에서는 총탄을 밀리미터 대신 인치로 측정하고 구경으로 표시한다. 1구경은 1in 또는 25.4mm이다. 구경 사이즈가 항상 정확한 것은 아니라는 점 때문에 명명법이 더욱 복잡해진다. 이른바 .38 경찰특수38 Police Special 총알은 실제로는 .357in이며, 〈더티 해리Dirty Harry〉로 유명한 .44 매그넘.44 Magnum은 실제로는 직경 .429in이다.

소총탄보다는 가늘고 권총탄보다는 굵은 독일의 신형 총탄은 이전의 기관단총 총탄에서 크게 벗어난 것으로, 속사 총기에서 새로운 가능성의 세계를 열어젖혔다. 총탄이 많을뿐더러 보병이 휴대할 만큼 가볍고 표적을 계속 사격하기가 쉬웠다. 설계자들이 덤으로 얻은 것은 총탄의 위력이 줄면서 총신을 비롯한 부품의 마모가 줄어들었다는 점이다.

소련이 여전히 기관단총을 개선하는 작업에 몰두하는 동안 독일 설계자 후고 슈마이서와 카를 발터Carl Walther는 중간형 쿠르츠 총탄을 사용하는 여러 소총 시제품을 만드느라 분주했다(발터의 회사는 제임스 본드가 선택한 권총인 발터PPK Walther PPK를 생산했다). 1942년에 이르러 두 사람은 기관카빈총 Maschinenkarabiner, 약칭 Mkb를 시험하고 있었다. 이름에 함축된 것처럼 이것은 기관총과 카빈총의 혼성물이었지만, 히틀러는 이 구상을 전혀 좋아하지 않았다. 히틀러는 여러 단점에도 불구하고 기관총을 고집했기 때문에 설계자들과 군의 지지 세력은 히틀러의 눈을 피하기 위한 시도로 기관권총 Maschinenpistole, MP, 또는 기관단총으로 이름을 바꾸기로 결정했다. 기관단총은 총통이 '승인한 무기 목록에 들어 **있었기** 때문이다.

Mkb42, 또는 MP42는 1942년 홀름 전투에서 소련군을 상대로 실전 시험을 거쳤다. 기존 보급 경로가 끊긴 독일 군단은 레닌그라드 남쪽 로바트강에 면한 홀름에서 소련군에 포위되었다. 2월부터 4월까지 독일군은 영양실조와 추위 때문에 매일같이 죽어 나갔는데, 마침내 Mkb 시제품이 공중투하되었다. 독일군은 이 신무기를 사용해서 소련군 포위망을 뚫고 탈출할 수 있었다.

소련군이 이 획기적인 무기를 한 자루라도 포획할 수 있었는지는 기록되어 있지 않지만, 이 무기의 성능에 깊은 인상을 받은 것은 분명하다. 히틀러 역시 감명을 받아서 마침내 이 소총이 기관단총보다 성능이 우수하다는 점을 인정했다. 그로부터 2년 뒤인 1944년, 히틀러는 체면을 세우기 위해 Mkb를 슈투름게베어 Sturmgewehr(돌격소총)라는 인상적인 이름으로 개명했다. 이로써 세계에 새로운 종류의 자동화기와 이름이 등장했다. 만약 2차대전이

칼라시니코프는 2차대전 당시 전차병으로 전쟁에 참전했다. 브랸스크 전투에서 부상을 당한 그는 독일의 돌격소총과 같은 무기가 절실하다고 생각했으며, 이를 계기로 AK47를 구상했다.
사진 왼쪽: 브랸스크 전투에서 탱크와 진격 중인 적군(Red Army). 위키미디어 커먼스
사진 오른쪽: 슈투름게베어를 겨누고 있는 독일 병사. 위키미디어

계속되었더라면, 모든 독일군 병사가 이 무기를 정규 총기로 받았을 것이다.

한편에서 이런 일이 벌어지는 동안, 소련은 자체적인 중간형 총탄(7.62×39) 개발에 심혈을 기울이고 있었다. 히틀러와 달리 새로운 유형의 총탄과 그것을 발사할 총기의 필요성을 간파한 이오시프 비사리오노비치 스탈린Iosif Vissarionovich Stalin이 승인한 연도를 따서 M43이라는 이름으로도 불렀다. 신형 총탄을 발사할 소총을 찾기 위해 정부는 설계자들을 대상으로 일종의 대회를 열었다. 서구에서는 사실상 무명 신세이지만 소련인들 사이에서는 새뮤얼 콜트Samuel Colt나 스미스 & 웨슨Smith & Wesson 등의 전설적인 인물들과 동급인 알렉세이 수다예프Alexei Sudayev와 세르게이 시모노프Sergei

Simonov 같은 전설적인 소련 설계자들이 대회에 참가했다. 이제 겨우 20대의 나이로 겸손하게 참가 신청을 한 무명의 설계자 미하일 칼라시니코프도 있었다.

칼라시니코프가 신형 총탄을 사용하는 소총을 연구하기 시작할 무렵, 전쟁은 이미 기세가 잦아들었기 때문에 독일군을 몰아내는 무기를 만드는 주인공이 되겠다는 그의 꿈은 수포로 돌아갔다. 게다가 대회에서 우승한 수다예프가 설계한 자동소총은 제작상의 결함이 너무 많아서 실용성이 없다고 여겨졌다.

러시아에서 고안, 독일에서 실현, 소련에서 완성

군 역사가들은 자동소총 이야기에 담긴 잔인한 아이러니, 즉 소련인들이 그들 자신의 최악의 적이었다는 아이러니를 알지 못한다. 독일의 슈투름게베어는 세계 최초의 돌격소총으로 여겨졌지만, 이 발상은 차르 직속 무기 제조업자인 블라디미르 표도로프Vladimir Federov가 1916년에 러시아에서 우연히 고안한 것이었다. 표도로프가 고안한 아브토마트Avtomat(자동소총)는 일본군이 선호하는 중간형 총탄을 사용했다. 일본인들은 체격이 작아서 상대적으로 위력이 약한 총탄의 반동을 선호했다. 표도로프의 천재성은 자동소총에 6.5×50.5mm 아리사카 총알을 사용한 데서 빛났지만, 그가 그렇게 한 것은 흔히 사용하는 큰 총알을 아브토마트에 그대로 쓰기에는 너무 단단하고 또 노리쇠와 피스톤을 비롯한 다른 부품들도 더 무거운 것을 써야 했기 때문이다. 그를 비롯한 당대 사람들은 훗날 중간형 총알을 필요로 하게 되는 전장의 불가피한 성격에 관해 거의 알지 못했다. 그는 단지 자기가 만든 총의 내구력을 높이려고 했을 뿐이다.

1917년 러시아혁명이 일어났을 때 정치적 신념에 따라 이전 정부의 편에 서면서 그의 재능은 땅에 묻혔다. 그는 심지어 감옥에서 시간을 보내기도 했다. 무엇보다도 야전에서 싸우는 장교들은 이 신무기와 총탄의 조합이 미래의 물결이라는 점을 이해하지 못했다. 그들은 위력이 더 세고 사거리가 긴 탄약이라는 개념과 병사들이 언제나 장거리에 적을 두고 전투를 할 것이라는 그릇된 신념에 집착했다. 새로 들어선 정권은 정부와 군을 대대적으로 정비하면서 그의 작업까지 쓸어버렸고, 소련은 예전의 커다란 총탄으로 되돌아갔다. 이 총탄은 1943년까지 표준으로 남았다. 실제로 몇몇 무기 역사가들은 독일인들이 표도로프의 초기 작업에 익숙해서 그의 경험을 바탕으로 쿠르츠 총탄을 만들었다고 주장한다. 진실이 무엇이든 간에, 소련인들은 이제 기술적으로 따라잡으려고 노력하고 있었다. 그러나 전쟁이 끝나자 이제 시간이 남아돌게 되었다. 연합국과 미국의 군대에 무너진 제3제국이 돌격소총에 전혀 관심을 보이지 않는 가운데 전후의 소련 앞에는 분명한 길이 놓여 있었다.

미군은 유럽에서 펼쳐지는 무기 혁명을 감지하지 못했다.[10] 2차 대전이 서서히 끝을 맺을 때, 미국의 무기 전문가들은 독일제 슈투름게베어 몇 정을 M1 개런드 기관단총을 생산하는 스프링필드 조병창Springfield Armory에 연구용 샘플로 보냈다. M1 개런드는 기관 단총으로는 가장 뛰어난 무기로 평가받았다. 방아쇠를 한 번 당겨서 계속 잡고 있으면 총알이 연사되는 자동소총과 달리, 기관단총은 한 발 쏠 때마다 방아쇠를 당겨야 한다. 미군은 독일의 경량 자동화기의 위력에 관해 들은 적이 있고 이제 그것을 자세히 들여다볼 수 있었지만, 상층부는 이 혁신적 무기를 인정하려고 하지 않았다. 초기에 소련인들이 그랬듯이, 그들도 일반 병사나 저격병이 원거리에서 위력이 센 총알을 쏘는 방식이 더 낫다고 믿었다. 그들은 전쟁에서 승패를 가르는 관건은 전략과 훈련과 첨단 무기라는 믿음을 꺾지 않았다. 슈투름게베어를 연구할 때도 그들은 이 무기가 기계로 찍어내서 용접하는 것이라는 사실을 그냥 지나칠 수 없었다. 미국에서 이런 방식은 기계로 압연과 단조를 하는 방식에 견주면 저급한 생산 방식으로 여겨졌다. 그들은 독일이 압형과 용접을 예술을 경지로 끌어올렸으며, 이 무기가 더 가볍고 또 기계로 가공해서 단조한 부품을 쓴 총기만큼이나 튼튼하다는 점을 이해하지 못했다. 스프링필드 조병창의 직원들은 이 무기를 볼품없는 싸구려라고 무시했다.

칼라시니코프는 무기에 관한 본능적 감각을 타고났지만 공식 교육을 받지 못해 불리했던 터라, 당국은 그의 아이디어를 다듬는 데 도움을 줄 소규모 '집단'을 꾸려주었다. 게다가 그는 요즘 식으로 말하면 '초점' 집단'focus' group을 신봉해서 실제로 총기를 발사한 뒤 자기 의견을 들려주는 병사들의 말에 귀를 기울였다. 그는 병사들의 피드백을 활용해 총기를 변경하고 다듬었다.

이 젊은이가 성공을 거둔 것은 또한 다른 총기 제조업자들에게서 얻을 수 있는 가장 좋은 아이디어들을 받아들인 뒤 그것들을 결합해 다듬는 능력 덕분이었다. 예컨대 당시의 기관단총은 '블로백blowback' 방식에 의존했다. 블로백이란 총알에서 뒤로 뿜어지는 가스 압력을 이용해서 탄피를 방출하는 노리쇠를 뒤로 밀고 탄창에서 새로운 총알이 발사를 위해 약실로 들어가게 만드는 방식이다. 이 방식은 권총 크기 총알에는 훌륭하게 작동했지만 중간형 총알은 사정이 달랐다. 이 새로운 총탄은 위력이 너무 세서 육중한 노리쇠가 필요하기 때문에 총이 훨씬 무거워졌다. 칼라시니코프는 이 점을 깨닫고 가스작동식 자동 총기를 선택했다. '쇼트 스트로크short stroke' 피스톤(왕복 거리가 짧은 피스톤—옮긴이)을 이용하여 노리쇠를 밀어내 탄피를 방출하고 새로운 총알을 장전하는 방식이었다. 이 피스톤은 더 무거운 노리쇠를 움직이는 데 필요한 추가적인 힘을 제공했다. 복잡하게 들릴지 모르겠지만, 이 방식은 실제로 무기 제조자들 세계에서는 단순한 것이었다.

공이가 총탄의 뇌관을 때리면, 화약이 가스를 생성해 1초당 약 700m보다 빠른 속도로 총알을 밀어낸다. 총알이 총열을 통과할 때 그 뒤에서 가스가 축적되는데, 한쪽 끝은 탄피로 막히고 총열을 꽉 메운 채 움직이는 총알이 반대쪽을 막아서 가스가 빠져나가지 못한다. 총알이 총열 입구에 다다르는 동안 총열에 있는 구멍을

M1, 혹은 설계자 존 개런드의 이름으로 유명한 일명 개런드는 2차대전 중에 제 몫을 톡톡히 했기 때문에 조지 패튼 장군은 이 총을 가리켜 "이제까지 만들어 진 최고의 전투 도구"라고 불렀다. 단순하고 튼튼했으며, 자동 장전식으로는 처 음으로 정규 지급 총기로 채택되었다. 그런데 유감스럽게도 이 소총은 무겁고 투박했으며 탄창에 8발밖에 들어가지 않았다. 독일과 소련은 자동화기를 향해 나아가고 있었지만, 미국의 군사전략가들은 낡은 관념에 집착한 탓에 병사들이 구식 소총의 심각한 위험에 노출되었다.
사진: 미국 국방부

통해 이 가스의 일부가 총열 위나 아래에 같은 방향으로 뻗은 관으로 옮겨간다. 가스는 관 내부에 있는 피스톤을 때리고, 피스톤은 노리쇠 뭉치 안으로 연결봉을 밀어서 노리쇠 뭉치를 후퇴시킨다. 노리쇠 뭉치는 약실에서 탄피를 빼내 방출함으로써 탄창에서 다음 총알이 약실로 들어오게 해준다. 탄창은 스프링의 지속적인 압력에 의해 총탄을 위로 밀어 올린다. 칼라시니코프의 특징적인 바나나 모양 탄창은 총탄을 나란히 배열한 결과물이다. 한쪽 끝이 폭이 좁기 때문에 7.92mm 총알 30발을 나란히 쌓으면 자연스럽고 경제적인 형태로 곡선이 된다.

방아쇠를 당길 때마다 공이가 총탄 중앙에 있는 뇌관을 때려서 총알이 발사되고, 이 과정이 처음부터 반복된다. 조정간을 자동에 놓으면 1분당 600발 이상의 속도로 이 과정이 반복된다.

빠르게 움직이는 부품들이 이렇게 좁은 공간에 몰려 있기 때문에 자동소총은 총알이 걸려 막히기 쉽다. 흙먼지 때문에 여러 작동 부품이 막히거나 총알이 약실에 정위치로 들어가지 않으면 발사가 되지 않는다. 칼라시니코프가 빛을 발한 것은 바로 이 지점이다. 노리쇠가 크게 회전하기 때문에 총탄이 약실에서 제자리를 찾기가 쉽다. 나무판에 드릴로 뚫은 구멍에 연필을 찔러 넣는다고 생각해 보라. 연필 끝부분을 구멍 가까이에 가져가면서 연필을 돌리면 각도가 약간 비스듬해도 집어넣기가 훨씬 쉽다. 그냥 똑바로 찔러 넣는 것보다 이렇게 연필을 돌리면 한결 쉽게 넣을 수 있다. 칼라시니코프의 설계에서 가장 뛰어난 부분 중 하나가 바로 이것이다.

게다가 전문 총기 제조업자들이 으레 그렇듯 서로 딱 맞게 부품을 만드는 대신, 칼라시니코프는 정반대로 부품들에 느슨한 오차 허용도를 두고 설계해 부품들 사이의 공간을 넓혔다.[11] 흙이나 모래가 총에 막히지 않고 발사 과정에서 틈새로 털려 나갔다. 한 시험에서는 병사들이 총을 질질 끌면서 이른바 '모래찜질'을 했다. 총에 있는 홈과 구멍이 죄다 모래로 막혔다. 칼라시니코프는 그때를 다음과 같이 기억했다. "다음 사격이 실패하지 않고 제대로 될지 의심이 들기 시작했다." 시험을 지켜보던 엔지니어도 비슷한 우려를 표했다. 그러나 총은 아무 결함 없이 발사되었다. 팀 성원 한 명이 소리쳤다. "모래가 사방으로 날아가네요. 꼭 개가 물기를 털어 내는 것 같아요."

AK47의 은밀한 데뷔전

칼라시니코프는 시제품을 계속해서 다듬고 현장 시험을 하면서 병사들의 피드백을 바탕으로 각 부품을 바꾸었다. 다른 많은 발명품과 달리, 칼라시니코프의 작업에서는 순간적인 깨달음의 순간 같은 것이 없었다. 실제로 병사의 검증을 받을 때까지 끊임없이 개량하는 과정만이 있었다. 예컨대 우발적인 발사를 막는 안전 스위치를 배출구 먼지 덮개로 기능하는 하나의 레버로 통합했다. 다시 말해, 무심코 격발하는 일이 없이 진흙탕을 헤쳐 나가기 위해 총기를 '안전' 모드로 놓는 병사는 흙먼지를 막기 위해 따로 걸쇠를

닫지 않아도 된다. 이것 역시 새로운 아이디어는 아니었지만(1906년
에 처음 생산된 미국의 초창기 기관단총인 레밍턴 모델8Remington Model 8에도 이런 장치
가 있었다), 소련제 총기에 이 방식을 채택한 것은 칼라시니코프가 현
명하고 겸손했기 때문이다. 칼라시니코프는 다른 많은 총기 제작
자와 달리 '그건 여기서 발명된 게 아니다' 증후군에 빠지지 않았
고, 독특하거나 심오한 기계를 제작하는 데 관심이 없었다. 그의
유일한 목표는 언제 어느 때든 작동하는 총기를 만드는 것이었다.
모양 같은 건 더군다나 신경 쓰지 않았다. 다른 설계자들이 매끄
럽고 현대적인 모양의 총기를 만들려고 한 반면, 칼라시니코프는
그런 것을 겉치레이자 매우 반소비에트적인 태도로 치부했다. 소비
에트적인 태도는 모양보다는 실용성을 장려했다.

이 시험 기간에 칼라시니코프는 성공작인 PPSh41 기관단총을
개발한 무기 설계자 게오르기 슈파긴Georgy Shpagin의 말에 종종 이
끌리곤 했다. "복잡한 건 쉽다. 단순한 게 어렵다."

칼라시니코프의 총은 또한 현재 수준의 기술과 역량으로 손쉽
고 값싸게 제작할 수 있어야 했다. 이번에도 역시 표도로프가 만
든 아브토마트의 오류에서 교훈을 얻었다. 신속하고 저렴하게 만
들기 힘든 아브토마트는 이런 단점 때문에 사라졌다. 부품을 압연
과 단조로 만들면 보통 더 튼튼했지만, 시간이 오래 걸리고 제작
비가 올라갔다. 칼라시니코프가 만든 기본형은 총의 주요 뼈대인
리시버(총열과 개머리판을 제외한 소총의 몸통 부분을 말한다—옮긴이)를 압형으
로 찍어 내게 된다.

수십 차례의 수정과 조정을 거친 끝에 이 신무기는 AK47(아브토마트 칼라시니코바 47Avtomat Kalashnikova 47)이라는 이름으로 1947년에 생산 승인을 받았지만, 공식적으로 소련군에 지급되기 전에 무기를 개선하기 위해 몇 년 더 연구가 계속되었다.

AK47은 1947~49년에 100여 차례 수정을 거쳤다. 그사이에 칼라시니코프는 이젭스크 자동차 공장524Izhevsk Motor Plant 524로 자리를 옮겼다. 자기들처럼 수십 년 동안 연구를 하지도 않은 일개 병장이 너무 빠르게 승진한 것을 얕잡아보는 유명 설계자들의 그림자에서 벗어나려는 의도도 있었다. 이젭스크 자동차 공장524는 무기 공장의 명목상 간판이었다. 공산권 위성국가들이 세워진 상황에서 서구 간첩들의 접근을 막으려고 그런 이름을 지은 것이었다. 스탈린의 베를린 봉쇄가 시작되고, 냉전이 맹위를 떨치던 때였다.

1949년 말까지 무기 공장에서 AK47이 8만 정 생산되었지만, 전체 소련군과 동맹국에 지급하기 전에 중요한 수정을 하나 해야 했다. 소련의 금속 기술은 아직 뒤처진 상태였고, 조립 공장에서는 압형 리시버를 대량으로 찍어낼 수 없었다. 칼라시니코프는 생산 기법에 정통한 사람이 아니었기 때문에 이 일은 다른 기술자들에게 떨어졌다. 이 기술자들은 단조 리시버를 생산하는 쪽으로 AK 조립라인을 바꿨다. 그리하여 총이 더 무거워지고 생산 비용도 올라갔지만, 달리 선택의 여지가 없었다. 냉전을 대비하는 과정에서 이 무기를 빨리 만들어야 했다.

AK는 소련에 이상적인 무기였고, 국가 지도자들은 이 총을 중

1950년대에 도입된 이 AKM(현대식 AK AK Modernized)은 AK47 초기형을 단순화·경량화한 버전으로 세계에서 가장 살상력이 강한 무기다. 바나나 모양 탄창 때문에 익숙해진 이 총의 실루엣은 공격용 총기의 상징이 되었다. 국제적 반군과 테러리스트부터 국내의 마약상과 거리 갱단에 이르기까지 그 수를 헤아리기 어려운 불법 전투부대들과 더불어 적어도 50개국의 정규 상비군이 선택한 자타가 공인하는 총기다. 지금까지 7500만~1억 정이 생산되었다. 세계 각지에서 사용되는 AK47의 절대다수는 사실 AKM 모델이다.
사진: 미국 국방부

심으로 군사·정치 교의를 구축했다. 냉전 초창기에 소련 군사전략가들은 2차대전 당시와 비슷하게 소련 서부 국경에서 동구와 서구가 대규모 지상전을 벌일 것으로 믿었다. 소련 당국은 소련군이 여러 병목 구간에서 적군과 정면으로 부딪히는 이른바 조우전遭遇戰이 벌어질 것으로 예상했다. 소련은 자신들이 보유한 전차와 장갑차가 기동성이 더 좋다고 믿었기 때문에 다가오는 적 대열을 측면에서 공격하면서 보병을 앞세워 1분당 수천 발의 사격을 가할 생각이었다. 전격전과 비슷하게 적의 전열로 침투해서 적을 압도한다는 구상이었다. 특히 전형적인 소련군 병사의 손에 쥐어졌을 때 이런 식의 근접전, 대규모 보병 돌격전이야말로 AK의 강점이었다.

소련은 제대로 훈련받지 못한 거대 규모의 징집군을 보유했다. 병사들은 대부분 글을 읽거나 쓸 줄 몰랐고, 소련 각지에서 왔기 때문에 종종 서로 다른 언어를 구사했다. 따라서 훈련을 표준화하기가 쉽지 않았다. 이번에도 역시 AK는 소련군에 안성맞춤이었다. 쉽게 발사되고, 문서로 된 교본이나 훈련이 필요 없으며, 고장 나는 일도 드물었기 때문이다.

집중적인 훈련과 연습으로 한발 한발 유효사격을 하도록 배운, 잘 훈련된 병력을 보유한 것을 자랑으로 여기는 미군과는 달랐지만, 소련 역시 AK 덕분에 많은 인원을 신속하게 동원하고 살상 능력도 꽤 높일 수 있었다. AK는 중간형 총알을 사용했기 때문에 대형 총알보다 반동이 적어 경험이 부족한 병사들도 연속 사격을 하면서 정확성을 유지할 수 있었다.

소련군은 AK의 존재를 서구에 감추기 위해 애썼다. AK를 지급받은 병사들은 모양이 보이지 않는 특수 주머니에 총을 넣고 다녔다. 신형 총탄의 비밀을 유지하기 위해 기동훈련이 끝나면 탄피를 수거하라는 지시도 받았다.

군을 비롯한 공식 당국의 설명은 서구가 언제 이 치명적인 신무기를 알게 되었는지를 놓고 엇갈린다. 소련은 한국전쟁 중에 북한에 무기를 공급했지만, AK를 제공했는지는 분명하지 않다. 미군 역사가들은 병사들이 이 총을 보았는지에 관해 아무 언급도 하지 않으며, 당시 소련의 많은 기록은 구할 수 없다. 확실히 북한에 무기와 자금을 지원한 중국이 AK를 알았더라면 환영했을 것이다. 스탈린은 중국이 1949년에 마오쩌둥毛澤東의 지휘 아래 공산국가로 변신하는 것을 보고 기뻐했고, 마오쩌둥의 잔인한 전쟁관은 소름 끼칠 정도로 AK와 안성맞춤이었다. 마오의 전략에는 기술적으로 우월한 적군을 상대로 대규모 게릴라 공격을 벌이기 위해 단순한 무기로 무장한 민병이 다수 필요했다. 마오는 적이 아무리 정교한 무기를 갖고 있다고 해도 순전히 숫자만으로 승리할 수 있다고 믿었다. 소련과 공산 중국은 서로 다른 군사 전술을 택했지만, 양쪽 다 AK의 특징에서 톡톡히 이익을 얻었다. 한국전쟁에서 실행된 중국의 인해전술은 미군, UN군과 부딪혀 양쪽에서 대규모 사상자를 초래했다. 3년간의 잔인한 전투 끝에 수백만 명이 사망하고 난 1953년, 불확실한 휴전으로 전쟁이 끝나고 그어진 휴전선은 지금도 그대로 있다.

1956년 동유럽에서 벌어진 사태 때문에 소련은 AK를 공개할 수밖에 없었다. 소요는 10월 23일 헝가리 부다페스트에서 학생들이 평화 시위를 벌이면서 시작되었다. 학생들은 소련의 점령을 종식하고 '진정한 사회주의'를 시행할 것을 요구했다. 경찰이 일부를 연행하고 최루가스로 시위대를 해산하려고 했지만, 군중은 점점 커지고 목소리도 높아졌다. 학생들이 연행된 사람들을 구출하려고 하자 경찰은 군중에게 총을 쏘았다. 며칠 만에 군인, 공무원, 심지어 경찰관까지 학생들 대열에 합류했다.

당시 소련 지도자 니키타 세르게예비치 흐루쇼프Nikita Sergeevich Khrushchyov는 점차 상황을 우려하게 되었고, 헝가리에 붉은 군대를 급파했다. 붉은 군대는 AK를 들고 탱크와 트럭을 몰고 갔다. 시위대는 소련제 기관단총, 카빈총, 단발소총, 수류탄 등 닥치는 대로 집어 들고 싸웠다. 대부분은 시위대가 해방시킨 군 창고에서 가져온 것이었다. 이때 소련은 처음으로 AK를 대규모로 사용했는데, 화염병을 던지는 군중을 상대로 탱크가 비좁은 골목에 갇히는 가운데 AK는 도시 환경에서 나무랄 데 없이 제 기능을 다했다. 헝가리인 3000명과 소련군 720명의 사망자를 낸 채 반란은 진압되었다.

미 육군 문서보관소의 자료에 따르면, 미군 정보장교들은 AK에 주목했지만 우려하는 것 같지는 않아 보였다. 1794년 이래 미군 무기를 제조해온 스프링필드 조병창이 그해에 이 소련 무기를 시험했을 때, 그들 역시 별 관심을 보이지 않았다. 10년 뒤에 베트남전쟁이 벌어지고 나서야 미군 병사들은 처음으로 교전 중에 AK를 맞닥뜨리게 된다. 이 군인들은 칼라시니코프가 만든 단순한 무기가 지닌 원대한 의미를 인식하지 못한 정부의 비참한 무능의 대가를 톡톡히 치르게 된다.

2

논에서의 명성,
베트남전쟁

"바로 이것이 우리 병사들이 필요로 하고
가질 자격이 있는 총기였다.
병원처럼 깔끔하게 닦지 않으면 막혀버리는 M16이 아니라."

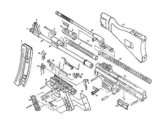

자유세계의 오른팔

1950년대 말에 이르러 소련은 전 세계에 공산주의를 확산한다는 전략의 핵심 구성 요소로 AK를 활용하고 있었다. 냉전 초창기에 소련과 미국은 모두 무기 판매와 선물을 통해 저발전 중립 국가들의 환심을 사려고 했다. 미국이 제공한 M1과 M14에 견주어 보면 AK가 월등히 우월하다는 사실이 입증되었다.

AK는 소박한 특성 덕분에 가난한 나라의 가혹한 환경과 총기 수리 시설이 없는 현지의 현실에 잘 맞았다. 게다가 AK는 작동 공간(예컨대 피스톤헤드)이 굉장히 느슨하기 때문에 다양한 총탄을 발사할 수 있었다. 현지에서 생산한 싸구려 복제 총탄이나 다습한 밀림

같은 환경에서 녹이 슨 총탄도 오발이나 걸림 없이 쏠 수 있었다.

AK는 특히 아프리카와 동아시아에서 공산주의에 물든 어중이 떠중이 반군 집단이 주로 선택하는 무기가 되었다. 흔히 뒷구멍 경로가 사용되었다. 세계 초강대국이 직접 대결하는 사태를 피하기 위해 소련 대신 소비에트권 국가가 이 집단들에 총을 공급했다. 이 무기는 또한 돈에 쪼들리는 제3세계 국가들이 구입할 수 있을 만큼 저렴했다. 이 나라들은 직접 무기 값을 치름으로써 체면을 세울 수 있었다.

소련은 이 소총을 널리 퍼뜨리기 위해 이른바 형제 나라들에 주는 선물이라며 AK 제작 기술을 제공했다. 이런 '형제 나라'에는 1959년에 AK를 자체 생산하기 시작한 불가리아나 동독, 그보다 1년 앞서 생산을 시작한 헝가리 같은 소비에트권 국가가 포함되었다. 중국과 폴란드는 일찍이 1956년에 생산을 시작했고, 북한은 1958년, 유고슬라비아는 1964년에 시작했다. 소련은 라이선스 수수료나 기타 비용 없이 AK를 대규모로 생산하도록 허용했다. 이 총은 대량 생산이 쉽고 저렴하게 만들 수 있었기 때문에 더욱 널리 확산되었다.

대체로 소련과 소비에트권 나라들은 이제 현대식 AK의 약자인 AKM이라고 불리는 개량형을 생산하고 있었다. 많은 사람은 이 소총과 후속 개량형들을 계속해서 원래의 명칭인 AK47로 여겼다. 오늘날 대다수 총기 전문가들도 어떤 모델을 지칭하든 간에 이 소총과 수많은 신형을 AK라고 부른다.

소련은 마침내 최신 판금 생산 기술을 획득했고, AKM은 앞선 압연 모델에서 거의 3*lb*(약 1.36kg) 무게를 줄일 수 있었다. 이렇게 무게가 줄어들자 총은 한층 더 우수해졌다. 칼라시니코프의 개발팀은 또한 신형 방아쇠 조립 부품을 추가해서 자동사격 시에 '반복 작동 횟수'를 늘렸다. 총알을 발사하는 사이 시간이 줄어들면서 경험 없는 사수도 사격 정확성을 높일 수 있었다.

독일이나 소련과 달리, 미국의 화기 전문가들은 현대식 전투에서 중간형 총알의 우월성을 받아들이지 않았다. 관료 집단은 여전히 대형 총알, 즉 군의 정규 지급 화기인 M1 개런드에서 사용하는 표준형 .30-06(보통 '서티-오트식스thirty-aught-six'로 발음한다) 총탄을 신봉했다. 이런 믿음이 보편적인 것은 아니었고 군 체제 내에 중간형 총탄 지지자들도 있었지만, 현 상태를 유지하려는 기득권 세력은 그 목소리를 억눌렀다. 관성적인 무력증이 작용하기도 했고, 1930년대 이래 M1 생산에서 거의 독점적인 지위를 차지한 스프링필드 조병창과 정부의 유착 관계가 한몫하기도 했다.

역사학자들은 이 시절을 돌아보면서 종종 아이러니한 현상에 주목한다. 관료주의의 수렁에 깊이 빠져 있던 소련 체제는 무기 분야에서 앞서 나갈 수 있었던 반면, 기술 혁신의 역사를 지닌 미국은 견고한 경제적 타협 체제 때문에 뒤처졌던 것이다.

M1, 혹은 설계자 존 개런드John Garand의 이름으로 유명한 일명 개런드는 2차대전 중에 제 몫을 톡톡히 했기 때문에 조지 패튼George Patton 장군은 이 총을 가리켜 "이제까지 만들어진 최고의 전

투 도구"라고 불렀다. 단순하고 튼튼했으며, 자동 장전식으로는 처음으로 정규 지급 총기로 채택되었다. 그런데 유감스럽게도 이 소총은 무겁고 투박했으며 탄창에 8발밖에 들어가지 않았다. 무엇보다도 M1은 자동화기가 아니었다.

.30구경 총알이 불리하다는 증거가 속속 나타났지만, 스프링필드 조병창과 군의 태도는 여전히 확고부동했다. 2차대전이 서서히 마무리되는 와중에 군이 썩 내키지는 않는 마음으로라도 자동화기 연구를 시작했을 때 이런 태도가 극적으로 드러났다. 그러나 이 프로젝트는 출발하기도 전에 실패할 운명이었다. 독일의 슈투름게베어나 소련의 AK처럼 새로운 설계와 총탄을 추구하는 대신, 병기국은 경량 총기로 자동 발사하기에는 너무 무거운 .30구경 총탄을 사용할 것을 고집했다. 병기국은 역학 법칙을 무시하는 설계 기준을 고집했다. 자동화기에 대한 다른 저항은 이 총기를 탄약 낭비라고 보는 군 관계자들에게서 나왔다. 그들은 병사가 원거리에서 신중하게 대구경 총알을 한 발씩 쏘는 것이 미군의 가장 훌륭한 전통이라고 주장했다. 또 다른 이들은 M1 기계장치를 기반으로 신형 총기를 만들기를 원했기 때문에 완전히 새로운 설계를 거부했다. 사실 그들은 M1을 개량한 자동화기를 원했지만 그것은 불가능한 과제였다.

.30구경 옹호자였던 르네 스터들러Rene Studler 대령은 미국 병기국의 소형무기연구개발과 과장으로 승진한 인물이었다.[12] 스터들러는 M1 철모, M3 기관단총, 윌리엄스 M1 카빈Williams M1 Carbine 등

성공작을 잇달아 내놓으면서 모범적인 경력을 누리고 있었다. 누군가 관료 집단을 설득해 자동화기로 나아가게 만들 수 있다면, 바로 스터들러가 적임자였다.

연구가 진행되는 동안 국제정치가 개입했다. 2차대전 이후 북대서양조약기구North Atlantic Treaty Organization, NATO(이하 NATO)가 결성되면서 미국을 포함한 모든 가입국이 사용할 수 있는 통일된 총기와 총탄을 만들어야 한다는 열망이 생겼다. 유럽 NATO 회원국들은 중간형 총알의 시대가 도래했다고 믿었고, 크기를 줄인 표준형 총알을 도입하기 위해 미국을 상대로 벌이는 싸움은 이성의 세계를 떠나 민족주의의 영역으로 들어갔다. 미국이 세계에서 가장 강력한 나라이고 추축국(樞軸國, 2차대전 당시 독일, 이탈리아, 일본을 중심으로 연합국과 맞섰던 국가들—옮긴이)을 물리친 군대를 보유하고 있었기 때문에 유럽인들은 힘겨운 싸움에 직면했다. 대형 총알은 미국인들에게 논란거리가 되었지만, 그들은 굴복하고 싶은 마음이 없어 보였다.

그러나 총탄 설계 문제에 관한 영국인들의 사고는 아주 선진적이었다. 영국 설계자들은 일찍이 1924년에 훨씬 더 작은 총알인 .276구경을 실험한 바 있었다. .276구경이나 심지어 .22구경(주말 사냥꾼들이 사용하는 총알) 같은 소형 총알은 무게가 가벼워서 아주 빠른 속도로 발사되기 때문에 유체정역학적流體靜力學的 충격hydrostatic shock이라고 알려진 과정을 통해 생체 조직을 광범위하게 파괴할 수 있었다. 이 주장은 단순히 총알이 클수록 손상도 커진다고 가정하는 많은 사람의 직관과 배치되는 듯 보였지만, 실제로는 총알이 작고 빠를수록 운동 에너지가 더 커서(적은 무게를 공기 중으로 추진하는 데 소비되는 에너지가 작기 때문이다) 일단 적병의 몸 안에서 멈추는 순간 억눌린 에너지 전체가 방출되어 주변 조직과 주요 장기를 파괴한다. 이것은 단순히 탄도 이론에 머물지 않았다. 이른바 돼지판Pig Boards 실험은 해부학적 구조가 인간과 흡사한 돼지에 고성능 탄약으로 발사한 소구경 총알을 쏜 것인데, 그 결과 소구경 화기의 살상력이 입증되었다.

미군이 .30구경 총탄을 끝내 고수하면, 중간형 총알은 말할 것도 없고 한층 더 작은 총알을 받아들일 가능성이 전혀 없었다. 그 후 벌어진 논쟁 때문에 NATO는 결성 이후 불과 1년 만에 거의 깨질 뻔했다. 영국 대표단은 미국에서 벨기에제 FAL 소총과 자체 개발한 EM2(둘 다 .280 총탄을 사용한다)와 T25, 길이가 0.5in 짧은 .30구경 M1 총알을 발사하는 개조형 M1 등을 비교 시험 발사하는 과정을 목격한 뒤 돌아가서 .280 총알과 EM2 소총을 사용할 것이라고 발표했다. 미국인들과 .30구경 총기는 어찌 되든 말든 상관없었다. NATO도 될 대로 되라는 식이었다. 미국은 이제 구식이 된 .30구경 총알을 굳게 고수했고, 실제로 총탄에 관한 한 유럽인들에게 전혀 양보하지 않았다. 순수주의자들은 이 구경을 .30이라고 부른다 해도 그것은 .30-06이 아니라 7.62×51mm, 다른 말로 .308 윈체스터.308 Winchester 총알이라고 지적했다. .30-06은 실제로 7.62×63mm였다.

독자 여러분은 언뜻 사소해 보이는 이런 차이에 대중이 별로 신경 쓰지 않았을 거라고 생각할지 모르지만, 논쟁은 일반 영국인들의 관심과 분노를 끌었다. 다소 놀라운 일이지만, 영국의 대중은 총탄 문제의 세세한 점까지 잘 알고 있어서 분노를 참지 못했다. 영국 의회에서 열정적인 논쟁이 벌어지면서 나라가 두 쪽으로 갈라졌다. 한쪽은 영국이 미국이나 NATO 없이 독자 행보를 하면서 소형 총알을 사용하는 소총을 생산하기를 원했다. 다른 쪽은 통일된 NATO가 고조되는 소련의 위협에 맞서는 최선의 방어책이고, 미국의 요구에 양보하는 것이 가장 좋은 길이라고 믿었다.

미국이나 영국이나 한 치도 양보하지 않는 가운데 싸움은 몇 년간 계속되었다. 마침내 1952년에 추가 시험을 한 결과, M1의 최신판인 T44와 FAL 둘 다 NATO의 무기로 사용할 수 있음이 밝혀졌다. 두 당사자의 자존심을 만족시키는 결론이었다. 캐나다가 중재하는 가운데 1953년에 윈스턴 처칠Winston Churchill 총리와 해리 트루먼Harry Truman 대통령이 다다른 합의는 만약 미국이 벨기에제 FAL을 NATO의 표준 총기로 받아들이면 영국도 미국의 .30구경 총탄(7.62×51mm)을 수용한다는 내용이었다. 《뉴스위크》는 1953년 7월 20일 판에서 FN-FAL(정식 명칭은 파브리크나시오날−경자동소총Fabrique Nationale−Fusil Automatique Léger이다)이 NATO의 새로운 돌격소총이 될 것이며, 따라서 미군도 이것을 사용할 것이라고 선언했다. 이처럼 대중적인 언론조차 이 중요한 순간을 주목했다.

그러나 미국인들은 약속을 지키지 않았다.[13] 미국제 총기의 패배를 인정하려 하지 않은 스터들러 대령은 군에서 전역했다. 그의 부관인 프레드 카턴Fred Carten이 후임자가 됐는데, 병기국 소령 출신인 그 역시 외국제 총이 미군용 소총으로 들어오는 것을 허용하려 하지 않았다. 그가 주시하는 가운데 FAL의 평판을 해치려는 최후의 시도가 벌어졌다. 아무도 주목하지 않는 가운데 두 총기를 알래스카로 보내 혹독한 환경에서 시험을 치렀다. 카턴을 비롯한 이들은 FAL이 시험을 통과하지 못하기를 바랐고, 그런 방향으로 결과를 몰아가기 위해 갖은 노력을 다했다.

스프링필드 조병창 직원들은 열과 성을 다해 T44 부품이 혹한의 상황에서 견디도록 방한 장치를 했다. 심지어 병사들이 군용 벙어리장갑을 낀 채 당길 수 있는 겨울용 방아쇠까지 개발했다. 처음 몇 차례 시험에서는 T44가 영하의 기온에서 FN-FAL보다 우수했지만, 둘 다 AK만큼 작동되지 않았다. AK가 빛을 발한 모래와 진흙 시험에서 FAL은 틈새가 너무 없어서 비참하게 탈락했다. T44는 근소한 차이로 제대로 작동했다. 하지만 이 무렵에는 영국과 서독, 그리고 당연히 벨기에가 미국이 약속을 지켜서 FAL을 NATO의 공식 무기로 선정해야 한다고 점점 압력을 가하고 있었다. 이 나라들의 무기 제조업체들은 이미 합의한 대로 구식 .30구경 총알이 들어가게 소총을 개조한 상태였고, 논쟁을 끝내기를 원했다.

공식적으로는, 그 후 추가 시험에서 두 무기가 똑같이 제대로 작동한다는 사실이 드러났다. 물론 유럽인들은 시험이 미국 소총에 유리하게 설계되었다고 주장했지만 말이다. 유럽인들은 그 주장을 입증할 수 없었고, 양쪽 모두 비난을 주고받았다. 미국의 여러 군 부서가 이 문제를 뜨거운 감자처럼 서로 미뤘기 때문에 최종 결정은 몇 차례 더 연기되었다. 마침내 참모총장 매슈 B. 리지웨이Matthew B. Ridgway 장군은 NATO 동맹국들과 합의를 철회하고 T44를 미 육군 공식 소총으로 삼으라는 지시를 내렸다. 얼마 지나지 않아 T44는 M14로 이름이 바뀌었다. 리지웨이가 과거에 한 행동을 보건대, 특히 유럽인들은 이런 조치에 전혀 놀라지 않았다.

리지웨이는 2차대전의 영웅으로 D데이 공수 작전 계획에 일조했고, 제82공수사단의 부대원들과 같이 강하를 하기도 했다. 1952년, 드와이트 데이비드 아이젠하워Dwight David Eisenhower 장군의 뒤를 이어 유럽연합군 최고사령관이 되었지만, 유럽과 미국 인력을 골고루 섞어서 다른 NATO 국가들과 관계를 구축하는 대신 미국 인원으로만 사령부를 꾸리기로 결정했다. 그래서 유럽군 지도자들은 화가 났고, 리지웨이는 미국에 소환되어 조 L. 콜린스Joe L. Collins 장군의 뒤를 이어 미 육군 참모총장에 올랐다.

최종 결정은 돈과 민족주의, 그리고 유럽 동맹국들에 대한 미국의 신뢰성에 손상이 생기는 한이 있더라도 화승형 머스킷 총을 처음 생산한 1795년까지 거슬러 올라가는 정부와 스프링필드 조병창의 관계를 유지해야 한다는 믿음 등에 근거해 이루어졌다.

영국과 벨기에, 캐나다, 그 밖에 미국을 제외한 모든 NATO 회원국은 FAL과 그 후속 모델들을 계속 채택했다. 그리하여 공동 군사 행동을 하는 데 불필요한 난관이 생겨났다. 비공산권의 90여 개국 군대가 이 소총을 채택해서 AK를 채택한 나라보다 많았는데, 칼라시니코프가 1억 정 가까이 생산된 것과 달리 FAL은 지금까지 300만 정만이 생산되었다. 민주주의 국가에서 널리 사용되었기 때문에 FAL은 종종 '자유세계의 소총'이나 '자유세계의 오른팔'이라는 별명으로 불렸다.

20여 년 동안 1억 달러를 투자한 끝에 1957년 군은 결국 AK보다 한참 조악한 소총을 택했다. M1보다 조금 나아졌을 뿐이다. 목표는 자동소총을 생산하는 것이었지만, M14와 대형 총탄은 자동 방식에서 제어하기가 어려웠다. 반자동으로 놓고 사용할 수밖에 없었다. 실제로 일부 반대론자들은 군이 시험 중에 부정 참가자를 이용해서 M14를 발사한다고 불만을 토로했다. 특별 훈련을 받은 이 사수들은 일반 사병과 달리 표적을 계속 조준할 수 있었다.

이런 지루한 싸움이 벌어지는 동안 세계 반대편에서는 또 다른 싸움이 일어나서 AK와 M14가 처음으로 대결하는 무대가 마련되었다. 세계 초강대국 두 나라의 최고 보병 무기가 서로 맞붙는 대결이었다.

소형 총알과 대형 총알의 각축전

1954년 5월, 프랑스군이 디엔비엔푸 전투에서 항복함으로써 프랑스령 인도차이나에 대한 지배권을 유지하려 한 프랑스와 공산당 지도자 호찌민이 이끄는 베트민Viet Minh(베트남독립동맹회)이 근 8년에 걸쳐 벌인 싸움이 끝났다. 56일 동안 잔인한 전투를 벌인 끝에 탄약과 식량, 의약품이 바닥난 프랑스 수비군은 게릴라군에 항복했다. 게릴라군은 중국, 라오스, 캄보디아의 공산당 그룹들로부터 직접적인 군사 지원을 받았다. 국제 협정 아래 베트민은 북위 17도선 이북에서 베트남민주공화국(북베트남)을 수립했고, 남부에는 베트남공화국(남베트남)이 수립되었다.

미국은 프랑스의 주둔을 경제적·정치적으로 지원했으며(그렇지만 디엔비엔푸에 직접 개입하지는 않았다), 남베트남이 공산당의 수중에 떨어지는 것을 막기 위해 돈과 무기를 직접 지원할 준비를 하고 있었다. 서구에는 만약 동남아시아 나라들이 공산주의로 바뀌면 소비에트의 교의가 지역 전체로 잇달아 확산되어 오스트레일리아와 뉴질랜드까지 다다르고, 결국 미국이 코앞에서 공산주의와 싸우게 될 것이라고 믿는 사람이 많았다. 이런 믿음은 1954년 기자회견에서 아이젠하워 대통령이 제시한 도미노 이론이라는 이름으로 알려졌다. "도미노를 쭉 한 줄로 세워 놓고 첫 번째 도미노를 넘어뜨리면 어떻게 될까요. 순식간에 마지막 도미노까지 넘어가게 되겠죠."

펜타곤의 군사전략가들은 미국이 조만간 소련을 상대로 한 대리전에 참여하라는 요청을 받게 될 것을 알았다. 초강대국끼리 직접 대결하는 것은 핵전쟁의 절멸로 이어질 수 있기 때문에 유일한 대안은 양쪽이 제3국을 통해 싸우는 것이었다. 그 나라가 바로 베트남이 될 터였다. 국민의 가슴과 머리를 설득해서 공산주의 대신 민주주의를 택하게 만들기 위해 재래식 무기만 사용하는 싸움을 치를 것이었다. 몇몇 군 역사가는 냉전을 거치면서 전쟁이 적을 물리치거나, 영토를 획득하거나, 정부를 장악하는 행위에서 벗어나 이데올로기적 변화의 수단으로 무기를 활용하는 쪽으로 바뀌었다고 본다. 만약 서구가 베트남 같은 작은 나라에서 군사적으로 승리할 수 있다면, 그리하여 공산당 게릴라 같은 외부의 영향력을 차단하고 자유선거에 참여하게 해준다면, 사람들은 공산주의가 아니라 민주주의를 선택할 것이다. 다른 나라들도 선례를 따를 것이고, 도미노 이론은 뒤집힐 것이다.

이 계획의 주요한 문제점은 미국에는 특히 밀림에서 벌어지는 근접전에서 AK에 맞설 수 있는 보병 무기가 없다는 것이었다. 프랑스 인도차이나 전쟁(제1차 인도차이나 전쟁) 중에 베트민은 소련제 SKS 소총과 PPSh41 기관단총을 가지고 싸웠다. 그리고 이제 서구에 맞서 새롭게 싸워야 한다면, 그들은 십중팔구 중국을 비롯한 소비에트권 국가에서 공급하는 신형 AK로 무장할 것이 분명했다.

미군은 진퇴양난의 상황이었다. M14는 AK보다 떨어졌지만 실제로 다른 어떤 것도 준비되어 있지 않았다. 디자인이 너무 파격적이고 번드르해서 애들이 갖고 노는 플라스틱 장난감 총을 빼다 박은 듯한 소총이 기획되었지만 신뢰를 얻지 못했다. 군 시험 담당자들은 이 총을 '마텔Mattel(1945년 설립된 미국의 장난감 회사—옮긴이) 장난감'이라고 불렀다. 언뜻 보면 만듦새가 서투르지만 살상력이 뛰어난 AK나 워낙 튼튼해서 몽둥이처럼 쓸 수 있는 M1 소총과 달리, 이 신제품은 1940년대의 아르데코 같은 번드르한 모양새에

베트남전쟁에 참가한 미군 일부는 AK47을 선호했다. 밀림에서 근접전을 수행할 때 믿음직스러운 무기로 AK47만 한 것이 없었기 때문이다. 전투 중 총소리로 인한 교란을 막는다는 명분으로 미군이 AK47 소지를 금지했으나 여전히 일부 미군들은 AK47을 소지했다.

사진: 1969년 노획한 무기를 들고 있는 미 해병대. 가운데 병사가 든 총이 AK47이다. 위키미디어 커먼스

과학소설에 등장할 법한 검은 몸체를 자랑했으며, AK나 M1보다 2*lb*(약 0.9kg) 가벼웠다.

　파격적인 겉모습은 제쳐두고라도 이 신형 소총은 정부와 연결된 소형화기 개발 업체들의 폐쇄적인 진영 바깥에 있는 회사가 만든 것이었다. 그것도 소형화기 제작 경험이 전무한 회사였다.

이런 기묘한 보병 무기의 배후에 있는 천재는 유진 M. 스토너 Eugene M. Stoner였다. 스토너는 1922년 11월 22일 인디애나주 개스포 트Gasport에서 태어났는데, 칼라시니코프처럼 공식적인 기술 교육을 전혀 받지 않았다. 대학도 졸업하지 못했다. 2차대전 중에 스토너는 해병대에 복무하며 주로 남태평양과 중국 북부에서 공중 병기 전문가로 일했다.

칼라시니코프와 마찬가지로, 스토너 역시 총기 설계와 기계학에 타고난 감각이 있었고 총과 사격을 취미로 생각했다. 그는 또한 호기심 많은 만물 수선인이었다. 그러나 그의 직업은 항공기 분야였고, 후에 록히드에 흡수되는 베가항공기Vega Aircraft를 비롯한 몇몇 항공기 회사에서 일한 적이 있었다. 1954년, 스토너는 항공기 제조업체 페어차일드Fairchild에서 일자리를 얻었다. 워싱턴 D.C.에서 북쪽으로 100km 정도 떨어진 메릴랜드주 헤이거스타운Hagerstown에 본사가 있는 회사였다. 페어차일드 사장 리처드 S. 부텔Richard S. Boutelle은 1년 전에 이미 핵심인 항공기 사업을 넘어 업종을 다변화하기로 결정했다. 1950년대는 튼튼하고 가벼운 재료가 시장에 새롭게 등장하는 시기였는데, 그는 이 재료들을 활용하고 싶었다. 바야흐로 알루미늄 같은 비철금속이 높은 강도와 가벼운 무게 때문에 항공기에 사용되고 있었고, 역시 무게에 비해 아주 강도가 높은 플라스틱 제품과 유리섬유도 속속 사용되었다. 페어차일드는 이 신재료들을 다루는 전문성을 이미 습득했고, 항공기 제작 이외의 분야에서도 돈을 벌 수 있다고 믿었다.

페어차일드는 소형화기를 목표로 삼았다. 이 분야를 연구하면서 그들은 미국의 소형화기 사업이 비참할 정도로 시대에 뒤처져 있음을 깨달았다. 어쨌든 군은 1930년대의 M1 이후에 새로운 무기를 도입한 적이 없었다. 페어차일드의 엔지니어 조지 설리번 George Sullivan은 전통적인 나무와 철 대신에 우주 시대의 재료, 특히 플라스틱과 유리섬유로 소총을 만들면 가벼우면서도 튼튼한 무기를 전장에 제공할 수 있다고 확신했다. 그는 부텔과 이 점을 논의하면서 최신 재료 기술을 이용해 완전한 현대식 무기를 만들 수 있다는 사실에 흥분했다. 두 사람은 이것이 매력적인 아이디어라고 확신했고, 바로 이 지점에서 스토너가 끼어들었다. 수석 엔지니어로서 스토너가 할 일은 회사의 취지에 걸맞게 아마라이트 ArmaLite라는 이름이 붙은 신설 부서에서 이런 소총을 설계하는 것이었다.

스토너는 캘리포니아주 코스타메사 Costa Mesa에 있는 부속 연구소에서 일하면서 AR10을 만들었다. 일찍이 본 적이 없는 이 경량 소총을 접한 군 인사들은 놀라면서도 당혹스러워했다. 이 총은 전부터 군이 고집한 7.62×51mm 총알을 사용했는데, 외부자였던 탓에 아마라이트는 병기국으로부터 전반적으로 냉담한 반응을 얻었다. 개발 시기 역시 좋지 않았다. 병기국 관료들은 외국제 FAL에 맞서서 M14를 지키느라 여념이 없었고, 새롭게 등장한 소총, 더군다나 그렇게 이국적인 디자인의 소총에 관심을 기울일 시간이 없었다. 그러나 부텔과 개발팀은 끈질기게 버텼고, 그들이 신형 무기를 계속 시험하고 수정하자 몇몇 군 지도자들의 반감이 녹아내렸다. 특히 육군 본토사령부Continental Army Command(미 육군 전력사령부 United States Army Forces Command의 전신으로 1955~73년 시기의 명칭이다—옮긴이) 사령관 윌러드 G. 와이먼Willard G. Wyman 장군이 깊은 인상을 받았다. 한국전쟁 당시 제9군단장을 지낸 와이먼은 그 전쟁에서 배운 교훈을 이해했고, 이제 미군 보병에게도 당나귀처럼 반동이 세지 않은 자동화기가 필요하다고 생각했다. 분명 그는 병기국이나 M14, 7.62×51mm 총알의 열렬한 지지자가 아니었다. 만약 그와 스토너가 함께 일한다면 서로 도울 수 있을 터였다.

와이먼은 스토너에게 작은 총알을 고속으로 발사할 수 있게 AR10의 설계를 변경해달라고 요청했다. 두 사람 모두 돌격소총의 기준을 세운 AK가 대결 상대임을 알고 있었다. 두 사람은 또한 이미 중간형 총알에 반대하는 싸움에 성공한 바 있고, 훨씬 더 작은 총알에 이의를 제기할 것이 분명한 병기국 관료들과도 대결했다.

와이먼은 이런 상황에 굴하지 않고 스토너에게 요구 조건을 제시했다. 그가 원하는 것은 자동이나 반자동 방식으로 사격할 수 있는 소총과 20발이 들어가는 탄창, 6*lb*(약 2.7kg) 정도의 경량 화기였다. 총알은 .30구경 총알처럼 직선 궤적을 유지해야 했다. 소형 발사체는 500m 떨어진 거리에서 표준적인 철모와 .135in(1인치는 약 2.54cm에 해당한다. 0.135in는 약 0.34cm이다—옮긴이) 철판 양쪽을 뚫을 뿐만 아니라 방탄복도 관통해야 했다. 와이먼의 이런 요구는 군사적으로나 정치적으로나 현명한 조치였다. 그가 정한 거리 요건은 한

결 촘촘한 진역戰域에 관해 한국에서 나온 여러 보고서가 제시한 수준을 넘어섰다. 그는 아마 이런 식으로 신형 총이 거리를 근거로 소형 총알에 반대하는 이들의 구미에 맞기를 기대했던 것 같다.

스토너는 총기 완성에 아주 애를 먹었다. 칼라시니코프처럼 그 역시 특정한 총알을 발사하게끔 총기를 설계했지만, 소련의 경쟁자와 달리 그는 특별한 총알을 먼저 만들어야 했다. .22구경 군용 총탄은 아예 존재하지 않았기 때문에 스토너는 레밍턴 사Remington Arms Company에서 나온 .222구경 상업용 총탄을 개조했다. 레밍턴은 스토너의 실험용 총탄 주문을 받아 다량 생산했다. 개량된 총기의 명칭인 AR15는 AR10과 똑같은 우주 시대의 외양이었고, 25발 탄창을 끼우면 무게가 6lb 조금 넘게 나갔다. 보병의 본거지인 포트 베닝의 군 시험 담당자들은 AR15의 가벼운 무게와 높은 성능에 매료되었다. AR15는 참으로 혁신적인 총기였고, 시험 사격에서 오작동 비율이 1000회당 6.1회를 기록해서 M14의 1000회당 16회보다 낮았다. 그러나 시시각각 평판이 떨어지고 있던 병기국 사람들은 AR15의 뛰어난 성능에 당혹스러워했다. 자신들은 수십 년이 걸려 신형 보병 소총을 내놓았는데, 이 외부자 집단이 불과 몇 년 만에 모든 면에서 M14보다 뛰어난 총기를 만들어냈기 때문이다.

스토너가 만든 총기는 AK와 비슷하게 총열 위에 가스관이 있었지만 큰 차이점이 있었다. 가스가 긴 봉에 붙은 피스톤을 뒤로 밀어내는 대신 가스관을 통해 노리쇠 뭉치 장치까지 이동해서 노리쇠 뭉치를 뒤로 밀어내면, 노리쇠가 캠을 통해 회전하고 폐쇄기가 열리면서 노리쇠와 노리쇠 뭉치가 제자리로 돌아온다. 따라서 가스 피스톤이 필요 없는데, 총기에서 부품 하나를 줄이는 것은 언제나 이득이 된다. 그러나 이 가스 방식에는 커다란 결함이 있었다. 가스를 리시버 안으로 보내기 때문에 검은 부착물이 생기기 쉬운데, 베트남전쟁이 벌어지고 나서야 이런 특성이 분명해졌다. 뜨거운 가스의 끈적한 잔여물과 탄 화약, 탄피의 미세 분자들이 소총 부품 안에서 눌어붙으면 검은 부착물이 생겨서 말 그대로 "부품들이 들러붙고" 총이 막힌다.

또한 칼라시니코프와 마찬가지로, 스토너 역시 FN-FAL과 심지어 MP44 슈투름게베어처럼 이전에 만들어진 총기에서 아이디어를 얻었다. MP44에서는 탄피 배출구에 먼지 덮개를 경첩식으로 연결하는 방식을 빌렸다.

AR15는 여전히 연구가 필요했는데, 특히 물이 들어가서 총열이 파열되는 문제를 해결해야 했다. 스토너는 이 문제가 병기국 사람들이 말한 것만큼 심각하지 않다고 주장하면서, 심지어 AR15를 몰아내기 위해 시험 발사를 조작했다고 넌지시 말하기도 했다. 아마라이트에는 기술직원이 아주 소수였기 때문에 이 총기는 병기국 사람들과 그들의 기술적 권고에 좌우되었다. 그리고 그들로서는 이 총을 깎아내리고 스토너에게 그릇된 조언을 해줄 만한 동기가 많았다.

스토너와 카틴 사이에 긴장이 계속 고조되자 병기국은 시험 중인 AR15 15정 중 3정을 알래스카로 보내 혹한의 환경에서 발사 시험을 했다. 스토너에게는 통보하지도 않고 소총을 포트그릴리Fort Greeley로 보냈다. 무척 도발적인 조치였다. 왜냐하면 스토너는 사격 시험을 할 때마다 자기도 현장에 불러달라고 병기국과 합의했기 때문이다. 그래야 질문에 답변을 하고 총을 제대로 사용하는지 확인할 수 있었다. 원래 신형 무기를 개발할 때는 이것이 일반적인 절차였다. 특히 AR15처럼 근본적으로 다르게 설계돼서 사수가 익숙하지 않은 총은 더욱더 이런 절차가 필요했다.

예비 부품을 달라는 예상치 못한 요청을 받지 못했다면 아마 스토너는 북극 시험 사격에 관해 알지 못했을 것이다.[14] 알래스카로 날아간 그는 총기의 상태를 보고 깜짝 놀랐다. 몇 정은 가늠쇠가 떨어져 나가고 다른 것들은 느슨해졌는데, 따라서 당연히 정확한 사격은 불가능했다. 일부 총기는 임시방편으로 만든 부품을 용접해 놓거나 느슨하게 붙여 놓은 상태였다. 총기를 고친 스토너는 화가 났다. 병기국이 M14가 더 좋아 보이게 만들기 위해 AR15를 깎아내리려고 기를 쓴다고 믿었다. 몇 년 뒤, 그는 공개적으로 당시의 사정을 이야기했다. "내 생각에 그 사람들은 스프링필드 조병창을 만족시키기 위해 M14를 생산해야 했습니다. 그 사람들은 M14가 M1, M1 카빈, 그리스건grease gun[M3 기관단총](윤활유 주입기와 비슷한 모양이라고 미군 병사들이 붙인 별명이다—옮긴이), 브라우닝 자동소총[기관총]의 대안이라고 치켜세웠지만, 업계 사람들은 M14는 M1을 대신하게 될 뿐이라는 걸 알았지요. 그 총을 다룰 수 있는 사람이 거의 없었어요. (…) [알래스카의] 지휘관이 내게 말했습니다. '당신을 이

기지에서 쫓아내고 싶어서 근질근질하군요. 제발 가세요.'"

스토너는 수리한 소총을 가지고 다시 시험해달라는 요구안을 제출했지만, 재시험은 전혀 없었다.

이 무렵이면 일부 군 고위 간부들도 병기국의 터무니없는 행동을 예의주시하고 있었지만, 그들 역시 공식 시험을 통과한 총기가 필요했고, M14는 적어도 기록상으로는 여전히 앞서고 있었다. 또한 병기국은 여전히 정치적·관료주의적 영향력을 누리면서 고위급 군 지지자 그룹을 유지했다. 카턴은 계속 요지부동이었다. 어쨌든 만약 그가 소구경 AR15가 M14보다 우월하다는 것을 인정한다면, 소총 논쟁뿐만 아니라 그의 경력이 달린 대구경 논쟁에서도 패배할 것이었다. AR15를 침몰시키려는 최후의 시도로 카턴은 AR15의 총열을 .258 총알이 들어가도록 변경할 것을 제안했다. .22구경보다 약간 더 큰 총알을 사용하면 직경이 더 커지기 때문에 총열에 빗물이 들어가는 문제가 해결될 것이라는 논리였다.

한 가지 문제가 있었다. .258구경 총알은 존재하지 않았다. 따라서 스토너는 순진하게도 AR15를 재설계할 수 있도록 병기국이 총알 시제품을 몇 개 보내주기를 기다렸다. 몇 달 동안 기다린 끝에 워싱턴으로 찾아간 그는 병기국이 이미 .258구경 개발 프로그램을 중단했는데 자기나 아마라이트의 다른 사람에게 일언반구도 없었음을 알게 되었다. 그때쯤이면 카턴은 이미 M14 생산을 위한 계약서를 내준 상태였다.

1959년, 육군 참모총장 맥스웰 테일러Maxwell Taylor 장군이 지원하는 가운데 M14의 전면적인 생산이 시작되었다. 테일러는 보병이 소구경 총알을 사용한다는 생각 자체를 좋아하지 않는 완고한 대구경 지지자였다. 게다가 다른 미군 장성들과 마찬가지로 그 역시 이미 NATO의 소형 총알을 거부하고 대형 총알을 강요한 전력이 있던 터라 이제 와서 소구경으로 태도를 바꾼다면 NATO 동맹국들에 체면이 서지 않았다. 스토너와 아마라이트는 패배한 것 같았다. 그들에게는 더 우월한 총기가 있었지만, 병기국의 치열한 움직임에 상대가 되지 못했다. 페어차일드는 145만 달러를 지출했는데, 이제 남은 희망은 AR15의 민간 판매처를 찾는 것뿐이었다. 우선 파산을 피해야 했다. 마침내 그들은 콜트특허화기제조회사Colt's Patent Firearms Manufacturing라는 천사를 찾아냈다. 콜트는 아마라이트가 일부 로열티를 보유하는 가운데 AR15의 권리를 매입하는 데 동의했다.

M16의 탄생, AR15

콜트는 소형화기 세계에서 인지도가 높고 세계적으로도 명성이 자자한 회사였다. 스토너와 판매 담당자 보비 맥도널드Bobby Macdonald는 힘을 합쳐 AR15를 가지고 출장을 다녔는데, 맥도널드가 잘 아는 동남아시아 지역을 중점적으로 돌아다녔다. 두 사람은 병사들의 체구가 작은 아시아 군대는 반동이 작고 가벼운 총기를 선호한다는 걸 알게 됐지만, 판매는 여전히 지지부진했다. 외국군 지도자들이 자신들은 공식적으로 지급되는 무기만을 구매한다는 미국과의 협약에 서명했기 때문에 AR15를 구매할 수 없다고 말했고, 맥도널드와 스토너는 다시 곤경에 빠진 것 같았다.

그러나 헤이거스타운 외곽에 있는 부텔의 농장에서 독립기념일 소풍을 즐기는 동안 그들의 운이 바뀌었다.[15] 부텔은 오랜 친구인 공군 참모총장 커티스 르메이 장군을 초청했는데, 유명 인사인 장군은 전략공군사령부Strategic Air Command의 아버지로 존경받는 인물이었다. 르메이 장군은 또한 소련이 베를린을 고립시켰을 때 베를린 공수작전의 책임자였다. 베를린 봉쇄는 냉전의 시작을 알린 사건이었다. 극우적인 정치 성향으로 유명한 일명 '폭탄 투하Bombs Away' 르메이는 정치적 목표를 달성하기 위해 어디에든 원자폭탄을 투하할 의지가 있음을 전혀 숨기지 않았다. 몇 년 뒤인 1968년에 가진 기자회견에서 그는 인종차별주의자를 자임하는 전 앨라배마 주지사 조지 월리스의 러닝메이트로 부통령에 출마한다고 발표하면서 세계 각지의 수많은 사람에게 충격과 공포를 안겨주었다. "우리에게는 핵무기 공포증이 있는 것 같습니다. (…) 만약 필요하다면, 그러니까 필요하다면 나는 핵무기를 포함해 상상할 수 있는 것은 무엇이든, 그 어떤 것이든 사용할 겁니다." 르메이의 호전적 성격이 워낙 대단해서 스탠리 큐브릭Stanley Kubrick 감독은 1964년에 히트한 영화 〈닥터 스트레인지러브Dr. Strangelove〉에서 그를 풍자했다. 조지 C. 스콧George C. Scott이 연기한 벅 터지슨 장군은 전쟁광에 핵무기를 사랑하는 권력자로 인명을 희생하더라도 소련을 산산조각으로 날려버리자고 태연하게 주장한다.

바로 이런 난폭한 인물이 폐기 일보 직전의 AR15를 낚아채서 미군의 전설적인 M16으로 변신시킨다. M16은 베트남전쟁에서 AK의 호적수가 되었다.

부텔의 농장은 스키트와 트랩 사격장, 권총 사격장, 활터 등이 있는 사수의 천국이었다.[16] 그는 50, 100, 150yd(약 46, 91, 137m) 거리에 수박 세 덩이를 놓고 르메이에게 AR15를 건넸다. 르메이가 50yd와 150yd 떨어진 수박을 맞히자 마치 체리밤 폭죽이라도 넣어놓은 것처럼 수박이 폭발했다(그들은 맞히지 못한 수박 하나는 잘라 먹었다). AR15의 성능에 깊은 인상을 받은 르메이는 콜트 간부들을 공군사관학교에 초청해서 이 소총을 구입하는 문제를 논의했다. 그리고 M1 카빈총 대신 기지 경비 인력이 사용하는 용도로 AR15를 주문했다. 르메이는 M14가 아니라 다른 소총을 대체하는 방식으로 기존 체계를 현명하게 우회했고, 병기국도 어쩔 도리가 없었다. 그와 동시에 콜트 중역들은 병기국이 시험 중에 총기를 얼마나 형편없이 다뤘고, M14를 가지고 얼마나 엉망인 상황을 만들었는지에 관해 의회에 각성을 촉구했다. 언론은 이 실패작에 관한 기사를 내보내기 시작했다.

이제 사상 처음으로 병기국의 활동이 공공연하게 드러났고, AR15 추가 시험 사격이 이루어졌다. 시가를 씹어대는 르메이를 비롯한 고위 장성들이 시험 사격을 지켜보았다. AR15는 M14보다 월등한 성능을 보여주었다. 2년 전에 탈락시킨 혹한의 날씨나 비가 내리는 상황에서도 월등했다. 결과가 워낙 훌륭했기 때문에 앞서 야바위처럼 치러진 시험 사격에서 나온 주장들이 계속 관심을 끌었다.

하지만 콜트는 여전히 곤경에 처해 있었다. 군대 시범 사격에서 이 총을 쏘아본, 새로 당선된 존 F. 케네디John F. Kennedy 대통령이 르메이의 지시를 직접 뒤집었기 때문이다. 케네디가 이 총을 싫어한 것은 아니었다. 대통령과 군사 고문들은 군의 각기 다른 부문들이 서로 다른 소총을 사용한다는 생각 자체가 불편했다. 미국이 점차 베트남전쟁에 관여함에 따라 호환성 문제가 전면에 대두했다.

나이 든 군 지도자들은 호환성 문제에 초점을 맞추면서도 여전히 큰 그림을 보지 못했다. 전쟁의 양상은 이미 바뀌었는데, 미군은 아직 제대로 된 총기를 갖지 못했다. 한국전쟁의 교훈에도 불구하고 완고한 군 고위 간부들은 여전히 2차대전 당시의 보병 무기를 기준으로 놓고 생각하고 있었다.

군 집단마다 각기 다른 소총을 보유하면 생길 수 있는 비효율성에 누구보다 신경을 쓴 사람은 헨리 포드 가문 외부 인사로는 최초로 포드자동차 회장에 오른 전력이 있는 신임 국방장관 로버트 S. 맥나마라Robert S. McNamara였다. 맥나마라는 흔히 수재 집단Whiz Kids이라 알려진 팀을 꾸린 상태였는데, 이 팀은 포드에서 한 것처럼 원리 원칙대로 정부를 운영하려고 했다. 바야흐로 컴퓨터가 미국 산업의 한 부분을 차지하는 가운데, 이 집단은 군사 지출을 일일이 조사하면서 재료를 어떻게 구매하는지 꼼꼼하게 질문했다.

르메이가 AR15 소총 8500정을 구입해서 공군 병사의 표준 화기로 삼는 것을 보았을 때 M14/AR15 분쟁이 그들 눈에 들어왔다. 르메이는 흔히 어디로 튈지 모르는 사람이라는 평가를 받았지만, 맥나마라와 수재 집단은 그의 군사적 전문성과 공산주의에 대한 강경한 태도를 존중했다. 실제로 맥나마라는 군에서 대위였지만 르메이 밑에서 복무하면서 경영에서 활용하는 분석적 접근법을 공군 장교들에게 가르친 적이 있었다. 특히 그는 폭격기를 이용해서 적을 죽이는 효율을 분석하는 방법을 제공했다. 맥나마라가 현재 추구하는 목표 중 하나는 관료주의를 바로잡는 것이었다. 병기국 외에는 아무도 원하지 않는 것 같은 소총 M14를 생산하면서 10년 이상을 질질 끌고 있었기 때문이다.

그의 관심은 탁상공론을 넘어서는 것이었다. 미국이 북베트남과 싸우려면 저렴한 비용으로 신속하게 대량 생산할 수 있는 소총으로 통일할 필요가 있었다.

콜트가 여전히 재정 문제에 시달리는 가운데(부텔은 이미 비난을 받고 해고되었다), 맥도널드는 필사적으로 매달렸다. 그는 AR15의 미래가 베트남에 있다는 것을 알았기 때문에 시범 모델을 가지고 베트남으로 달려갔다. 군의 일반적인 조달 절차를 우회해서 전장의 지휘관들을 직접 만나 그들로 하여금 상층부에 총기 구매 압력을 넣게 하려는 대담한 움직임이었다.

보통 때라면 이런 식의 회피책이 먹히지 않겠지만, 때가 때인지라 효과가 있었다. 미국은 공식적으로 남베트남에 군대가 아니라

'고문단'만 파견한 상태였다. 미국 국민에게 개입 확대의 명분을 설득하기 위해 고안한 명칭이었다. 사이공(오늘날의 호찌민 — 옮긴이)에 자리한 전투개발시험센터Combat Development Test Center라는 이름의 특수 부서의 임무는 엄밀히 말해 남베트남 군대의 군사적 수요를 평가하는 것이었다. 체구가 작은 베트남 사람들 — 신병의 경우에 평균 신장이 5ft(약 152cm), 몸무게가 90*lb*(약 41kg)였다 — 이 M14의 반동과 무게를 제대로 다룰 수 없다는 것은 자명한 사실이었다. 게다가 평균적인 병사는 M14 탄약보다 AR15 탄약을 세 배 정도 더 휴대할 수 있었다. 총탄과 소총이 둘 다 가벼웠기 때문이다. 밀림의 전사들이 장거리 정찰을 나갈 때 이것은 결정적인 이점이었다.

AR15는 호평을 받았고, 신형 화기와 소형 총탄의 살상력에 관한 보고가 워싱턴까지 들어갔다. 미군과 남베트남 지휘관들은 특히 사망한 적군 병사의 몸에서 나타나는 총상의 특징에 깊은 인상을 받았다. 고속 총알에 맞은 다음에 폭발하면서 사지가 찢어지고 가슴에 구멍이 뚫렸다고 보고되었기 때문이다.

콜트가 AR15 2만 정 주문을 받자 맥도널드는 기대에 부풀었고, 국방차관보가 보고서에서 AR15가 M14 소총보다 제조 단가가 쌀뿐만 아니라 최대 5배 효과적이라고 언급하자 희망은 더 커졌다. 무엇보다 놀라운 점은 보고서에서 M14가 구형인 M1보다도 열등하다고 언급한 것이었다.

맥나마라와 수재 집단은 이 보고서와 M14를 지지하는 병기국의 입장이 모순되는 것을 보고 놀랍고 당황스러워서 육군장관 사이러스 밴스_Cyrus Vance에게 M14와 AR15, AK를 다시 평가해보라고 지시했다. 케네디 대통령도 이 문제에 관여하면서 상황을 최종적으로 정리할 것을 요구했다. 시간이 절대적으로 중요했다. 1962년 10월에 이르면, 미국은 이미 사용 가능한 최고의 무기도 없이 베트남에 군사고문단 1만여 명을 투입한 상태였고, 북베트남 공산주의의 위협에 맞서 싸우기 위해 훨씬 더 많은 군대를 파견할 것이 분명했다.

그 후 시험 사격이 진행되었지만 AR15가 성능이 더 좋다는 전장의 분분한 이야기가 증명되지는 않았고, 정부 고위급에서는 신형 무기가 더 떨어져 보이게 하려고 시험을 조작했다는 소문이 돌았다. 아이러니하게도 한 시험 사격에서는 AK가 다른 **모든** 총에 비해 고장 횟수가 훨씬 적었지만(이 점에 관해서도 약간 의견이 갈렸다), 몇 가지 결과는 반박이 불가능했다. AR15가 더 가볍고, 보병이 더 많은 탄약을 휴대할 수 있으며, M14보다 가격이 싸고, 신속하게 생산할 수 있었다.

맥나마라는 1963년까지 M14 생산을 중단하고 AR15 생산을 시작하기로 결정했다. 그리고 AR15를 육군용 8만 5000정, 공군용 1만 9000정 주문했다. 반대론자들은 장관이 결론 부분(단가가 싸고 생산 속도가 빠르다)의 숫자에만 근거해서 결정했다고 주장했지만, 그의 말은 확정적인 것이었다.

어떤 이유에서든 간에 맥나마라는 분명 병기국이 이 문제를 다룬 방식 전체에 분노했다. 몇 년 전 열린 청문회에서 그는 M14 개발 프로젝트를 "부끄러운 일"이라고 꼬집은 바 있었다.[17] 의회 증언에서 그는 이렇게 말했다. "소총을 만드는 것은 위성을 제작하는 일과 비교하면 상대적으로 간단한 작업입니다." 맥나마라가 병기국을 대폭 혁신하면서 명칭이 미 육군 물자사령부U.S. Army Material Command로 바뀌었고, 카턴은 스프링필드 조병창에서 일리노이주에 있는 육군 록아일랜드 병기창Rock Island Arsenal으로 자리를 옮겼다.

스프링필드 조병창 역시 M14 사건에 공모한 데 대해 질책을 받았다. 사상 처음으로 외부 업체인 콜트가 이제 공식적으로 M16으로 명명된 군 주요 총기의 공급 책임자가 되었다. 총에 사용되는 .223구경 총탄은 군에서 사용하는 미터법으로 5.56×45mm로 명명되었다.

맥나마라는 한층 더 완고해져서 군 전체가 전면적인 생산과 전투 준비 태세를 위해 M16을 개선하는 작업에 힘을 합칠 것을 요구했다. 그러나 이번에도 역시 신속하고 단호하게 움직이지 못하는 군 관료 집단의 무능 때문에 좌절감을 느꼈다. 포드 시절 맥나마라는 지시를 내리면 곧바로 정확하게 수행되는 데 익숙했는데, 새로운 기업 경영식 체제에 저항하는 공무원뿐만 아니라 직업 군인들과도 금세 반목하게 되었다. 정부, 특히 군 집단은 그런 식으로 움직이지 않았다. 과정이 더디고 지루하고 논쟁이 많았다. 여러 부서가 각자의 이익을 지키고 자기 신념을 지지하기 위해 프로젝트를 꼼꼼하게 관리하면서 영역 다툼이 계속되었다.

AK47 vs. M16, 제1라운드

1963년에 몇몇 사태가 벌어지면서 맥나마라는 한층 더 신속하게 결단을 내려야 했다. 1월에 M14로 무장한 남베트남군이 AK를 들고 싸우는 베트콩에게 압 박_{Ap Bac}에서 패배했다. 미군 지휘관들은 이 자동화기의 살상력에 관한 보고를 접하고 걱정에 빠졌다. 바야흐로 새로운 전쟁 양상이 펼쳐지는 가운데 베트남에서 승리하려면 자동화기가 절대적으로 필요하다는 사실이 분명해지고 있었다. 전쟁은 종종 '조우전'이라는 이름의 전투로 벌어졌다. 양쪽 편의 밀림 정찰대가 예상치 못하게 대면해서 벌어지는 조우전에서는 짧은 시간 안에 가장 많은 총알을 쏟아낼 수 있는 쪽이 승리했다. M14는 이런 근접전에서 AK의 상대가 되지 않았다.

이번에도 역시 미국 군사전략가들은 미리 추적할 수 없는 적을 상대로 빽빽한 밀림에서 벌어지는 다른 종류의 전투에 미처 대비되어 있지 않았다. 우월한 공군력은 종종 별 쓸모가 없었기 때문에 전투는 환경에 가장 적합한 총기를 휴대한 보병의 몫이 되었다. 미군은 적을 따라잡지 못했다.

1963년 11월 2일, 남베트남 장군들이 응오딘지엠_{Ngo Dinh Diem}과 그의 동생이자 고문인 응오딘누_{Ngo Dinh Nhu}를 암살했다. 가혹한 독재자 응오딘지엠 정권은 많은 불교도를 격분케 했고, 승려들은 탄압에 항의하기 위해 거리에서 분신을 했다. 케네디 행정부는 공개 분신 사태와 암살 사건에 충격과 당혹감을 표명했지만, 장군들의

베트남전쟁에서 처음 실전에 투입된 미군의 표준 전투소총은 도입될 때부터 총알이 막히고 고장이 잦았다. 이런 문제들이 개선되기는 했지만, 북베트남군과 베트콩이 사용하는 AK47이 밀림의 근접전에서는 M16보다 우월하다고 믿는 미군 병사가 많았다. 2003년 미국이 이라크를 침공한 직후에 많은 미군 병사가 M16A2 소총보다 AK47을 선호했다.
사진: 미국 국방부

행동을 저지하려는 시도는 전혀 하지 않았다. 응오딘지엠이 사망할 당시에 미국은 남베트남에 1만 6000명의 고문단을 두고 있었다. 이제 응오딘지엠이 사라지고 미국인 사상자가 늘어나기 시작하자 미국은 전투에서 더 큰 역할로 빠져들게 되었다. 남베트남 정부가 좌초하면서 한 무리의 부패한 장군들이 나라를 지배했기 때문이다.

응오딘지엠이 사망하고 불과 3주 뒤 케네디 대통령이 댈러스에서 암살당했고, 부통령 린든 B. 존슨Lyndon B. Johnson은 곧바로 전임자의 정책을 확대했다. 1964년 8월, 펜타곤 관리들은 통킹만에서 미국의 군함이 북베트남 초계정에 공격당했다고 발표했다. 이 공격에 자극을 받은 의회는 통킹만 결의안을 통과시켜 존슨 대통령에게 베트남에 대한 자유 재량권을 주었다. 이 사건은 나중에 미국 행정부가 날조한 것임이 드러났다. 그런 것은 중요하지 않았다. 이제 전쟁은 전면전으로 비화했고, 특수부대와 중앙정보국Central Intelligence Agency, CIA 요원들을 비롯한 엘리트 부대들은 AK에 대항하기 위해 AR15를 지급받았다.

그렇지만 대다수 미군은 M14를 지급받았다. 1964년 6월에 폴 하킨스Paul Harkins 장군의 뒤를 이어 베트남 사령관이 된 윌리엄 웨스트모얼랜드William Westmoreland 장군은 1965년 11월 사이공에서 지휘관 회의를 소집했다. 미군의 총기가 AK를 상대로 얼마나 열등한지를 논의하는 자리였다. 몇 년 뒤 열린 의회 청문회에서는 미군 병사들이 암시장에서 AR15를 600달러에 사들였다고 지적했다. 정가 100달러의 6배에 달하는 가격이었다.

한편 미국 국내에서는 M16 시험 사격이 계속되었지만, 맥나마라는 도입을 서둘렀고 웨스트모얼랜드도 다급하게 요청했다. 1966년 여름까지 M16 주문 수량이 10만 정을 넘어섰다. 그러나 10월에 이르러 예상치 못한 보고가 몇 가지 들어왔다.

M16이 실전 중에 막혀서 발사가 안 된다는 것이었다.

미군 병사들이 고장 난 소총을 부여잡고 사망한 채 발견되었다. 불발의 원인을 찾아 고치려다가 공격을 당한 것이었다.

많은 병사가 자기 총을 믿지 못하게 되자 군의 사기가 곤두박질 쳤다. 입증되지 않은 몇몇 보고에 따르면, M16의 무려 절반이 막히는 일이 생긴다고 했지만, 아마 이 수치는 과장되었을 것이다. 실제 수치는 중요하지 않았다. 왜냐하면 병사들이 자기 총이 제대로 작동할 것인지 알 도리가 없던 탓에 모든 총이 의심을 받았기 때문이다. 이런 문제를 알게 된 베트콩은 M16을 두려워하지 않았다. 초창기에 베트콩이 이름 붙인 '검은 총black rifle'이 보여도 이제 전처럼 무서워하지 않았고, 오히려 힘이 났다. 여러 보고를 종합해 보면, 베트콩은 죽은 미군 병사에게서 AR15를 비롯한 장비를 가져갔지만 M16은 일부러 내버려두었다.

미군은 홍보상의 악영향을 최소화하려고 애썼지만, 배신감을 느낀 병사들뿐만 아니라 그들의 부모들을 통해서도 여러 보고가 의회에 들어갔다. 지역 언론은 부실한 신형 소총에 관해 현지 출신 병사들이 적어 보낸 편지를 실었다. 전국 단위의 언론 역시 이이야기를 다루었다. 병사들과 부모들은 국회의원들에게 편지와 전화를 수도 없이 하면서 답변을 독촉했다. 미국이 베트남 개입을 확대하면서 점점 더 많은 미국인이 불안을 느끼자 의회가 1967년 5월에 조사에 착수했다. 미주리주 출신 민주당 하원의원 리처드 이코드Richard Ichord가 이끄는 하원 군사위원회 소위원회가 병기국 내부의 작동 방식과 케케묵은 소형화기 개발 방식에 관해 처음으로 공개적으로 밝혔다.

소위원회는 맥도널드와 스토너를 비롯한 콜트 대표자 등 수백 명을 증인으로 소환했는데, 증인들은 군으로부터 푸대접을 받았다고 증언했다. 군 인사들은 병기국이 어떻게 소총을 시험했는지를 설명하면서도 M16 개발 프로그램의 기술적인 세부 사항에 관해서는 일일이 기억하지 못한다고 말했다. 한 병사가 보낸 편지가 증언 기록에 포함되면서 청문회에 극적인 순간이 찾아왔다. 신랄한 편지의 일부는 다음과 같다. "오키나와에서 출발하기 전에 우리는 모두 이 신형 소총 M16을 지급받았습니다. 사실상 우리는 전부 자기 총을 옆에 끼고 죽은 채 발견됐습니다. 총을 고치려다가 공격당한 겁니다."

소위원회는 베트남을 방문해서 병사들을 직접 인터뷰했다. 병사들이 적군 시체에서 AK를 챙겨서 M16 대신 사용하고 있다는 이야기를 들었다. 이런 일이 워낙 흔해 병사들이 야전에서 AK를 사용하는 것이 공식적으로 금지되었다. AK의 독특한 발사음 때문에 아군의 총격을 받을 위험이 있었기 때문이다. 밀림에서 한창 근접전이 벌어질 때 미군 병사들은 적군의 무기 소리를 듣고 적의 위치를 파악할 수밖에 없었다. AK 사용을 금지한 또 다른 이유는 그 총을 들고 다니면 M16의 오명이 더 심해진다는 것이었다. 그렇지만 많은 병사들은 여봐란듯이 AK를 들고 다녔다. 실제로 군과 CIA의 특수부대는 비밀 임무를 수행할 때 AK를 사용해도 된다는 허가를 받았다. 이 총기가 워낙 믿음직스러웠기 때문이다.

데이비드 H. 해크워스David H. Hackworth는 베스트셀러《전사의 심정으로Steel My Soldiers' Hearts》에서 불도저로 기지 건설 공사를 하던 중에 땅속에 묻힌 베트콩 병사와 AK를 발견한 이야기를 들려준 바 있다. 해크워스는 진흙 속에서 총을 잡아 꺼내 노리쇠를 후퇴시켰다. 그가 병사들에게 말했다. "이거 봐. 진짜 보병 화기가 어떻게 작동하는지 보여주지." 그 말과 함께 그는 소총이 1년 동안 땅속에 묻혀 있던 게 아니라 그날 아침 깨끗하게 닦은 것처럼 30발을 발사했다. "바로 이것이 우리 병사들이 필요로 하고 가질 자격이 있는 총기였다. 병원처럼 깔끔하게 닦지 않으면 막혀버리는 M16이 아니라."

이코드 청문회는 여름 내내 계속되었다. 1967년 10월, M16 소총 개발 프로그램에 관한 특별소위원회는 병기국 일반과 특히 M16 개발 프로그램의 발전을 다룬 방식에 대해 매우 비판적인 600쪽짜리 보고서를 발표했다.

결국 범인은 총이 아니라 총탄이었고, 그것은 병기국이 그릇된 결정을 내린 탓이었음이 드러났다. 보고서에서는 M16이 막히는 현상은 병기국이 장약을 압출형이나 막대형 화약에서 알갱이형 화약으로 바꿀 것을 고집했기 때문이라고 결론 내렸다. 알갱이형 장약은 연속 발사 후에 소총 안에 잔여물이 남는 경향이 있었기 때문이다. 두 화약 모두 같은 성분으로 이루어지지만, 막대형은 작은 원통 모양의 압출형으로 세로로 잘려 있다. 알갱이형 화약은 아주 작은 구형 추진제들을 채워 넣는 방식이다. 한 가지 주된 차이섬은 막대형은 주로 입자 크기와 표면적에 의존해서 연소율을 제어한다는 것이다. 반면 알갱이형은 상대적으로 더디게 연소하는 막에 의존하며 더 뜨겁게 점화하는 뇌관이 필요하다.

스토너는 자신이 개발한 총기에 막대형 화약을 사용할 것을 명시했고, 병기국이 그의 권고를 변경할 것을 고집한 이유가 무엇인지는 온전히 알 수 없다. 소위원회는 군이 알갱이형 화약 제조업체인 올린 매시슨Olin Mathieson과 깊은 관계인데, 아마 이 회사가 화약 변경 결정에 영향을 미쳤을 수 있다고 지적했다. 소위원회는 또한 화약 변경 때문에 M16의 기계 구조를 변경해야 했으며, 이런 최후의 수정 또한 성능에 손상을 입혔을 수 있다고 지적했다.

이런 사실이 폭로되면서 결국 스프링필드 조병창은 수명을 다했다. 200년 가까이 운영되던 조병창은 그해 말에 맥나마라에 의해 문을 닫았다.

그러나 M16 논쟁은 끝나지 않았다. 의회는 화약 변경을 막힘 현상의 이유로 들었지만, 모두가 이 답에 만족하지는 않았다. 일부 탄도학 전문가들은 막힘 현상은 다습한 밀림 환경에서 총열이 부식된 탓이라고 주장했다. 이것이 사실일지도 모르며, 그러면 병기국은 더 큰 비난을 받았을 것이다. 2차대전 당시에 태평양 전투를 통해 총열 부식이 M1 소총에 미치는 영향을 알고 있었기 때문이다. 병기국은 AK의 표준적인 공정처럼 총열에 크롬 도금을 하는 것이 해결책임을 알고 있었다.

막힘 현상을 낳은 또 다른 요인은 군이 부대에 총기 청소 도구를 지급하지 않아서 총기를 청소할 필요가 없다는 인상을 주었다는 점이다. 청소 도구를 지급하지 않은 이유는 분명히 해명된 적이 없다. 그저 추측만이 분분할 뿐이다. 한 설명에 따르면, 맥나마라의 수재 집단이 비용 절감을 원했다고 하고, 다른 추측으로는 병기국이 M16을 실패작으로 만들려고 했다고도 한다. 또 총기 자체를 지나치게 신뢰했다는 추측도 있다.

아마 이 세 이유가 모두 작용했을 테지만, M16의 평판은 돌이킬 수 없을 정도로 손상되었다. 이 문제들이 시정되고 M16이 가공할 총기임이 증명되었지만 이미 때늦은 일이었다. 많은 이들이 주요 경쟁자인 AK를 세계 최고의 보병 무기이자 서구에서 가장 뛰어난 총기도 물리칠 수 있는 무기로 간주했다. 마치 하급 기술의 소비에트 스타일과 첨단 기술의 미국 스타일이 대결하는 것 같았는데, 제3세계 국가 지도자들이 싸움을 예의 주시하는 가운데 공산주의자들이 인정 투쟁에서 승리했다.

1973년에 이르러 베트남 주둔 미군 숫자가 줄어들고 있었다. 1966년에 53만 5000명으로 정점에 오른 뒤 1973년 3월에 군인들이 공식적으로 철수했기 때문이다. 서구가 결정적인 승리를 거두지 못한 채 미군은 캄보디아와 라오스를 비롯한 동남아시아에서 철수했다. 마지막까지 남아 있던 미국인들과 많은 베트남인이 나라를 떠나면서 베트남은 1975년에 북베트남 군대의 수중에 들어갔다. 사이공 건물 옥상에서 이륙하는 헬리콥터에 필사적으로 매달리는 사람들을 찍은 소름 끼치는 방송 영상은 공산주의 전사들과 AK의 주가를 한껏 올려주었을 뿐이다.

오늘날까지 군사 분야에서 가장 이론이 분분한 논쟁은 'M16과 AK 중에 무엇이 더 뛰어난가' 하는 것이다. 이 논쟁은 절대 끝나지 않을 것이다. 약자의 무기라는 AK의 명성은 베트남의 논에서 탄생했고, 미군이 의도치 않게 부추긴 면이 있다.

베트남이 남긴 교훈은 단순하고 튼튼한 무기로 무장한 결연한 병사들이 M16같이 복잡하고 정교한 무기를 가진 잘 훈련된 군대를 물리칠 수 있다는 것이다. 베트남전쟁 이후 전설적인 AK가 지구 곳곳에 퍼져나가면서 급조된 군대, 조직폭력배, 테러리스트들에게 힘과 위신을 주었다. 이 집단들은 그 후 세계의 면모를 영원히 바꾸게 된다.

3

판도라의 상자,
아프가니스탄

"문제가 너무 악화되어서 이제는 칼라시니코프가 할부로 팔리고 있는 상황입니다.
한 자루에 1만 5000루피인데, 5000루피를 선불로 내고
칼라시니코프를 받아서 강도질을 하고 잔금을 갚는 식이죠."

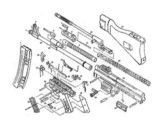

소련을 겨눈 무자헤딘의 AK

1970년대 말에 이르러 소련은 지도자들이 속전속결로 끝날 것이라고 오판한 아프가니스탄 전쟁을 준비하고 있었다. 처음에는 AK가 초강대국 소련의 주요한 군사 자산인 듯 보였지만, 이 소총은 훗날 소련의 패배에 어느 정도 기여했음이 드러났다. 10년에 걸친 게릴라 전쟁에서 소련이 당한 재앙적인 패배는 결국 소련의 붕괴와 중동 전역에 저렴한 AK가 확산되는 결과로 이어졌다.

베트남전쟁을 거치면서 AK는 신뢰성을 얻었고, 아프가니스탄 전쟁을 거치면서는 지역 전체로 확산되어 테러리스트와 반군의 수중에 들어갔다. 그들은 반제국주의의 새로운 상징으로 AK를 받아들였다.

소련 대통령 미하일 세르게예비치 고르바초프Mikhail Sergeevich Gorbachyov가 훗날 "우리 나라의 베트남전쟁"이라고 일컬은 전쟁은 그 연원이 1920년대까지 거슬러 올라간다. 당시 아프가니스탄은 볼셰비키 혁명 이후 새로 만들어진 소비에트 공산주의 체제를 인정한 첫 번째 나라가 되었다.[18] 두 나라는 국경을 공유하면서 친선 관계를 유지했다. 그 후 50년 동안 소련의 원조와 고문단은 아프가니스탄의 변함없는 특징이었다. 냉전 기간에 동구와 서구는 모두 아프가니스탄의 환심을 사려고 노력했다. 예컨대 소련은 잘랄라바드Jalalabad 남쪽에 대규모 관개 시설을 건설했고, 미국은 칸다하르Kandahar에 도로와 비행장을 만들었다.

1970년대에 이르면 미국이 베트남에서 패배한 데 힘입어 공산주의가 세계적으로 확산하고 있었다. 캄보디아, 라오스, 앙골라, 모잠비크, 에티오피아 같은 나라도 공산주의로 바뀌었다. 쿠바에서는 피델 카스트로Fidel Castro가 이끄는 공산주의 혁명이 그 기반을 흔들려는 CIA의 시도를 무릅쓰고 한층 더 강해졌다. 소련은 콩고, 이집트, 시리아, 라틴아메리카 등지에 마르크스주의 교의를 확산하고 있었다.

1978년 4월, 소련의 지원을 받은 쿠데타가 벌어진 가운데 마르크스주의 정당인 아프가니스탄 인민민주당People's Democratic Party of Afghanistan, PDPA 당원들이 총리 사르다르 모하메드 다우드 칸Sardar Mohammed Daoud Khan을 암살했다. 신정부는 대중의 지지를 받았지만 조직이 취약하고 허술하게 운영되었다. 이듬해 정체불명의 암살자들(아마도 총리 하피줄라 아민Hafizullah Amin이 부추겼을 것이다)이 누르 무함마드 타라키Nur Muhammad Taraki 대통령을 침실에서 질식시켜 죽였고, 아민은 대통령이 되었다. 아민은 소련의 도움에 호의를 보였지만, 전임자와는 달리 이 초강대국의 꼭두각시 노릇을 할 마음이 없었다.

1979년 가을에 이르러 소련은 군사력으로 아프가니스탄을 장악하는 것을 목표로 삼게 되었다. 이웃한 공산주의 정권을 도와야 한다는 점에서부터 전 세계의 유조선이 다니는 길목인 페르시아만 가까운 곳에 군사력을 보유해야 한다는 점에 이르기까지 침공의 이유가 여럿 제시되었지만, 인접한 이란에서 전개되는 상황도 한 요인이었다. 이란에서는 이슬람 혁명이 한창이어서 미국의 지원을 받는 이란 국왕 무함마드 리자 팔레비Muhammad Rizā Pahlevī의 부패한 정부를 무너뜨리고, 강경 이슬람주의자 아야톨라 루홀라 호메이니Ayatollah Ruhollah Khomeini가 정부 수반에 올랐다. 새로운 정권은 미국의 적이었지만, 소련에도 우호적이지 않았다. 소련으로서는 자국의 영향력이 다시 줄어들고 공산주의를 확산할 수 있다는 희망이 꺾이는 일이었다.

1979년 크리스마스이브에 소련군은 인민민주당이 가세할 것을 염두에 두고 세 사단을 국경으로 진출시켜 통신 기반 시설뿐만 아니라 카불 주변의 비행장들도 재빨리 장악했다. 소련 고문단은 영리한 계책을 써서 아프가니스탄 정부 지도자들을 카불에 있는 인터콘티넨털 호텔에서 여는 파티에 초대했고, 군사고문단은 아프가니스탄 고위 군 장교들을 대상으로 비슷한 연회를 열었다. 두 행사가 끝나는 순간 아프가니스탄 손님들은 모두 포로가 되었다. 같은 날, 아프가니스탄 군복을 입은 소련 군인들이 대통령궁으로 돌격해서 아민 대통령을 살해했다. 며칠 만에 5만여 명의 소련 병력이 아프가니스탄에 주둔하면서 주요 도시를 전부 장악했다.

전략적으로 보면, 소련군 사망자가 66명에 불과하고 그 대부분이 전투와 무관한 사고사였던 이 침공은 성공작이었다.[19] 소련의 전략은 주요 도시를 자국 군대로 계속 장악하면서 아프가니스탄 군대가 무자헤딘mujahidin이라고 알려진, 도시에 근거한 저항 집단을 수색·섬멸하게 하는 것이었다. 무자헤딘은 산악 지대를 중심으로 농촌 전역에 흩어져 있었다. 신속하게 승리를 거두고 별다른 저항도 없는 상황에 고무된 소련 군사전략가들은 3년 정도만 머물 것으로 예상했다.

아랍어로 말 그대로 '투사'를 뜻하지만 '성스러운 전사'라고 번역되기도 하는 무자헤딘은 소련 침략자들에 맞서 미국의 지원을 얻으려고 했다. 그들이 소련에 저항한 것은 대체로 민족주의에 근거한 행동이었다. 그들은 그 어떤 외부 세력에도 나라를 내주려 하지 않았다. 또 그들은 마르크스주의의 무신론 이데올로기를 혐오하는, 영향력 있는 지역 이맘들에게서도 탄탄한 지지를 받았다. 소규모 집단 수백 개가 결성되었다. 일부 인민민주당 소속 병사들도 무자헤딘 전사 대열에 합류했다.

소련 침공에 맞선 아프가니스탄의 무자헤딘은 미국에 AK를 요청했다. CIA는 이 요청을 받아들였으며 수십만 정의 AK를 주문했다. 소련과 껄끄러운 관계였던 중국이 주요 공급처가 되었다. 2000년대 들어서 이 AK들은 알카에다의 손에 들리고 미국을 겨냥하게 된다.
사진: 1987년 아프가니스탄 산악지대의 무자헤딘(가운데 인물이 AK를 품고 있다). 위키미디어 커먼스

지미 카터Jimmy Carter 대통령은 CIA가 소련에 맞서 싸우기 위한 무기와 자금을 무자헤딘에 공급하는 것을 승인했다. 무기는 파키스탄을 통해 공급할 예정이었는데, 파키스탄은 바로 옆 나라인 아프가니스탄에 소련이 진출한 상황이 불편했다. 게다가 전쟁이 계속되면서 소련이 농촌 마을을 폭격하고 파괴하자 아프가니스탄인 수백만 명이 이웃한 파키스탄과 이란의 난민수용소에서 살게 되

었다. 피난민 때문에 국경 질서 유지가 불가능하지는 않더라도 무척 어려워졌다. 두 나라 모두 무자헤딘 운동을 지원했다.

탱크와 공군, AK를 보유한 소련은, 초창기에 사로잡은 소련 수송대와 군 창고에서 무기를 획득하거나 닥치는 대로 징발한 무자헤딘보다 군사력이 월등히 앞섰다.[20] 그런데 소련이 침공한 지 2주도 되지 않아 CIA가 보낸 화물이 처음 도착하자 무자헤딘의 상황이 나아졌다. 화물에는 훌륭하지만 구식인 M1의 영국 버전에 해당하는 수동 노리쇠 방식의 .303 리엔필드Lee-Enfield 소총 수천 정이 들어 있었다. CIA의 파키스탄 책임자 하워드 하트Howard Hart는 오래된 엔필드 소총이 소련제 AK보다 우월하다고 믿었다. 그리스와 인도 그 밖에도 카라치까지, 보낼 수 있는 모든 나라로 주문이 이어졌다. CIA는 또한 게릴라들이 야전에서 휴대하면서 소련 탱크를 저지할 수 있는 무기인 로켓 추진 유탄도 보냈다.

소련은 당시 대규모 군대에서 흔히 예상할 수 있는 방식으로 싸웠다. 여러 면에서 소련은 미국이 베트남에서 진행한 프로그램을 고스란히 흉내 냈다. 폭격기, 헬리콥터, 고정포, 탱크 등의 대대적인 화력으로 도시를 공격해 지역을 완전히 지배한 뒤 지상군을 보내서 도시를 장악할 때까지 닥치는 대로 AK를 발사하면서 이동했다. 대개는 소탕전을 할 필요도 없었다. 대규모 포격으로 낙오병 몇 명을 제외하고는 일체의 저항을 무력화했기 때문이다. 소련의 초토화 전략은 일종의 '이동하는 집단학살migratory genocide'로 여겨졌다. 소련은 마을을 파괴하고 사람들을 내쫓으면 무자헤딘의 토양이 되는 농촌의 지지가 약화할 것으로 기대했다.

초기에 군사력이 달린 무자헤딘은 전장에 속속 배치되는 신형 AK를 앞세운 소련의 전술과 화력에 흔들렸다. 무자헤딘은 이 수수께끼의 신형 소총과 기묘한 크기의 총탄이 워낙 무서워서 '독총알poison bullet'이라는 이름을 붙일 정도였다. 거의 초자연적인 살상력에 당황한 것이었다. 신형 총알은 무자헤딘이 기습 공격 중에 대량으로 포획한 이전의 AK 탄에 비해 크기가 작을 뿐 아니라 살상력도 컸다. 총탄 개발의 자극제가 된 M16 총알보다도 살상력이 더 뛰어났다.

소련 무기 설계자들은 M16에 사용되는 고속의 소형 5.56mm 총알에 주목했다. 베트남에서 뼈를 부수는 이 총알의 살상력을 직접 본 것이다.[21] 사실 소련군 장교들은 AK에 완전히 만족하지 못했고, 변화를 찾고 있었다. 중간형 총알은 커다란 진전이었지만, 자동사격 시에 반동이 강해서 표적을 계속 조준하지 못하는 병사가 많았다.

미국이 소형 총알로 나아가는 것을 잘 알고 있던 칼라시니코프는 새로운 방식을 기꺼이 끌어안았다.[22] 나중에 그는 이렇게 말했다. "외국의 동료들[미국 무기 설계자들]이 이미 이 노선을 따라 움직이고 있었기 때문에 소련 사령부는 이 나라에서도 그렇게 하기로 했다. 물론 나는 이런 상황에서 게으름을 피우면서 성공에 안주할 수 없었다. 어떻게 보면 명성을 얻었다고 해서 일을 멈출 수는 없다. 오히려 힘이 있는 한 계속 새로운 프로젝트를 떠맡아야 한다."

시간이 흐르면서 칼라시니코프는 이제 자신을 새로운 소형 총알에 열광하는 사람으로 규정했지만, 당시에는 그 역시 서구의 대다수 총기 설계자와 마찬가지로 아직 소형 총알이 더 낫다는 점을 확신하지 못했다. 법의학적·경험적 자료에도 불구하고 전통적인 무기 설계자들 중에는 소형 총알이 더 큰 살상력을 발휘할 수 있다는 점을 쉽게 믿지 못하는 이들이 많았다. 그러나 협동 작업에 익숙한 칼라시니코프는 AK를 소형 총알에 맞게 개량하는 데 몸을 던졌다. 게다가 그는 AK 설계의 전설이 계속 이어지기를 원했다.

그는 소구경 화기를 만든다는 것이 단순히 총열만 좁히는 것이 아니라는 점을 알았다.[23] AR15가 그렇듯 총열 지름을 줄이면 물이 잘 빠지지 않았는데, 이 문제는 해결되었다. AK의 기본 설계를 사용하려면 다른 변화도 필요했다. 노리쇠 머리를 바꾸고, 탄피 배출용 갈퀴를 개량하고, 탄창을 강철과 유리섬유 재질로 바꿔야 했다.

이런 변화는 모두 가능했다. 정작 칼라시니코프가 직면한 문제는 기술적인 것이 아니라 정치적인 것이었다. 소형 총알 개발 프로젝트를 수행하는 다른 팀들에게 AK 설계를 수정하면 신형 총알을 사용할 수 있다는 점을 설득해야 했다. 어쨌든 미국은 이미 5.56mm 총탄을 사용하기 위해 완전히 새로운 총기를 설계했고, AK 자체는 새로운 중간형 총알을 사용하기 위해 태어난 총이었다. AK는 이제 20년이 된 총이었기 때문에 어쩌면 변화가 필요할지 몰랐다. 칼라시니코프의 몇몇 경쟁자들은 AK 설계를 이제 즙을 다 짜서 더는 쓸모가 없는 레몬에 비유한 바 있었는데, 그는 이런 발언에 화가 났다.

칼라시니코프가 맞닥뜨린 주요한 도전자들은 정밀기계제작중앙연구소TsNIITochMash라는 이름의 또 다른 설계 집단에 속한 엔지니어들이었다. 그들 역시 소형 총알을 사용하기 위해 AKM을 변경하는 중이었다. 그러나 그들은 한 걸음 더 나아갔다. 1960년대 중반에 이르러 그들은 중간형 총알을 사용하는 AKM에서 사실상 반동을 없애는 방법을 개발했다. 새로운 이름이 붙은 AL7은 반동 억제 시스템counter-recoil system을 채택해 총알이 발사될 때마다 생기는 반동에 반대 방향으로 균형을 맞추는 스프링을 거의 완벽하게 결합하고 후진 운동을 없애버렸다. 두 힘은 거의 완전히 상쇄되었다.

그런데 유감스럽게도, 1972년에 완성된 AL7을 생산하려면 기존 공장 설비를 대대적으로 바꿔야 했기 때문에 생산 비용이 너무 많이 든다는 이유로 퇴짜를 맞았다. 이 그룹이 탈락하자 새로 명명된 AK74(이번에도 역시 승인된 연도가 이름에 붙었다)가 채택되어 중간형 총알을 발사하는 구식 소총을 대체하기 시작했다. AK74는 M16 총알과 크기가 비슷한 5.45×39mm 총알을 사용했다. AK74는 그때까지 나무로 만들던 개머리판과 손잡이를 모두 중합체로 만들었다. 이렇게 재료를 변경한 결과 총이 훨씬 가벼워졌다.

소련은 또 하나의 매력적인 소총을 갖게 되었다. 이 총은 M16만큼 가벼웠고, 더 작으면서도 살상력이 높은 총알을 사용했으며, 그러면서도 칼라시니코프의 전설적인 신뢰성을 유지했다. 소염기가 장착된 새로운 AK74는 반동이 M16의 절반, 이전 모델 AK의 3

분의 2 정도였다. 반동이 줄었기 때문에 미숙련 병사도 속사 시에 표적을 계속 조준할 수 있었다. 또한 새로운 총기와 가벼워진 총알 덕분에 병사들은 전장에서 탄약을 2배 많이 휴대할 수 있었다.

이번에도 역시 서구 첩보기관은 이 소련 무기의 중요성을 과소 평가했다.[24] 1970년대 말에 신형 소총에 관한 보고가 속속 새어 나왔을 때, 분석가들은 이 소총(그리고 RPK74로 알려진 경량 기관총)이 특 수부대에만 지급될 것으로 판단했다. 전체 소련군에 신형 총기와 탄약을 지급하는 것은 병참이라는 관점에서 볼 때 무리라는 것이 었다. 이 총의 중요성에 관한 과소평가는 소련의 생산 역량이 여전 히 낮거나 기술력이 열악하다는 믿음 때문이었을지 모른다. 그럼 에도 소련은 신형 무기에 전념했고, 시기 역시 맞아떨어졌다. 아프 가니스탄 전쟁 중에 단계적으로 도입된 이 신형 소총은 살상력에 관한 이야기가 반군 대열 전체에 확산되면서 전쟁에서 붙박이 무 기가 되었다.

신형 총알은 중간에 빈 공간이 있고 끝부분은 얇은 금속 외피 로 덮여 있었다.[25] 총알이 인체로 들어가는 순간 그 충격으로 끝 부분이 뒤틀리고 변형된다. 빈 공간 때문에 형체를 유지할 수 있 는 구조적 강도가 전혀 없기 때문이다. 인체를 관통하는 순간, 총 알은 보통 산산이 부서지면서 조직과 장기에 치명적인 손상을 가 한다. 잡지 《솔저오브포춘Soldier of Fortune》의 아프가니스탄 통신원 게일런 L. 기어Galen L. Geer가 1980년 9월호와 10월호에 신형 총탄 에 관해 연속 기사를 쓰기 전까지 서구 첩보기관은 이 총탄에 관한 자세한 내용을 거의 알지 못했다. 기어는 신형 총알을 입수했을 뿐 아니라 《솔저오브포춘》의 편집인이자 발행인인 로버트 K. 브라운Robert K. Brown과 함께 익명의 미국 정부기관(브라운은 CIA는 아니라고 말했다)에 두 발을 전달해서 CIA를 당혹스럽게 했다. 기어는 또한 파키스탄에 있는 병원을 여러 곳 방문해 보기 드물게 커다란 상처를 목격한 사실을 전했다. 그는 이 상처들은 총알이 뼈 부분 전체를 산산조각낸 결과라고 생각했다. 그의 판단이 맞았다. 게다가 그는 후송된 전사들이 팔다리에만 부상을 입었다고 보고했다. 몸통에 크게 부상을 입은 사람은 병원까지 오는 길에 살아남은 경우가 거의 없었기 때문이다.

무자헤딘은 소련의 전쟁 방식에 정면으로 맞서 싸워서는 이길 방법이 없음을 깨닫고 전술을 바꿨다. 폭격 조짐이 처음 보이자마자 그들은 지역을 벗어나 산악 지대로, 주로 동굴로 숨어들었다. 그리고 몇 시간이나 며칠, 심지어 몇 주 뒤에 돌아와서 기습 공격을 가했다. 도시를 완전히 장악했다고 믿은 소련군 병사들이 방심한 틈을 노린 것이다. 사거리가 긴 구식 볼트액션식 엔필드 소총과 심지어 노획한 일부 반자동 M14로는 속사 기능이 있는 AK에 상대가 되지 않았기 때문에 무자헤딘은 소련군과 정면 대결을 할 수 없었지만, 게릴라전은 가능했다.

오래된 전쟁 방식은 공식적으로 폐기되었다.

무자헤딘이 구사한 또 다른 전술은 아프가니스탄의 지형을 한껏 활용하는 것이었다.[26] 아프가니스탄은 고개를 통해 구불구불

이어지는 도로들이 엇갈리는 지형으로, 소련인들은 이 도로를 벗어나지 않으려면 차량을 이용할 수밖에 없었다. 일례로, 1980년 10월 무자헤딘은 수송대가 바그람 공군기지로부터 북쪽으로 향하면서 판지시르 계곡 다리를 건넌다는 소식을 들었다. 수송대는 그날 저녁 돌아올 예정이었다. 로켓 추진 유탄과 박격포, 중기관총으로 무장한 무자헤딘 200명 정도가 매복에 들어갔다. 오후 늦게 해가 질 무렵 매복 부대는 수송대의 절반이 다리를 건널 때까지 기다렸다. 그러고는 수송대 전체를 공격했다. 기습을 당한 소련군 병사들은 차량을 버리고 빠져나와서는 공군기지가 가깝다는 생각에 도망치려고 강으로 뛰어들었다. 무자헤딘 전사들은 거의 손 하나 까딱하지 않고 수송대를 해치운 뒤 야음을 틈타 무기를 비롯한 공급 물자를 차지했다.

소련이 초토화 정책을 계속하여 게릴라들에게 우호적이라고 여겨지는 중심지를 쓸어버렸지만, 무자헤딘은 현지 마을들로부터 식량을 비롯한 물품을 공급받았다. 아프가니스탄 군대를 앞세워 무자헤딘을 뿌리 뽑는다는 소련의 계획은 실패로 돌아갔다. 정부군 병사들이 종종 반군을 지지했기 때문이다. 소련이 마을 사람들과 도시 사람들을 점점 잔인하게 대하자 무자헤딘에 대한 지지는 오히려 더욱 커졌다.

그럼에도 1980년대 초에 이르면 소련이 승리하는 것처럼 보였다. 매복 공격과 무기고 급습으로 노획한 무기를 제외하면 특히 돌격소총 같은 현대식 무기가 여전히 부족한 무자헤딘보다는 적어도 오래 버틸 수 있을 것 같았다. 그러나 CIA가 파키스탄을 통해 무자헤딘에 대규모 원조를 보내기 시작했다. 1981년에 게릴라 운동은 3000만 달러 정도만을 지원받았지만, 훗날 의회 증언에서 밝혀졌듯이 1984년에 이르면 그 액수가 2억 달러로 급등했다. 또한 로널드 레이건Ronald Reagan 대통령은 사우디 왕가가 CIA의 자금 지원에 맞먹는 액수를 무자헤딘에 지원하도록 거래를 교섭했다.

무자헤딘은 여전히 신형 AK와 '독총알'을 두려워했고, 소련 침략자들과 대등하게 맞서기 위해 미국에 이 총기를 달라고 요청했다. CIA의 하트는 마침내 태도를 바꿔서 수십만 정의 AK를 주문했다. 당시 이 소련제 총기를 대규모로 생산하던 중국이 주요 공급처였다. 중국과 소련은 1960년대에 이데올로기 대결을 벌인 바 있는데, 중국은 아프가니스탄 전쟁에서 소련군이 소련제 무기에 당하는 모습을 보고 싶었다(중국과 아프가니스탄도 약 76km의 국경을 맞대고 있다). 중국은 타입56Type 56이라는 이름의 7.62mm AK를 판매했을 뿐만 아니라 1981년에는 5.56mm 타입81Type 81도 도입했다. M16과 같은 5.56mm 총알을 사용하는 타입81 AK 모델은 소련군에게는 또 다른 눈엣가시였다. 그로부터 1년 뒤, 중국은 5.45mm 타입81을 시장에 내놓았는데, 이 모델은 소련 신형 돌격소총의 직접적인 경쟁자였다. 반체제파 군 장교들이 소련제 무기를 CIA에 팔아치운 폴란드에서도 AK와 다양한 변종이 쏟아져 나왔다. 이집트나 터키 같은 나라도 소련제나 기타 구형 무기를 CIA에 판매해서 아프가니스탄 게릴라들에게 넘어가게 했다.

CIA는 성능과 싼 가격, 손쉬운 입수 경로 때문에 소련제 무기를 선호했다. 게다가 무자헤딘이 소련제 무기를 사용하면 미국이 공급한 것처럼 보이지 않기 때문에 CIA가 지원 의혹을 부인할 수 있었다. 훗날 역사가 보여주듯이, 무자헤딘을 위해 AK를 구입하기로 한 하트의 결정은 이 총기가 확산된 가장 중요한 요인으로 작용했을지 모른다.

일각에서는 수백만 정으로 추정하지만, 워낙 많은 총기가 파키스탄을 통해 건네졌기 때문에 누구도 정확하게 집계할 수 없다. 지원된 돈의 규모도 마찬가지다. CIA의 비밀 작전을 둘러싼 온갖 은밀한 거래와 이익 분배, 뇌물의 정확한 규모는 도저히 추적이 불가능하다. 훗날 의회 증언에서 CIA 관리들은 1984년까지 2억 달러가 무자헤딘에게 전달되었고, 1988년에 이르면 CIA를 통해서 전달된 액수만 20억 달러에 달한다고 추정했다. 결국, 베트남전쟁 이래 CIA가 주도한 최대 규모의 무기·물자·자금 공급이었던 것으로 드러났다.

CIA가 관리한 비밀 경로는 보통 이슬라마바드나 카라치를 통해 파키스탄으로 들어가는 것이었다.[27] 두 도시로부터 아프가니스탄 국경 가까이에 있는 퀘타와 페샤와르에 있는 집결지로 갔다가 아프가니스탄으로 들어갔다.

CIA의 파키스탄 활동 중심지인 이슬라마바드는 무기가 넘쳐나는 무법천지의 무기 시장으로 바뀌었고, 누구든 마음만 먹으면 쉽게 돈을 벌 수 있었다. 무자헤딘으로 향하는 자금은 대부분 그들에게 전달되었지만, 주인 없는 돈과 무기가 넘쳐흘렀다. 파키스탄 군과 정보부Inter-Services Intelligence, ISI는 도움의 대가로 국내로 흘러드는 돈과 무기의 일부를 챙겼다. 파키스탄 내의 폭력배와 범죄 조직, 점점 위험해지는 지역에서 스스로를 보호하려는 시민 등에게 AK가 팔려나갔다. 또 이란의 이슬람 혁명가들에게도 많은 무기가 흘러 들어갔다.

무자헤딘 자체도 AK를 일부 판매해서 그 돈으로 의약품과 식량을 사들였다. 또한 그들은 소련군이 떠난 뒤 무기와 탄약을 사용하기 위해 비축해 두었다. 파키스탄에서 운송되는 무자헤딘 물자를 토라보라 국경 지역의 무인 지대를 배회하는 소련군과 민간인 갱단의 습격에 대비해 보호해야 했다. 무자헤딘을 위해 일하는 민간 운송업자들은 화물을 보호하기 위해 AK를 지급받았다. 이 운전사들은 무자헤딘이나 CIA에 돈을 받고 아프가니스탄 내륙으로 무기를 운송한 뒤 빈 트럭으로 파키스탄으로 돌아갔다. 비용 부담을 덜기 위해 운전사들은 때로 아프가니스탄에서 생산되는 헤로인을 비롯한 마약을 싣고 돌아갔다. 이 화물 운송 과정에서 종종 폭력 집단이나 마약 두목, 지역 실력자들에게 보호 비용이 들어갔다. 그들이 선택한 무기도 저렴하고 믿음직한 AK였다. 무기 유통 경로에서 필수적인 역할을 하게 된 마약상과 폭력 집단 역시 AK를 선택했다. 사람들이 가장 선호하는 총을 발명가의 이름으로 부르기 시작하면서 칼라시니코프라는 이름은 이 지역에서 유명해졌다.

AK가 점점 더 많이 지역으로 흘러들어오면서 시중 가격이 낮아졌고, 훨씬 더 많은 사람이 암시장에서 이 총기를 샀다.[28] 실제로 CIA가 무기 운송을 감시하면서 파키스탄인들이 무기를 대대적으로 가로채는 것을 막기 위해 기대를 건 방법 중 하나는 가격 동향을 주시하는 것이었다. 가격이 너무 가파르게 내려가면 누군가 시장에 덤핑 판매를 했다는 징후였다. 나중에 파키스탄 정보부가 무기를 가로챈 것으로 드러났다. 정보부는 미국이 지원한 무기를 CIA에 되팔았을 뿐만 아니라 무기를 해외로 보냈다가 다시 들여와서 판매하기도 했다.

이제 소형화기가 넘쳐나는 지역에서 일반 시민이 스스로 신변을 보호하기 위해 무장하면서 파키스탄과 아프가니스탄의 수많은 도시 거리에서 AK가 눈에 띄었다. 사용하기 간편하고 관리하기 쉬운 AK는—구형 모델이든 신형 모델이든—이 지역에서 가장 많이 사용되는 무기가 되었고, 모든 연식과 모델이 공존했다. 혼동을 피하기 위해 소련군은 머리를 써서 5.45mm 모델 개머리판에 길고 매끄러운 홈을 팠다. 야간에도 병사들이 손에 쥔 무기를 식별해서 크기가 맞는 탄약을 집어넣을 수 있게 한 것이다.

새로 받은 AK 덕분에 무자헤딘은 전술을 개선할 기회가 생겼다. 성공을 거둔 한 가지 방법은 수송대가 도착하기 전에 산길에 산사태를 일으켜서 도로를 봉쇄하는 것이었다. 의도적인 책략이 아니라 자연 발생적인 산사태처럼 보이기 위해 그들은 거대한 바위 대신 작은 돌을 사용했다. 수송대가 멈추고 소련군 병사들이

도로를 치우기 위해 차에서 내리면, 무자헤딘이 급습했다. AK로 무장한 전사들이 가까운 거리에서 몇 분 만에 수백 발을 난사했다. 게릴라들은 소련제 무기뿐만 아니라 산악 지대까지 들고 갈 수 있는 것이면 무엇이든 챙겼다. 소련군은 여전히 장거리 화력이 우세하고 공중 지원을 받을 수 있었지만, 무자헤딘의 치고 빠지기 전술에 속수무책으로 당하면서 순식간에 부대원들의 사기가 떨어졌다. 번번이 소련제 무기로 당하다 보니 사기가 떨어질 수밖에 없었다. 물론 무자헤딘이 성공적으로 활용한 무기는 AK만이 아니었다. CIA는 스팅어 휴대용 지대공 미사일Stinger Human-Portable Air-Defense System, MANPAD도 공급했다. 전쟁이 정점에 달한 1986년 말이 되어서야 공급되긴 했지만, 이 견착식 유도 미사일은 저공비행하는 소련 헬리콥터를 공격하는 데 위력을 발휘했다. 그렇지만 AK는 여전히 이 지역에서 가장 많이 사용되는 무기였다.

부정부패와 무기 빼돌리기가 횡행하긴 했지만, CIA가 운영한 무기 공급 경로는 효과를 발휘했다.[29] UN에 따르면, 전쟁을 거치면서 아프가니스탄은 인구 규모 대비 세계 최대의 무기 수용국이 되었다. 미국은 파키스탄 정보부의 도움을 받으면서 무자헤딘에 무려 40만 정의 AK를 전달한 것으로 보인다. 정보부는 무기 공급 경로를 통해 추가로 칼라시니코프 300만 정을 입수할 수 있었는데, 일부는 반군에게 전달하고 일부는 암시장에서 판매했다. 무기 공급 경로가 만들어지자 다른 여러 나라에서도 AK 수십만 정이 추가로 들어왔다.

1985년에 이르면, 아프가니스탄에 진출한 소련군이 최대 10만 명으로 추산되는 등 다수의 지상군이 존재하는데도 전쟁은 교착 상태에 머물렀다. 다른 병력과 지원을 합치면 그 수는 아마 17만 5000명에 이를 것이다.

병력이 대규모든 아니든, 소련은 무자헤딘을 물리칠 수 없었 다.[30] 소련은 자원의 85퍼센트를 도시와 비행장, 병참 보급소를 지 키는 데 투입했고, 나머지 15퍼센트만 가지고 무자헤딘을 추적했 다. 미국 CIA와 파키스탄 정보부의 대규모 무기 공급 경로 덕분에 반군은 무기 보급에 여유가 있었고, 어떤 시점에서는 소련군 전 병 력의 절반 이상이 콜레라나 간염 같은 질병으로 병원에 입원했다. 게다가 소련 정부는 사상자 정보를 대부분 대중에 비밀로 부치고 긍정적인 전황만 공개했지만, 부정적인 보도가 흘러나오기 시작했 다. 소련 시민들은 승산이 없어 보이는 전쟁에 점점 지쳐갔다.

소련 정치국은 전쟁을 종식하는 데 거의 도움이 되지 않았다. 전쟁이 계속되는 동안 소련은 질병과 사망으로 단기간에 세 지도 자—전쟁을 시작한 레오니트 브레즈네프Leonid Brezhnev, 콘스탄틴 체르넨코Konstantin Chernenko, 유리 안드로포프Yuri Andropov—를 잃었 는데, 미하일 고르바초프가 1985년에 집권하기 전까지는 어느 지 도자도 이 과정을 끌고 나갈 에너지가 없어 보였다. 결정적인 승리 로 전쟁을 끝내고 싶었던 고르바초프는 대규모 공격을 지시했지 만, 잘랄라바드에서 특히 치열했던 전투를 포함해 몇 차례 유혈 전투가 벌어진 뒤 소련 지도자는 협상을 통해 이 진구렁에서 빠져

나오려고 했다.

UN이 중재한 타협으로 소련은 아프가니스탄에서 철군하면서 체면을 세울 수 있었다. 협정에 명시된 내용에 따르면, 소련은 우호적인 인민민주당 정부를 돕기 위해 아프가니스탄에 진출했지만 이제 정부의 안녕을 해치는 위협이 줄어들어 소련군이 더 이상 필요하지 않았다. 고르바초프는 이 협정을 '아프간화Afghanization'—아프가니스탄의 최선책은 아프가니스탄 스스로 결정한다—라고 지칭하면서, 협정에 따라 파키스탄은 아프간 문제에 개입해서는 안 되며 반소련 단체에 대한 지원도 중단해야 한다고 주장했다.

경제적으로 보면, 이미 비틀거리던 소련 재정 체계에 전쟁이 미친 영향은 엄청났다. 1980년부터 계속 연간 27억 달러가 고갈되었다.[31] 게다가 소련인 약 2만 2000명이 사망하고, 7만 5000명이 부상당했다. 소련의 침공으로 아프가니스탄은 많은 인명 손실을 입었다. 아프가니스탄 전사 9만여 명이 사망하고 비슷한 수가 부상당했다. 아프가니스탄 시민 130만여 명이 목숨을 잃었다. 국가 순자산의 3분의 1에서 절반이 훼손되거나 파괴되었다. 농업 생산이 50퍼센트 감소하고, 가축도 50퍼센트 줄었다. 소련의 폭격으로 마을이 파괴되어 가축을 돌보거나 농토를 살필 사람이 모두 떠났기 때문이다. 국가 전체 1만 5000개 마을 가운데 무려 5000개가 파괴되거나 사람이 살 수 없는 곳이 되었다. UN의 추산에 따르면, 포장도로의 70퍼센트가 파괴되었다고 한다.

꽃피는 칼라시니코프 문화

1989년 2월 15일, 마지막까지 남았던 소련군 부대가 아프가니스탄을 떠났다. 그러나 그때까지 10년 동안 가동되어 이제 이웃 나라들의 경제적·문화적 풍경에 깊이 새겨진 무기 공급 경로는 사라지지 않았고, 이 경로로 지역 전체에 운송된 마약과 무기도 사라지지 않았다. 실제로 소련이 철군하기 직전에 미국은 철군을 확실히 하기 위해 아프가니스탄에 보내는 무기 수송량을 늘렸다. 소련 역시 무함마드 나지불라Muhammad Najibullah 대통령이 이끄는 새로운 친소련 정부가 사용하도록 막대한 무기를 남겨두었고, 소련군 병력이 고국으로 돌아간 뒤에도 무기 인도를 계속했다. 중국 같은 다른 나라들도 잘 발달한 암시장에 소형화기를 계속 판매했다. 이 무기들은 결국 마약상이나 폭력배, 일반 시민, 그리고 부족과 종족으로 나뉘어 자기들끼리 계속 싸우는 무자헤딘 파벌들을 비롯한 극단주의 그룹의 수중으로 들어갔다.

소련이 철군하기 직전에 서구 언론은 특히 파키스탄을 중심으로 이 지역에 AK가 대규모로 공급되었다는 점을 주목하기 시작했다.[32] 교전이 잦아들자 언론인들이 지역을 여행하면서 값싼 총기가 주민들과 문화에 어떤 영향을 미치는지에 관해 보도하기가 쉬워졌다. 페샤와르에서 남쪽으로 차로 1시간 거리인 켈에서 활동하는 무기상 하지 바즈 굴Haji Baz Gul은 《뉴욕 타임스New York Times》에 AK 사업이 활발하다고 이야기했다. 그는 세 가지 모델을 취급했다. 소련 모델은 1400달러, 중국 모델은 1150달러, 현지에서 만든 복제품은 400달러 정도에 판매했다. 또 다른 무기상은 소련군이 아프가니스탄을 떠난다고 발표했을 때 가격이 내려가는 것 같더니 철군이 불확실해지자 다시 가격이 올랐다고 말했다.

1988년, 《로스앤젤레스 타임스Los Angeles Times》는 값싼 총기 때문에 파키스탄의 일부 도시가 미국 개척 시대의 서부 같은 곳으로 바뀌었다고 보도했다. 눈에 띄는 사람마다 AK를 들고 있었다고 한다.[33] 파키스탄에서 다섯 번째로 큰 도시인 하이데라바드의 시장 아프탑 셰이크Aftab Sheikh는 다음과 같이 말했다. "줄잡아 봐도 현재 이 도시에 칼라시니코프가 8000정 정도 있습니다. 칼라시니코프를 가진 사람이 최고예요. 아무나 죽일 수 있으니까요." 셰이크는 석 달 동안 집 밖으로 나가지 않았다고 말했다. 마지막으로 외출했을 때 AK를 든 총잡이들한테 아홉 발이나 총격을 당해서 집 앞 진입로에 반쯤 죽은 채로 널브러졌다. 그의 지프차에는 총알구멍이 아홉 개나 나 있었다. 판사를 비롯한 정부 관리들 역시 표적이 되었다. '블랙프라이데이'라고 이름 붙은, 세 시간에 걸친 총기 난사 사건으로 일반 시민만 200명 가까이 살해되었다. 종족 간 차이에 자동화기를 쉽게 구할 수 있는 상황이 겹치면서 지속적으로 벌어지는 갈등이 낳은 결과였다. 한 정부 관리는 이렇게 말했다. "문제가 너무 악화되어서 이제는 칼라시니코프가 할부로 팔리고 있는 상황입니다. 총 한 자루에 1만 5000루피[약 850달러]인데, 5000루피를 선불로 내고 칼라시니코프를 받아서 강도질을 하고 잔금

을 갚는 식이죠." 페샤와르에서는 돌격소총을 시간 단위로 임대할
수 있었다고 한다.[34]

파키스탄 경제의 상당 부분—강도와 납치를 일삼는 조직폭력
배부터 확립된 무기 유통 경로를 그대로 따르는 무장한 마약 조
직 두목, 수제 총기를 구매·판매·수리·생산하는 작은 마을의 무
기 제조업자에 이르기까지—이 도처에 퍼진 AK에 의존했다. 많은
소도시에서 활발한 AK 시장이 유일한 생계 수단이었다. 아프가니
스탄도 상황은 마찬가지였다. 7~10일 만에 수제 AK를 만들어 주
면서 번성하던 구멍가게 총기점들은 지금도 흔히 볼 수 있다. 지금
도 아프가니스탄은 소형화기에 관한 한 세계에서 가장 많은 무기
가 있는 나라로 손꼽히는데, 그 절대다수가 AK다.

파키스탄과 아프가니스탄 지역 전체에 걸쳐 이처럼 AK에 경제
적·사회적으로 의존한 결과 이 지역에서 새로운 문구가 생겨나 지
금까지도 사용된다.[35] 하이데라바드의 신문 소유주 셰이크 알리 모
하메드Sheik Ali Mohammed는 이 현상을 처음 공개적으로 묘사한 사람
이다. "우리가 가진 것은 (…) 칼라시니코프 문화Kalashnikov Culture다."

1991년에 마침내 소련이 붕괴하고(많은 비용이 소요된 아프가니스탄 침
공이 주요한 요인으로 작용했다), 이제 더는 소련으로부터 원조를 받지 못
하거나 소련 이데올로기의 은혜를 입지 않게 된 바르샤바조약기
구 국가들이 소비에트가 비축한 AK 수백만 정을 팔아치워 현금을
끌어모으자 '칼라시니코프 문화'는 한층 더 뚜렷해졌다. 소련 내부
상황이 악화되면서 소련 병사들이 직접 무기고를 약탈해 은닉된

AK를 국내 범죄자들과 전 세계 암시장에 팔아치웠고, 암시장에서는 다시 테러리스트 집단들이 총을 사들였다.

그에 앞서 헝가리나 불가리아, 루마니아같이 돈에 쪼들리는 나라는 자금을 마련하기 위해 자체 생산한 AK 모델을 판매하고 있었다. 이제 AK가 값싸고 튼튼하고 효과적인 무기로 명성이 높아지자 합법적인 군대와 악당 세력에 총을 판매하는 일이 더욱더 쉬워졌다. 예컨대 소련이 종언을 고하기 몇 년 전에 동독에서 무혈혁명이 일어나는 혼란 상황에서 동독 군대 국가인민군National People's Army은 무기를 경매에 부쳐 팔아치우기 시작했다. 비밀경찰이나 공산당의 완력이 부재한 가운데 무기고가 깨끗이 비워지고 군 지휘관들은 부자가 되었다. 심지어 소련군 병사들도 한두 명씩 암시장을 찾아가 100달러도 안 되는 값에 AK를 팔았다고 한다. 비축된 무기가 얼마나 많이 사라졌는지는 아무도 모르지만 수십만 개, 어쩌면 수백만 개가 사라졌을 것이다. 1993년에 알바니아 정부가 무너졌을 때, 범죄자들이 국가 무기고를 약탈했다.[36] AK가 대부분을 차지하는 무기 최대 100만 정이 전 세계 불법 무기 시장으로 흘러 들어갔다. 소련이 어깨너머로 지켜보지 않는 가운데, 우크라이나 같은 옛 소비에트연방 국가들조차 비축된 AK와 탄약을 팔아서 자금을 모았다.

중동뿐 아니라 아프리카와 남아메리카 등의 반군과 반정부 세력에 많은 무기가 판매되었다. 이 집단들은 M16 같은 비싼 무기는 살 여력이 없었고, 미국이나 그 동맹국에서 합법적으로 무기를 입수할 수도 없었다. 튼튼한 AK는 값이 싸고 구입하기가 쉬운 탓에 게릴라 전사들과 테러리스트들에게 **안성맞춤인** 완벽한 무기가 되었다. 정치와는 무관하게 AK는 판매자의 관점에서 보아도 완벽한 무기였다. 값이 싸고, 대량 생산하기가 쉬웠으며, 운송이 간편하고, 가격 대비 성능이 좋으며, 수리가 쉽고, 시장이 이미 존재했다.

이제 소련이 사라지자 아프가니스탄에서는 파벌 간 전투가 계속되면서 결국 나라가 두 집단으로 갈라졌다. 파키스탄의 지지를 받는 탈레반과 통일전선United Front 또는 북부동맹Northern Alliance이 나라를 양분했다.37) 파키스탄은 기존의 무기 공급 경로를 이용해 탈레반을 계속 무장시켰고, 탈레반 또한 넘쳐흐르는 보급품 집적소에서 무기를 탈취했다. 1994년 말, 탈레반은 파샤의 무기고에서 칼라시니코프 1만 8000정을 입수했는데, 이 일은 결국 아프가니스탄의 많은 지역을 장악하는 데 성공하는 중요한 계기로 여겨졌다.

이처럼 값싸고 넘쳐나는 무기에 힘입어 확립된 '칼라시니코프 문화' 덕분에 오사마 빈라덴Osama bin Laden으로 대표되는 이슬람 근본주의가 부상했다. 이 지역의 정치는 다시 한번 요동쳤다.

게릴라들의 상징

소련이 아프가니스탄을 공격했을 때 사우디 태생의 빈라덴은 침략자들에 맞서 싸우는 무자헤딘의 한편에 가담했다.38) 그는 상당한 재산(그의 가문이 보유한 재산과 건설 사업에서 벌어들인 돈이 2억 5000만 달러에 이르는 것으로 추산된다)을 이용해 게릴라들을 위해 훨씬 더 많은 자금을 모으는 데 일조했다. 그는 CIA와 협력하면서 자기 회사의 중장비를 이용해 게릴라들이 사용할 교량과 도로를 건설했다.

전쟁이 계속됨에 따라 지하드jihad(성전) 개념에 관한 빈라덴의 사고가 점점 과격해졌다. 그에게 지하드란 소련 침략자들과 급격히 싹트는 자신의 이슬람 근본주의적 사고에 동의하지 않는 이들에 대항하는 것이었다. 소련이 침공하기 전에 아프가니스탄은 온건한 이슬람 국가로 여겨졌지만, 지금은 황폐해진 농촌에서 더욱더 매서운 신앙 조류가 성장하고 있었다. 무기를 쉽게 접할 수 있고 경제가 만신창이가 된 현실이 이런 흐름을 부추겼다. 소련군이 철수한 뒤 경쟁하는 무자헤딘 집단들 사이에 전투가 계속되었다.

1988년, 빈라덴은 4년 전에 설립한 단체로 아프가니스탄 전쟁을 위해 돈과 무기, 무슬림 전사들을 모으는 일을 하던 마크타브 알카다마트Maktab al-Khadamat(질서사무소)와 관계를 끊고, 이 단체의 전투적인 성원들을 모아 알카에다('기지'나 '토대'를 뜻한다)를 만들었다. 그리고 파키스탄 근처의 산악 국경 지대에 AK와 로켓 추진 유탄 사격 훈련소를 20곳 이상 세웠다. 이 무기들에 숙달한 뒤에는 폭탄 제조, 시가전 기술, 화학무기 사용법 등의 교육이 이어졌다. 무려 5만 명이 훈련 과정을 거친 것으로 추산된다.

아프가니스탄 내부에서 전투가 계속 벌어졌지만, 미국은 2001년 9월 11일 세계무역센터와 펜타곤이 공격받기 전까지 이 나라에 별 관심을 보이지 않았다. 테러 공격이 일어나고 한 달도 되지 않아서 조지 W. 부시₋George W. Bush 대통령은 아프가니스탄 침공을 지시했다. 목표는 알카에다 테러리스트들과 주둔지를 보호하는 탈레반을 제거하고, 공격의 주동자로 지목된 오사마 빈라덴을 잡는 것이었다. 미국이 주도한 침공 직전에 빈라덴은 서구가 저지른 죄에 대해 보복하겠다고 경고하는 동영상을 최초로 공개했다. 동영상 속에서 알카에다 지도자 빈라덴은 AK를 바로 옆에 두거나 뒤에 있는 벽에 기대 놓은 모습이다. 그의 분신과도 같은 이 총은 이제 제국주의 이데올로기에 대항하는 반란의 전 세계적인 상징이 되었다. (총기 애호가들은 빈라덴이 종종 보여주는 총은 AK74의 총신을 줄이고 개머리판을 접이식으로 바꾼 개량형인 AKS74U라고 지적한다. 이 총은 1982년에 소련이 특수 요원과 기계화부대, 장갑차와 헬기 탑승 대원들에게 지급한 것이다. 무자헤딘 사이에서는 전리품이자 신분의 상징으로 귀하게 여겨졌고, 미국의 AK 애호가들은 크린코프₋Krinkov라는 이름을 붙였다.)

몇 년에 걸쳐 폭격과 공격을 계속했지만 미군은 빈라덴을 찾지 못했다. 파키스탄으로 몰래 빠져나가기 전까지 국경 근처 토라보라의 동굴을 개조·보강한 곳에 숨어 있다고 파악했지만 찾지는 못했다. 역설적이게도 미국은 로널드 레이건 대통령 당시 소련군으로부터 무자헤딘을 보호하기 위해 이 동굴들을 요새화하고 무기를 저장하는 데 자금을 대준 바 있었다.

이 글을 쓰는 시점(이 책은 2007년에 출판되었다)에는 탈레반 세력이 크게 타격을 입었지만, 그래도 미군에게 계속 공격을 가하고 있다. 많은 부족 집단과 알카에다 병사가 CIA가 10여 년 전에 사준 바로

이 동영상에 찍힌 오사마 빈라덴은 반제도권·반서구 입장을 과시라도 하듯이 자신의 상징인 AK를 사격하고 있다. 그는 자신의 모습이 담긴 거의 모든 사진에서 옆에 AK를 두고 있다. 그를 비롯한 알카에다는 이 총을 테러리스트들에게 가장 중요한 무기로 생각한다.

사진: Getty Images News/Getty Images

그 AK를 지금도 들고 다닌다.

몇 년 뒤 나온 알카에다 작가들의 글을 보면, 이 집단은 소련군을 쫓아내는 데 성공한 아프가니스탄 무자헤딘의 활동에 근거해서 전술적 교의를 구성했다.[39] 이 교의의 기조는 쉽게 구할 수 있고 튼튼하고 값싼 무기를 사용하는 것을 조건으로 삼았다. 한 글에서는 적과 싸우기 위해 "모든 종류의 무기를 준비해야 한다"고 말한다. 가장 중요한 것은 "칼라시니코프와 탄약이며, 이 총이야말로 전쟁의 요체이기 때문에 대량으로 갖춰야 한다."

미국이 아프가니스탄을 침공한 직후 미군 병사들은 지휘 계통을 통해 불안한 추세를 보고하기 시작했다. 열두 살밖에 안 되는 아이들까지 AK를 들고 다닌다는 것이었다. 반군은 가볍고 사용하기 쉬워서 채 한 시간도 훈련할 필요가 없는 이 총이 손과 몸집이 작은 아이들에게 딱 들어맞는다는 사실을 발견했다. 신체 균형이나 힘이 부족한 어린아이들도 치명적인 살인자로 변신할 수 있었다. AK는 유지 보수나 청소가 거의 필요 없었기 때문에 정신이 산만한 아이들도 총기 관리를 잊을 걱정을 할 필요가 없었다. 자금이 부족한 집단들은 AK를 어린이들에게 나눠 주면서 아무렇지도 않게 생각했다. 아이들이 총을 잃어버리거나 전투 중에 죽어도 경제적 손실이 크지 않았기 때문이다.

텍사스주 샌안토니오 출신 그린베레 중사인 서른한 살의 네이선 로스 채프먼Nathan Ross Chapman은 이런 사실을 전혀 알지 못했다. 2002년 1월 4일, 그는 아프가니스탄에서 적의 총격으로 사망한 첫 번째 미군이 되었다. 그의 부대는 파키스탄 근처 팍티카Paktika주에 있는 우호적인 부족들과 임무를 조정하던 중에 매복 공격을 당했다.

총을 쏜 것은 '칼라시니코프 문화' 속에서 태어나 자라 AK로 무장한 열네 살짜리 아프간 소년이었다. 아프가니스탄의 젊은 미군 병사에게는 아직 힘이 달려서 AK를 간신히 붙들고 있는 소년을 마주치는 것이 새롭고 놀라운 경험이었을지 모르지만, 아프리카에서는 이런 일이 이미 수십 년 전부터 널리 받아들여지는 관행이었다.

4

아프리카의
신용카드

"코트디부아르의 다나네에서 어린 소년병들을 만나 이야기를 나눴다.
라이베리아에서 전투를 하다가 국경을 건너온 이들이었는데,
테일러의 '수호대'처럼 행동했다. 자유 시간이 생기면 아이들은
AK47을 내려놓고 흙바닥에서 작은 모형 자동차를 가지고 놀았다.
나는 그 모습을 절대 잊지 못할 것이다."

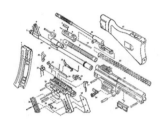

가장 잔혹한 전쟁의 등장

1989년 크리스마스이브에 경비원, 주유소 정비원, 트럭 운전사 등의 이력이 있는 마흔한 살의 찰스 테일러_{Charles Taylor}가 주로 값싼 AK로 무장한 어중이떠중이 반군 100명을 이끌고 아프리카의 라이베리아를 침략했다. 코트디부아르 국경을 건넌 테일러와 부하들은 숲이 무성한 님바 카운티에서 처음 게릴라전을 벌인 뒤 마을을 확보할 때마다 병력을 충원했다.

소비에트권 나라들이 급전을 벌기 위해 AK를 판매하는 가운데 리비아 지도자인 무아마르 알 카다피_{Muammar al Qaddafi} 대령의 지지를 받는 것으로 알려진 테일러는 훈련과 장비가 열악한 반군을 싼 값에 무장시킬 수 있었다. 그와 동시에 서구 국가들은 아프리카에서 벌어지는 소형화기 거래에 거의 아무런 관심을 기울이지 않았다. 서구 국가들은 여전히 대량 살상 무기에 초점을 맞추고 있었고, 군인이 휴대할 수 있는 경화기는 대수롭지 않게 여겼다.

1980년대 말 아프리카 전역에서 초강대국의 지원이 사라지자 전통적인 정부군이 속속 붕괴했다. 나라마다 해묵은 종족적 원한을 품은 부족 집단들로 갈라졌다. 아프가니스탄과 파키스탄, 동유럽 등지에서 값싼 무기가 밀려오자 소형화기 수요가 증가하고 가격이 큰 폭으로 내려갔다. 애초에 저렴한 AK 때문에 아프리카에서 수십 년에 걸친 잔인한 분쟁들이 시작된 것은 아니지만, 이 분쟁들이 지속되는 데는 이 총이 주된 요인으로 작용했다. AK는 질병과 굶주림, 경제적 기회 부족 등에 시달리는 취약한 대륙에 파괴적인 변화를 가져왔다.

무기를 추적하는 데 관심을 보이지 않은 서구 각국의 태도 때문에 문제는 더욱 악화된다. 설령 추적에 관심이 있다 할지라도 세계 시장에 밀려드는 무기의 양 자체가 워낙 많아 불가능한 일이었다. UN 관리들은 소형화기를 추적하거나 판매를 제한하는 프로그램에 대한 지지를 모을 수 없었다. 실제로 나중에 UN이 무기 제재를 부과한 몇몇 사례를 제외하면 아프리카에 무기를 판매하는 것은 전혀 불법이 아니었다. 그나마 그 제재도 별 효과를 거두지 못했다.

미 국무부 정보조사국의 아프리카 문제 분석가인 토머스 오프캔스키Tomas Ofcansky가 2002년 PBS 프로그램 〈프런트라인Frontline〉

에 출연해서 다음과 같이 말했다.[40]

"아프리카의 한 나라에 비행기 몇 대 분의 무기가 들어가는 것은 각국 정부가 관심을 기울일 만한 문제가 되지 못했습니다. 그런데 우리가 아프리카에서 거듭 목격했듯이, 비행기 몇 대 분의 무기는 아프리카의 여러 취약한 사회에 파괴적인 영향을 미쳤습니다."

찰스 테일러 본인은 당시 미처 알지 못했지만, 그는 2000년까지 결국 아프리카인 700만~800만 명의 죽음을 초래했을 뿐 아니라 수백만 난민을 낳은 현상, 즉 값싸고 부서지지 않는 AK 때문에 지루하게 이어지는 저강도 분쟁의 최첨단에 서 있었다.

무자헤딘이 아프가니스탄에서 그러했듯이, 테일러는 소형화기의 화력을 이용해 정부군을 기습 공격했다. 그가 이끄는 라이베리아민족애국전선National Patriotic Front of Liberia, NPFL은 크리스마스이브 습격 이후 몇 주, 몇 달간 수도 몬로비아를 향해 남쪽으로 나아가면서 정부군과 정면 대결을 하는 대신 무방비 상태의 도시들을 고립시켰다. 그가 이끄는 집단은 또한 남부 항구 뷰캐넌에 있는 라이베리아 제2의 고무 플랜테이션 같은 핵심 산업 시설을 장악했다.

테일러는 열악한 경제 상황에 대해 각 부족이 현 정부에 느끼는 분노와 부족적 충성심을 활용해 병력을 모았다. 이런 부족적 분노는 미국의 해방노예들이 1822년에 라이베리아에 식민지를 세우면서 이 나라가 현대적으로 출발한 시점에 그 기원이 있었다. 1847년에 이르러 이른바 미국계 라이베리아인들은 라이베리아공화국의 독립을 선포하고 제임스 먼로James Monroe 미국 대통령의 이

1989년, 주로 AK로 무장한 찰스 테일러와 어중이떠중이 100여 명이 라이베리아 대통령궁을 습격해서 그 후 6년간 나라를 지배했다. 자신에게 충성을 맹세하는 모든 사람에게 AK를 지급한 테일러는 깡패 군인 무리들을 거느리고 권력을 유지했다. 깡패 군인들은 충성을 바친 대가로 물리친 적들의 재산을 약탈할 수 있었다.
사진: Pascal Guyot/AFP/Getty Images

름을 따서 수도를 몬로비아라고 명명했다. 제2의 도시 뷰캐넌은 제임스 뷰캐넌James Buchanan 대통령의 사촌 동생으로 후에 라이베리아 부통령이 된 토머스 뷰캐넌Thomas Buchanan의 이름을 딴 것이다. 뷰캐넌은 하버드대학교의 사이먼 그린리프Simon Greenleaf 교수가 작성한 라이베리아의 새로운 헌법을 미국에 직접 건넨 일로 존경을 받았다. 라이베리아에서 잇따른 갈등의 씨앗을 뿌린 것이 바로 이 문서였다. 이 문서는 미국 해방노예, 즉 미국계 라이베리아인 이외에는 어느 누구에게도 권리를 주지 않았기 때문이다. 압도적 다수를 차지하는 토착민들은 이등 시민으로 간주되었고, 미국계 라이베리아인들이 정부와 경제·산업 기반 시설을 장악했다.

오랜 시간에 걸쳐 여러 대통령이 아프리카계 부족민들을 경제적·정치적 동료로 끌어들이려 애썼지만 실패로 돌아갔고, 인구의 다수는 정부를 부패 집단으로 간주했다. 라이베리아 국내 정치에 커다란 영향력을 행사하는 파이어스톤 플랜테이션 컴퍼니Firestone Plantation Company 같은 미국 소유 기업들에 사업권을 남발해서 많은 라이베리아 국민의 분노를 산 일도 정부에 대한 불신에 톡톡히 기여했다.

미국계 라이베리아인 부계와 골라Gola족 원주민 모계 사이에서 라이베리아에 태어난 테일러는 조국의 역사와 미국과의 관계에 매료되었다. 1972년 미국으로 이주한 그는 1977년에 보스턴 근처에 있는 벤틀리대학교에서 경제학 학사 학위를 받고 졸업했다. 대학 시절에는 남북아메리카라이베리아협회연합Union of Liberian Associations in the Americas의 전국 의장이 되었다. 1974년에 "국내외에서 라이베리아 국민과 라이베리아 국가의 정당한 대의를 진작하기 위해" 결성된 단체였다. 테일러는 단체 의장으로 일하면서 정치적으로 성숙해서 1979년에는 윌리엄 톨버트William Tolbert 라이베리아 대통령이 미국을 방문했을 때 그에 반대하는 항의 시위를 조직하기도 했다.

톨버트는 테일러를 무시하지 않고 그와 논쟁을 벌였는데, 일설에 따르면 톨버트가 설전에서 졌다고 한다.[41] 테일러는 라이베리아 공관을 탈취하겠다고 선언해서 체포되었지만, 톨버트가 기소하지 않아 석방되었다. 실제로 톨버트는 테일러가 라이베리아로 귀국하도록 초청했고, 1980년에 사망했다.

1980년 4월 12일, 새뮤얼 K. 도Samuel K. Doe 상사가 쿠데타를 일으켜 톨버트를 살해했다. 크란Krahn족으로서 라이베리아 원주민 최초로 대통령이 된 도는 철권으로 나라를 통치했다. 복수의 정치를 벌이면서 미국계 라이베리아인들을 고문하고 살해했다.

이때부터 테일러의 이야기가 몇 번 좀 이상한 방향으로 바뀐다. 테일러가 이전 정부와 연계가 있는데도 도는 그를 정부의 수석 구매 대리인으로 임명했다. 그런데도 테일러는 90만 달러가 넘는 돈을 횡령한 혐의로 1983년에 쫓겨났다. 테일러는 미국으로 도망쳤는데, 도의 요청으로 보스턴에서 체포되어 범죄자 인도를 위해 구금되었다. 플리머스카운티교도소에서 1년 가까이 괴로운 수감 생활을 한 끝에 1985년에 철창을 톱으로 자르고 이불로 만든 밧줄을 이용해 탈옥했다. 그리고 아프리카로 돌아갔다. 미국 관리들은 그가 그 후 4년 동안 리비아에서 카다피와 함께 지내다가 AK로 무장한 반군을 이끌고 라이베리아로 쳐들어간 것으로 추정했다.

테일러의 최종 목표는 부패한 도 정부를 타도하는 것이었지만, 그는 그 이상의 성과를 거뒀다. 그는 전쟁의 역사에서 분수령과도 같은 사건을 일으킴으로써 기존의 현대전 모델이 바뀌었음을 만천하에 알렸다. 과거에 전쟁은 기존 국가의 군대가 일련의 무력 충돌을 일으키는 방식이었다. 목표는 영토를 획득하거나 이데올로기를 강요하는 것이었다. 그런데 테일러와 더불어 세계는 다른 종류의 전쟁이 등장하는 것을 보았다. 이 전쟁은 가볍고 값싼 무기로 무장한 준군사 전투원들로 구성되었는데, 그들의 장기적 목표는 정부를 무너뜨릴 뿐만 아니라 그 과정에서 민간인 전체를 공격하는 것이었다. 이 군인들은 국민을 위협해서 통제하기 위해 강간과 종족 학살을 비롯한 온갖 잔학 행위를 해도 된다는 허가를 받았고 심지어 부추김을 받기도 했다. 어린이를 포함한 민간인들도 당연히 공격 대상이었다. 전투원들이 '부수적' 피해를 줄이려고 노력한 이전의 현대전과 크게 달라진 점이었다. 심지어 독일의 런던 공습이나 미국의 일본 원자폭탄 투하도 그 목표는 항복을 끌어내는 것이었다. 일단 적이 항복하면 전쟁이 끝난 것으로 간주되었다.

그런데 테일러의 경우는 달랐다. 그는 정치적 지휘권과 더불어 돈과 권력을 원했다. 그는 부족적 증오를 부추기면서 값싼 자동화기를 지급하는 식으로 교묘하게 전사들을 모집했다. 그 대가로 전사들은 죽인 적의 물건을 약탈할 수 있었다. 전사들은 상대가 누구든 물건을 훔치고 약탈하고 체포하고, 더 나아가 내키는 대로 살해할 수 있었다. 테일러는 이런 식으로 군대를 건설할 수 있었는데, 그가 치른 비용이라고는 각 신병에게 지급하는 AK 한 자루 값뿐이었다. 보통 50달러도 되지 않고 때로는 10달러까지 떨어졌다.

테일러는 더 나아가 소년들의 손에 엄청난 양의 무기를 쥐여주었다. 대부분 전쟁고아인 소년들은 이미 분쟁으로 황폐해진 나라에서 달리 생계와 거처를 해결할 길이 없었다.[42] 서구 관찰자들은 어깨에 AK를 늘어뜨린 채 야구모자와 찢어진 티셔츠를 자랑스럽게 걸친 소년 무리들이 밀림 마을을 위협하는 모습을 보고 그 상황을 소설 《파리대왕 Lord of the Flies》에 비유했다. 윌리엄 골딩 William Golding이 쓴 고전 소설에서 잔인한 소년들은 점점 거칠어지면서 사디즘적 환상을 펼치는 무법천지 무리가 되어 간다.

테일러가 이름 붙인 소년병부대 Small Boy Units는 종종 임시 검문소를 맡았다. 이들은 AK를 위협적으로 겨누면서 통행료를 요구했다.[43] 때로 이들은 테일러에게서 수도 몬로비아로 진군하는 길에 있는 마을들에서 마음대로 행동해도 좋다는 지시를 받았다. 이 순진한 소년들은 복무의 대가로 자동차와 장난감, 심지어 컴퓨터까지 준다는 약속을 받았다. 이 소년들이 한순간 노련한 군인처럼 거칠게 행동하다가 곧바로 장난감과 놀이를 즐기는 모습을 본 외부인들은 모순적인 행태에 마음이 심란해졌다. 미 국무부 난민재정착국 관리로, 난민들에게서 보호 시설의 인권 침해에 관한 증언을 수집한 제이미 메뉴티스 Jamie Menutis는 다음과 같이 썼다. "코트디부아르의 다나네Danane에서 어린 소년병들을 만나 이야기를 나눴다. 라이베리아에서 전투를 하다가 국경을 건너온 이들이었는데, 테일러의 '수호대'처럼 행동했다. 자유 시간이 생기면 아이들은 AK47을 내려놓고 흙바닥에서 작은 모형 자동차를 가지고 놀았다. 나는 그 모습을 절대 잊지 못할 것이다."

비정상적인 상황에서 소년병들은 테일러의 요구에 완벽하게 들어맞았다.[44] 아이들은 모집하기가 쉽고, 순진해서 도주하는 일이 별로 없으며, AK로 무장시키면 성인과 똑같이 살상력을 발휘할 수 있었다. 간신히 소총을 들 정도로 어린 아이들도 총알을 난사해서 인간 표적을 맞힐 수 있었다. 소년병은 심리학적으로 다른 이점도 있었다. 어리기 때문에 불사신이라도 된 양 겁이 없었다. 10대 특유의 허세와 아직 발달하지 못한 양심이 게릴라 전사로 조합되면 그 결과물은 치명적이었다. 라이베리아의 한 민병대 사령관은 이렇게 말했다. "아이들을 가볍게 보지 마세요. 아이들은 덩치가 큰 우리 어른들보다 잘 싸웁니다. (…) 후퇴시키기가 여간 어려운 게 아닙니다."

상대편은 어린아이가 총을 든 모습을 보고 기겁을 했고, 시에라리온 같은 다른 아프리카 나라에서는 평화유지군으로 온 서구 군인들이 차마 소년병에게 총을 쏠 용기를 내지 못한 사례가 몇 번 있었다. 그렇지만 그 아이들은 모두 치명적인 전투원이었다.

소년병부대는 종종 성인 반군 동지들에게서 호의적인 시선을 받았다.[45] 부대의 수를 늘려주었을 뿐 아니라 소년병의 존재 자체가 정신적으로 힘을 주는 것 같았다. 한 성인 병사는 이렇게 말했다. "하느님도 도 대통령이 억압자라고 생각하시는 게 분명해요. 이 어린아이들을 전장으로 보내주셨으니까요."

테일러가 소년병부대를 만든다는 아이디어를 어떻게 얻었는지는 아무도 모르지만, 어쨌든 탁월한 선택이었다.[46] 매사추세츠주 애머스트에 있는 햄프셔대학교의 평화학·세계안보학 교수 마이클 클레어Michael Klare는 이렇게 말했다. "테일러는 칼라시니코프, 즉 AK47 돌격소총으로 무장한 청소년이라는, 현시대에 가장 치명적인 전투 시스템을 개발했다."

침공 7개월 만에, 외부 세계가 눈치조차 채지 못한 가운데 테일러와 5000명으로 추산되는 게릴라들은 몬로비아 외곽에 도달했다. 도 대통령이 숨어 있는 대통령 관저가 시야에 들어오는 곳이었다. 도 정부는 비록 국민을 탄압하는 정권이었지만 1980년대 이래 미국으로부터 5억 달러 이상을 지원받았다. 그 대가로 도는 소련인들을 몰아내고 미국이 항구와 지상에 접근하는 것을 허용했다.

수도가 포위된 가운데 8월에 미 해병대가 미국 시민을 비롯한 외국인들과 나란히 라이베리아를 안전하게 빠져나가는 탈출로를 도 대통령에게 제공했지만, 그는 탈출을 거부했다.[47] 도 대통령은 16개국으로 이루어진 서아프리카경제공동체ECOWAS가 파견한 4000명 규모의 평화유지군에 보호받고 있었지만, 테일러의 라이베리아민족애국전선에서 분리해 나온 프린스 요미 존슨Prince Yormie Johnson이 이끄는 파벌과 총격이 벌어지면서 도의 통치는 끝이 났다. 존슨은 테일러의 군인들이 도시 바로 외곽에서 전진을 주저하는 틈을 놓치지 않고 도를 사로잡았다. 상처를 입은 도는 존슨의 주둔지로 끌려가서 나중에 사망했다. 누구는 총상 때문에 죽었다고 하고, 누구는 고문을 당하고 처형된 것이라고 한다. 팔다리가 절단된 시신이 공개적으로 전시되었다.

테일러와 존슨의 불화는 그 후 6년이 넘는 유혈 사태로 이어졌다. 주로 부족에 따라 갈라져 경쟁하는 일곱 파벌이 충돌에 가세해서 철과 목재, 고무를 비롯한 천연자원을 장악하기 위해 싸웠다. 가벼운 무기가 전투원들에게 전해지면서 잔인한 전투가 계속되었다. 가장 음산했던 마지막 순간은 1996년 4월 6일 몬로비아 포위전이었다. 다섯 개 파벌이 수도로 모여들면서 3000명이 사망한 것으로 추산된다. 서아프리카경제공동체를 비롯한 국제사회가 몇 차례 휴전 중재에 실패한 끝에 마침내 대규모 교전이 끝났다. 1997년에 선거가 치러졌다.

전 미국 대통령 지미 카터를 비롯한 몇몇 국제 참관인들은 선거가 공정하게 치러졌다고 보았고, 테일러가 75퍼센트를 득표했다.[48] 다른 이들은 시민들이 겁을 먹고 다른 후보에게 표를 던지지 못했다고 판단했다. 더욱이 많은 라이베리아인은 테일러가 당선하지 않으면 전쟁을 재개할 것이라고 우려했다.

선거에 세계의 관심이 쏠리면서 라이베리아 외부 사람들은 전쟁이 미친 어마어마한 효과를 이해하기 시작했다.[49] 사망자가 20만 명이 넘었는데 대부분 민간인이었고, 125만 명이 난민이 되었

AK는 값이 싸고 사격하기가 쉽고, 훈련도 수리도 관리도 거의 필요 없기 때문에 소년병에게 안성맞춤이다. 이 사진에 등장하는 시에라리온의 혁명연합전선 반군 가운데 무려 80퍼센트가 7~14세의 소년 소녀였다.
사진: Jean-Philippe Ksiazek/AFP/Getty Images

다. 테일러는 AK를 중심으로 한 전투와 위협 방식을 활용하여 아프리카에서 가장 부유한 군벌이 되었다. 약탈과 불법적인 상품과 무기 거래를 통해 3억~4억 달러를 개인 소득으로 챙겼다.

한 세대의 어린이들이 엄청난 영향을 받았다. 유엔아동기금 UNICEF에 따르면, 1989~97년에 어린이 1만 5000~2만 명이 라이베리아 내전에 참전했다. 아마 일부 파벌에서는 전투원 가운데 무려 60퍼센트가 열여덟 살 이하였을 것이다. 그중에는 아홉 살짜리 어린이도 있었다.

불행한 일이지만, 테일러가 당선했어도 라이베리아의 폭력 사태는 중단되지 않았다. 국가 기반 시설이 산산이 파괴된 가운데 중무장한 폭력배들이 계속 농촌을 돌아다니면서 식량을 비롯한 생필품을 훔쳤다. 사람들은 두려움 때문에 AK를 포기하지 못했다. 합법적인 일자리를 얻을 기회가 거의 없는 나라에서 비정하나마 이 총이라도 있어야 생계를 유지할 수 있었기 때문이다.

UN이 1992년에 라이베리아에 무기 수출 금지 조치를 내렸지만, 소형화기는 계속 들어왔다.[50] 실제로 UN은 테일러가 아프리카에서 주요한 무기 전달자 역할을 하면서 제멋대로 활개를 치고, 휘스 카우언호번Gus Kouen-Hoven 같은 유명한 무기 거래상을 비호한다고 비난했다. 네덜란드 국적의 카우언호번은 몬로비아 외곽에서 호텔 아프리카를 운영하는 인물이었다. 테일러의 후한 인심 아래서 번영을 구가한 또 다른 인물은 러시아의 악명 높은 밀매상 빅토르 부트Victor Bout였다. 부트는 세계적으로 활약하는 소문난 무기 거래상이다. 부트가 전문적으로 다루는 사업은 옛 소련과 각 국가에서 나온 소형화기 거래였다. 테일러와 연결된 또 다른 밀매상은 우크라이나의 레오니트 미닌Leonid Minin이다. UN 관리들에 따르면, 그는 테일러에게서 돈을 받고 무기를 공급하는 한편 자신의 회사인 이그조틱 트로피컬 팀버 엔터프라이즈Exotic Tropical Timber Enterprise를 위해 목재 수출 계약을 따냈다고 한다. 이 사람들은 아프리카 곳곳에서 거듭 모습을 드러내면서 반정부 집단과 반군, 정부군 등에 AK와 로켓 추진 유탄을 주축으로 한 소형화기를 판매했다.

1999년, 테일러 정권은 기존에 마주했던 어떤 집단보다도 조직과 능력이 출중한 집단의 반대에 직면했다. 미국의 동맹국인 기니의 지원을 받는 것으로 알려진 '화해와 민주주의를 위한 라이베리아인 연합Liberians United for Reconciliation and Democracy, LURD'은 테일러가 구사한 것과 똑같은 여러 전술을 활용해 비슷하게 잔학 행위를 저지르면서 라이베리아 북부를 확고하게 장악했다. 그 밖에도 반테일러 집단이 속속 등장했다. 이웃 나라 코트디부아르의 지원을 받는 것으로 의심받은 라이베리아민주운동Movement for Democracy in Liberia, MODEL은 남부에 본거지를 구축했다. 유혈 사태가 계속되는 가운데 테일러의 국가 장악력은 서서히 약해지고 있었다. 테일러는 필사적인 시도로 몰살 작전을 벌였다. 시에라리온 민병대가 테일러 정권을 무너뜨리려고 하면서 조직 규모가 커진 화해와 민주주의를 위한 라이베리아인 연합을 민간인들이 지지하고 지원하는 것을 막기 위해 자행한 잔학 행위였다. 테일러의 테러 프로그램은 실패로 돌아갔고, 2003년에 이르러 그가 통제하는 영토는 라이베리아 전체의 3분의 1도 되지 않았다.

유엔재판소는 2003년 6월에 테일러에 대한 체포영장을 발부하면서 그가 AK를 주축으로 한 학살극을 이웃 나라 시에라리온에 수출했다고 비난했다. 시에라리온에서 그가 내세운 앞잡이는 혁명연합전선Revolutionary United Front, RUF이었다. 그는 무기와 목재를 판매하여 이 집단에 은밀하게 자금을 지원했다. 이번에도 역시 전통적인 분쟁과 달리 영토나 이데올로기는 목표가 아니었다. 시에라리온에 대한 테일러의 관심은 세계 최대의 매장량을 자랑하는 다이아몬드 광산에 있었다. 1991년 3월, 육군 상병 출신 포데이 산코Foday Sankoh가 지휘하는 혁명연합전선이 코노 지구의 광산을 장악했다. 주로 AK로 무장한 소규모 무리가 정부군을 수도 프리타운 쪽으로 밀어냈다. 그 후 광범위한 내전이 이어졌지만 이번에는 누구도 상상하지 못한 잔인한 전쟁이었다. 라이베리아 내전조차 무색할 정도로 악행이 벌어졌다.

테일러의 지원을 받은 혁명연합전선 전사들은 이 다이아몬드 광산들을 계속 장악하기 위해 노동자들과 주민들을 상대로 일찍이 아프리카에서 본 적이 없는 잔학 행위를 자행했다.[51] AK를 앞세워 자신들에게 반대하는 이들을 상대로 무차별적인 강간·고문·신체 훼손·수족 절단을 저지르면서 혁명연합전선은 시에라리온을 공포로 몰아넣었다. 불과 몇 년 만에 이 집단은 시에라리온 다이아몬드 생산 지역의 90퍼센트를 장악했다.

테일러는 거듭 자신은 관련이 없다고 부인했지만, 다이아몬드 수출 통계를 보면 그의 주장이 거짓이라는 사실이 드러난다.[52] 라이베리아의 연간 채굴량은 1995년부터 2000년까지 10만~15만 캐럿이었는데, 벨기에 안트베르펜의 HRD Hoge Read voor Diamant는 라이베리아에서 수입한 양이 3100만 캐럿이 넘는다고 보고했다. 2000년 7월 31일 미국 대사 리처드 홀브룩Richard Holbrooke이 UN 안전보장이사회에서 증언한 내용에 따르면, 혁명연합전선은 다이아몬드 불법 판매로 연간 3000만~5000만 달러, 어쩌면 무려 1억 2500만 달러를 벌어들였다고 한다. 그와 동시에 시에라리온의 다이아몬드 수출은 서서히 감소해서 1994년 3020만 달러에서 1999년 120만 달러로 줄어들었다.

다이아몬드의 출처는 원산국이 아니라 수출국으로 표시되기 때문에 사실상 추적이 불가능하다. 라이베리아의 다이아몬드는 시에라리온 말고 달리 나올 데가 **없었다.** 테일러는 이른바 '피의 다이아몬드', 또는 '분쟁의 다이아몬드'를 판매하거나 부르키나파소와 기니, 코트디부아르, 토고 같은 나라를 통해 소형화기와 맞교환했다. 이 나라들이 세계 무대에 수출하는 다이아몬드의 양도 달리 설명할 수 없는 증가세를 보였다. 무기 거래상 레오니트 미닌도 테일러를 비롯한 서아프리카 독재자들을 위한 무기 구매 자금 조달의 방편으로 다이아몬드 불법 거래에 관여했다.

해가 지나면서 테일러는 무기 이전에 대한 추적을 피할 방법을 이것저것 찾아냈다.[53] 그러나 2002년 UN은 무기 수출입 금지 조치를 위반하고 세르비아에서 라이베리아로 AK 5000정이 선적된 기록을 공식적으로 확인했다. 앞서 UN 관리들은 테일러에게 무기가 불법적으로 선적된 문서 증거를 입수하려고 했지만, 확실한 증거는 언제나 찾기 어려웠다. 그러나 이 한 사례에서 UN 무기사찰관 알렉스 바인스Alex Vines는 전장을 시작으로 해서 소형화기를 끈질기게 추적했다. 그는 시에라리온과 라이베리아를 잇는 마노강의 유니언 다리 한가운데 무인 지대에서 조사를 시작했다. "반군 소년병 하나가 내게 'M-70 2002'라는 표시와 일련번호가 찍힌 자신의 AK47 돌격소총을 보여주었다. 이 무기가 세르비아에서 생산되었다는 것을 곧바로 알 수 있었다." 'M-70'은 유고슬라비아에서 생산된 AK이다. 소년은 최근에 자신이 죽인 라이베리아 정부군 병사의 총을 챙긴 것이라고 털어놓았다. 베오그라드의 관리들이 나이지리아에 판매했다는 증서를 보여주었지만, 면밀히 살펴보자 문서가 위조되었다는 사실이 드러났다. 추가 조사 결과 AK 5000정 정도가 리비아로 항공 운송되었고, 비행기는 여기서 연료 보급을 받고 나이지리아로 가기로 되어 있었다는 사실이 밝혀졌다. 그러나 비행기는 나이지리아에서 비행을 마치지 않고 계속해서 라이베리아로 갔다.

소년병과의 전투

관리들은 무기를 추적하면서, AK를 파기하는 것이 거의 불가능하다는 문제에 맞닥뜨렸다.[54] AK 총기가 나라에서 나라로, 교전 지대에서 교전 지대로 옮겨가면서 워낙 많이 써서 일련번호가 지워지거나 일부러 지우는 일이 많았지만, 그래도 총은 계속 사용하고 판매할 수 있었다. 한번은 UN 전문가들이 AK 총기가 앙골라와 모잠비크, 수단에서 분쟁 장소를 옮겨가며 계속 재활용된 사실을 확인하기도 했다.

피의 다이아몬드라는 오명 때문에 시에라리온에서 벌어지는 잔학 행위에 전 세계의 관심이 집중되었다. UN은 1999년에 1차로 6000명 규모의 군대를 이 나라에 파견했다.[55] 그러나 끔찍한 폭력 사태는 계속되었다. 평화유지군 수백 명이 혁명연합전선 게릴라에 포로로 잡히기도 했는데, 전하는 바로는 일부 인질들은 산 채로 피부가 벗겨지기도 했다.

당시 널리 알려지지는 않았지만 정치 지도자들은 알고 있던 한 사건 때문에 서구의 군사 규칙이 영원히 바뀌기도 했다.[56] 라이베리아에서 소년병이 활용된 적이 있고 시에라리온에서는 소년병이 훨씬 더 흔했지만, 소년병은 주로 다른 반군이나 정부군 병사들과 교전을 벌였다. 그런데 2000년 8월 25일에 상황이 바뀌었다.

앞서 수도를 확보하고 포데이 산코를 생포하는 데 조력한 UN 평화유지군의 일원인 왕립 아일랜드 연대Royal Irish Regiment 소속 군인 11명(그리고 시에라리온 연락 담당자)이 AK로 무장한 깡패 소년병 집단인 웨스트 사이드 보이스West Side Boys에 인질로 잡혔다. 영국군 기간병들은 포위당하자 마지못해 아이들에게 총을 쐈다. 이 사건은 서구 군인들이 소년병들과 벌인 최초의 교전이었는데, 이를 계기로 서구 군사 지도자들이 적군의 미성년 전투원들을 바라보는 시각이 바뀌었다.

나중에 나온 여러 보고에 따르면, 웨스트 사이드 보이스는 AK로 무장한 소년 무리로 항상 약과 술에 취한 상태로 농촌을 돌아다니면서 마을을 약탈했다. 소년병들은 자신들의 지도자인 파파 장군을 감옥에서 석방할 것, 그리고 생포한 영국군들과 식량 및 의약품을 교환할 것을 요구했다.

영국군은 곧바로 수색에 나섰지만 동료들을 찾지 못했다. 그 후 몇 주 동안 위성전화를 비롯한 물품과 교환해서 군인 다섯 명이 풀려났지만, 웨스트 사이드 보이스는 다른 요구안을 완강하게 고수했다. 9월 5일, 영국 공수연대 제1대대 소속 정예 낙하산병 100여 명이 구조 작전을 벌이기 위해 세네갈에 강하했다. 영국 공수 특전단 요원들이 웨스트 사이드 보이스 주둔지를 살피던 중에 반군들이 영국 군인을 모의 처형하면서 웃는 모습을 지켜보았다.

도청을 통해 밝혀진 바에 따르면, 반군은 더 빽빽한 밀림 지역으로 인질을 옮길 예정이었기 때문에 구출 시도를 서둘러야 했다. 영국의 토니 블레어Tony Blair 총리와 내각은 작전을 허가했고, 2000년 9월 11일 새벽에 치누크 헬기 3대와 웨스트랜드 링크스 무장헬기 2대가 프리타운 공항에서 이륙해 반군 주둔지인 로켈 샛강으로 향했다.

링크스 무장헬기가 지역에 기총 소사를 가하면서 엄호하는 가운데 치누크 헬기가 300ft(약 91m) 떨어진 곳에 착륙해 부대원들을 내려놓았다. 격렬한 총격전이 벌어졌고, 12분 만에 영국군은 샛강 남쪽 편 마그베니에 있는 웨스트 사이드 보이스의 진지를 장악했다. 샛강 북쪽 편에서는 영국군이 게리바나 마을에 억류된 인질들에게 접근했지만, 그들이 기다리고 있던 치누크 헬기로 달려가는 순간 웨스트 사이드 보이스가 AK와 기관총을 난사해서 낙하산병

한 명을 맞혔다. 총에 맞은 군인은 후에 사망했다. 반군 집단은 25명의 전사를 잃었고, 18명이 생포되었다. 그 후 며칠 동안 영국군이 작전을 계속하면서 수백 명을 더 생포했고, 나머지는 빽빽한 밀림으로 도망쳤다. 반군 지도자 포데이 칼레이Foday Kallay도 포로로 잡혀서 시에라리온 관리들에게 인계되었다.

많은 서구 군사 관리가 이 작전을 연구했다. 마치 외과 수술처럼 정교하게 기획·진행되었을 뿐 아니라 소년병이 관련되었기 때문이다. 이 사건은 서구에서 벌이는 군사 행동에 새로운 기준이 되었다. 이제 군인들은 전투 상황에서 어린이를 정당한 공격 목표물로 간주하도록 훈련과 교육을 받았다.

지금까지 많은 나라가 소년병을 활용해왔지만, 시에라리온은 공식적으로 1991년부터 2001년까지 지속된 내전 중에 소년병의 활약이 워낙 두드러졌기 때문에 종종 논의의 중심을 차지한다.[57] 전체 전투원의 무려 80퍼센트가 7~14세였다. 게다가 다른 분쟁과 달리, 감소하는 성인 병력을 충원하기 위해 나중에 투입된 것이 아니라 일찌감치 어린이들이—종종 유괴와 강제 복무를 통해—신병으로 동원되었다. 정부군을 포함하여 모든 진영에서 활용한 소년병의 숫자는 1만 명에 육박해서 소년병이 전투원의 대다수를 차지했다.

시에라리온에서 실제로 얼마나 많은 사람이 살해되었는지는 아무도 모르지만(폭력 사태는 계속된다), UN은 사망자가 5만~7만 5000명이며 무려 10만 명의 수족이 절단된 것으로 추정한다. 전체

인구의 3분의 1인 100만여 명이 난민이 되었다. 경제는 여전히 폐허 상태다. 가뜩이나 허약한 기반 시설이 계속 파괴되었고, UN은 현재 시에라리온을 세계에서 가장 가난한 나라로 꼽는다.

피해 규모는 지금도 계속 드러나고 있는데, 2004년 3월 시에라리온에서 시작된 전범 재판에서 나온 증언을 통해 공개적으로 알려졌다. 법원은 1996년 11월 30일 정부와 반군이 체결한 아비장 휴전협정 이후 자행된 범죄만을 살피고 있다. 지금까지 10여 명이 기소되었다. 혁명연합전선 지도자 산코는 2003년 뇌졸중으로 사망했지만, 마찬가지로 기소된 테일러는 나이지리아에서 피난처를 찾았다가 2006년 초에 라이베리아로 인도되어 전쟁범죄 혐의로 재판에 부쳐졌다. 카다피는 공동 음모자로 기소되었다.

전 세계는 법원 증언에 깜짝 놀랐다.[58] TF-1196이라는 가명으로 알려진 중년 여성 증인은 반군이 마체테 칼(정글도)로 남편의 팔다리를 잘라내서 결국 남편이 죽었다고 말했다. 뒤이어 "자식뻘 되는 어린" 반군 병사가 그녀를 강간했다. 그녀는 법원에서 잘려나간 팔 끝부분을 보여주면서 법원 서류에 서명하지 못한 사정을 설명했다.

소년병들은 반군 지도자 포데이 산코를 '아빠'라고 부른 이야기, 산코가 AK와 마리화나·코카인·암페타민 등을 주면서 용기를 북돋고, 어린 마음으로 상상할 수 있는 가장 잔인한 방법으로 사람을 죽이고 팔다리를 자르라고 부추긴 이야기를 털어놓았다.

TF-1199라는 가명의 아이는 반군들이 1998년에 유괴했을 때 열두 살이었다. 그는 AK 사격법, 마리화나 피우는 법, 강간하는 법 등을 배웠다고 증언했다. 지휘관이 시키는 대로 하지 않으면 죽이겠다고 위협하자 그는 자기 앞에 던져진 열다섯 살 소녀를 강간했다.

AK와 다이아몬드

전범 재판에서 여러 사실이 밝혀지면서 소형화기, 특히 AK가 세계 안보에서 차지하는 중요성을 간과하고 대형 무기에만 초점을 맞춘 서구 세계의 시각이 얼마나 잘못된 것인지가 드러났다.[59] 테일러가 분쟁지 다이아몬드를 알카에다 요원들에게 판매했는데, 이 다이아몬드가 세계무역센터와 펜타곤을 겨냥한 9·11 공격의 자금원으로 사용되었을지 모른다는 사실이 재판 진행 과정에서 법원 문서를 통해 드러났다.

다이아몬드를 비롯한 보석은 재산을 옮기는 데 더할 나위 없이 유용하다. 크기가 작고, 가치가 변하지 않으며, 교환 수단으로 어디서나 수용되고, 공항 금속탐지기에 적발되지 않으며, 쉽게 현금으로 바꿀 수 있다. 알카에다와 탈레반, 북부동맹은 아프가니스탄 에메랄드 매장 지대에서 발견된 보석 등을 채굴한 역사가 있다.

그들은 보석 판매 수완을 아프리카에 전해주었다. 전쟁범죄실 담당 검사 데이브 크레인Dave Crane에 따르면, 알카에다는 서아프리카에서 1998년부터 활동하면서 2002년까지 계속 주둔했다. 각국 정부가 허약하고 부패한 탓에 서아프리카는 테러리스트 기지가 자리 잡기에 이상적인 장소가 되었다. 라이베리아의 경우에 테일러는 국가를 자신의 범죄 사업체로 운영했다. 그는 적법한 정부 지도자였기 때문에 비자와 여권을 발행하고, 국경 안에 있는 누구에게든 보호를 제공했다. 단 수수료를 받았다. 예를 들어, 그는 무기 거래상 빅토르 부트에게 항공기 등록증을 발행해 주었고, 부트는 종종 무기 대금을 다이아몬드로 받았다.

2001년 1월을 시작으로 알카에다는 다이아몬드 구매량을 늘렸고, 9·11 직전까지 구매를 계속했다. 벨기에 경찰의 보고서에 따르면, 이 테러 집단은 9·11에 앞선 14개월 동안 혁명연합전선의 다이아몬드를 2000만 달러어치 구매했다. 《돌에서 흐른 피Blood from Stones》의 저자 더글러스 파라Douglas Farah는 2005년 2월 미국 하원에 출석해 이렇게 증언했다. "증거를 살펴보면, 대규모로 신속하게 가치 이전 작업이 이뤄져서 이 테러 집단이 추적 가능한 금융 구조에서 추적 불가능한 상품으로 돈을 이동시켰음을 알 수 있습니다."

라이베리아와 시에라리온에서 동란이 일어나는 동안 미국을 비롯한 서구 나라들은 테일러의 활동(특히 다이아몬드와 소형화기 거래)을 가볍게 보았다. 서구 각국의 안보에 직접적인 위협으로 보지 않았던 것이다. 그러나 9·11 공격과 더불어 이런 판단은 위험한 가정이라는 것이 입증되었다.

아프가니스탄과 파키스탄이 중동의 무기 시장인 것처럼, 라이베리아와 시에라리온은 1980년대부터 오늘날까지 아프리카 소형화기 밀거래의 중심축이었다. AK라는 재앙은 이 서아프리카 나라들에서 여전히 멈추지 않았다. 값싸고 풍부한 소형화기는 모잠비크와 르완다, 소말리아, 콩고, 남아프리카공화국 등의 국민을 괴롭혔다. 실제로 1990년부터 2000년까지 아프리카는 100건이 넘는 분쟁을 경험했다. 지난 수십 년간 벌어진 분쟁의 두 배가 넘는 이 수치를 낳은 주범은 AK였다. AK 한 자루 가격이 종종 10달러도 되지 않는 대륙에서 이 총은 무기일 뿐 아니라 라이베리아와 시에라리온의 경우처럼 범죄행위와 물물교환을 통해 생계를 꾸리는 방편이기도 했다.

소말리아에서는 AK가 내전에서 중심적인 역할을 했으며, 평화를 정착시키려는 UN과 미군의 시도가 성공하지 못한 근본적인 이유로 작용했다.

블랙호크 다운

1992년에 소말리아는 내전이 한창이었다. 내전에 가뭄이 더해지면서 기근과 질병이 광범위하게 퍼졌다. 나라가 혼란에 빠지고 어떤 정부도 책임을 다하지 못하는 가운데, 1993년에 UN이 지휘하는 다국적 군대가 기아를 해결하고 집 잃은 사람들을 돕기 위한 인도주의 사업을 시작했다. 다국적 군대의 시도는 복잡한 결과와 맞닥뜨렸다. 군대를 겨냥한 공격이 벌어져 종종 필요한 사람들에게 식량과 물이 전달되지 못했다.

폭력 사태가 고조되자 몇몇 지역은 국가에서 떨어져 나가 독립

국가를 형성했다. 특히 군벌인 모하메드 파라 아이디드Mohammed Farrah Aidid 장군은 UN군과의 교전을 두려워하지 않아서 파키스탄과 미국 등지에서 온 병사들을 폭탄과 소형화기로 살해했다.

1993년 10월 3일, 아이디드 반군 지도자들을 생포할 수 있다는 기대를 품고 미 육군 특전부대가 모가디슈에 병력을 전개하던 중에 강습부대가 총격을 받았다. UH-60 블랙호크 헬기 2대가 로켓 추진 유탄에 맞아 격추되었고 나머지 3대는 고장이 났다.

최초의 강습부대 대원 대부분이 첫 번째 추락 현장으로 갔는데, 그곳에서 레인저 대원 90명 정도가 포위를 당했다. 주로 소형화기의 집중 사격을 받아서 도심에서 꼼짝을 할 수 없었다. 그날 밤은 꼼짝없이 갇혀 있었는데, 반군과 소말리아 시민들조차 미국에 분노하고 AK로 무장해서 미군은 궁지에 몰렸다. 두 번째 추락 현장에서는 격추된 조종사 마이크 듀랜트Mike Durant를 거리의 폭도로부터 보호하기 위해 헬기에서 강하한 군인 두 명이 살해되었다. 듀랜트는 인질로 잡혔다. 다음 날 아침 제10산악사단의 증원군과 파키스탄·말레이시아 병력이 시가전을 하며 도착해 집중포화와 폭도들의 AK 총격 한가운데서 남아 있는 미군 병사들을 철수시키면서 전투가 끝났다.

결국 미군 18명이 전사하고 79명이 부상했다. 말레이시아 군인은 한 명이 죽고 일곱 명이 다쳤다. 파키스탄군은 부상 두 명이었다. 미 국방부의 추산으로 소말리아인은 300~1000명이 죽었다.

미군이 겪은 최악의 시가전으로 손꼽히는 이 사건은 '블랙호크 다운Black Hawk Down'이라는 제목의 인기 있는 책과 영화로 기록되었다. 그러나 이 사건의 중요성은 할리우드를 훌쩍 넘어섰다. 미군은 전투에서 승리했지만, 소말리아인들에게 식량과 의약품을 계속 공급한다는 임무를 완수하지는 못했다. 확실히 인도주의적 시도는 무려 20만 명에 달하는 인명을 구하기는 했지만, 전투 장면은 물론이고 소말리아인들이 모가디슈 거리에서 미군 병사들의 주검을 질질 끌고 다니는 모습까지 보고 난 뒤 클린턴 행정부는 소말리아에서 평화 유지 활동을 하겠다는 의지를 잃어버렸다. 1994년 3월, 미국 여론은 전쟁으로 황폐해진 이 나라에 병력을 주둔하는데 반대하는 쪽으로 돌아섰고, 미군은 국내로 돌아왔다. 이제 더는 미군 병력 2만여 명에게 의지할 수 없게 된 UN 역시 상황이 악화되자 철수했다. 그 후로 소말리아가 몇 개 나라로 쪼개져서 서로 국제사회의 인정을 받으려고 하는 가운데 현재 상황은 여전히 불안정하다. 군벌과 그들이 지휘하는 민병대가 AK를 주축으로 한 값싼 소형화기를 등에 업고 저강도 전쟁을 계속 벌이고 있다.

소형화기 공격은 종종 UN의 인도주의 사업을 좌절시켰다. 2000년에 벌어진 한 사건을 보면, 소형 단발 항공기 한 대가 AK의 총격을 받아서 결국 소말리아 서남부에 있는 키스마요Kismayo에 대한 원조가 삭감되었다. 이런 광경은 그 후로 다른 지역에서도 되풀이되었다.

소말리아에서 비극적인 경험을 하면서 미국의 안보를 직접 위협하지 않는 지역에 미군을 활용하는 문제를 둘러싼 논쟁에 불이 붙었다. 그뿐 아니라 펜타곤 전략가들은 최신 첨단 기술 무기로 무장하고 잘 훈련된 미군 병력이, 특히 도시 환경에서 단순하고 수준 낮은 기술의 자동소총으로 무장하고 훈련도 제대로 받지 않은 민병대를 상대로 어떻게 승리할 수 있는지를 더욱 곰곰이 생각할 수밖에 없었다.

모가디슈 전투를 계기로 '비대칭전'을 둘러싼 논쟁이 전면에 대두했다. 이에 대해 한마디로 정리하는 정의는 존재하지 않지만, 대다수 군사전략가들은 크게 다른 무기를 사용하고 전혀 다른 교의를 활용하는 상이한 두 군대가 벌이는 전쟁이라고 설명한다. 겉보기에는 더 뛰어난 기술과 무기를 보유한 군대가 신속하고 결정적인 승리를 거둘 것 같지만, 항상 그런 것은 아니다.

모가디슈는 분명 이런 상황이었다. BBC의 베테랑 통신원 유수프 하산은 〈블랙호크 다운〉에 관해 논평하면서 이렇게 말했다. "미군을 영웅처럼 묘사하는 영화인데, 사실 미군은 **온갖** 기술을 갖고 있었다. 소말리아 전투는 AK47 소총밖에 없는 이들을 상대로 한 하이테크 전쟁이었다."(그들에게는 로켓 추진 유탄도 있었다.) 모가디슈 이후 미 해병대는 시가전사 양성 프로그램을 시행했다. 프로그램의 한 가지 목적은 AK로 무장한 병력에 익숙해지는 것이었다. 향후 전투에서 가장 자주 마주치게 될 무기였기 때문이다.

전 세계 여느 지역과 마찬가지로, 소말리아에서도 AK 한 자루의 가격이 사회 안정을 나타내는 지표가 될 수 있다.[60] 2004년 10월 소말리아 의회에서 압둘라히 유수프 아흐메드 Abdullahi Yusuf

Ahmed 대통령을 선출한 뒤 모가디슈에서 AK 한 자루 가격이 700달러에서 300~400달러로 내려간 것은 낙관적인 조짐이다. 독립국을 자처하는 푼틀란드Puntland와 소말릴란드Somaliland 사이에 영토 분쟁이 일어났고, 소말리아 자체에서도 전투가 계속되기는 했지만, 신임 대통령이 지역에 안정을 가져올 것이라는 기대가 있었다. 그리하여 사람들이 스스로 무장을 해야 한다는 느낌이 줄어들었고, 그 결과로 AK의 가격이 내려갔다.

그러나 유감스럽게도, 아흐메드와 총리 알리 모하메드 게디Ali Mohammed Ghedi가 케냐군의 보호를 받으면서 취임한 나이로비에 계속 거주하는 채로 망명 상태에서 정부를 운영했기 때문에 AK의 가격은 꾸준히 올라갔다.

르완다에서의 종족 학살

값싼 AK의 저주는 르완다에도 확산되었다. 무기가 쏟아져 들어오면서 1994년 르완다에서 일찍이 1970년대 캄보디아의 '킬링필드' 이래 본 적이 없는 체계적인 종족 학살극이 벌어졌다.

다수파인 후투족과 투치족은 나라가 독일 식민지였다가 1차대전 이후 벨기에에 양도되기 전부터 계속 적대적 관계였다. 그 후 투치족 왕정이 나라를 통치하다가 1959년에 후투족이 봉기를 일으켜 투치족이 권좌에서 내려올 수밖에 없었다. 이 과정에서 투치족 수천 명이 살해되었고, 많은 외국인, 특히 벨기에인이 나라에서 쫓겨났다. 이제 권력을 쥔 후투족은 프랑스가 후원하는 가운데 1959년부터 1966년까지 투치족을 대규모로 살해했다. 이 기간에 투치족 2만~10만 명이 살해되고 약 15만 명이 부룬디와 우간다, 자이르(지금의 콩고민주공화국—옮긴이), 탄자니아 같은 이웃 나라로 도 망쳤다. 이 다른 나라들에서도 후투족과 투치족의 충돌이 벌어졌 다. 일례로, 1972년에 후투족이 부룬디 남부에서 투치족을 공격하 자 투치족이 반격을 가해 후투족 8만여 명이 살해되었다.

러시아, 루마니아, 불가리아 등 바르샤바조약기구 소속 국가에 서 르완다로 칼라시니코프가 쏟아져 들어왔다. 돈이 쪼들리는 이 나라 정부들이 양쪽 모두에 무기를 파는 데 열중했기 때문이다.[61] 주로 투치족으로 구성되어 우간다와 탄자니아의 난민수용소를 기 반으로 활동한 르완다애국전선Rwandan Patriotic Front, RPF(이하 애국전선) 은 대부분 루마니아에서 수입한 AK를 사용했다. 정부군인 르완다 방위군Rwandan Armed Forces, FAR 역시 AK를 주력 무기로 사용했다.

이미 대규모 종족 학살이 간헐적으로 일어났지만, 최악의 사태 가 기다리고 있었다. 1994년 4월 6일, 르완다 대통령과 부룬디 대 통령이 탄 미스테르팔콘 제트기가 격추되었다. 전년 8월에 아루샤 평화협정Arusha Accords이 조인된 후 평화가 정착하는 과정을 저지하 려는 세력이 저지른 짓으로 추정되었다. 르완다 대통령 쥐베날 하 비아리마나Juvenal Habyarimana는 미국이 강하게 압박하는 가운데 평 화협정을 이행하기 시작한 상태였고, 이 과정이 순조롭게 이어지 면 투치족 난민이 돌아오고 후투족과 투치족이 권력을 나눠 갖게 될 터였다.

비행기가 추락하고 몇 시간 만에 후투족 민병대가 수도 키갈리에서 투치족을 추적해 살해하기 시작했다. 모든 후투족은 투치족을 죽이지 않으면 민병대에게 그들 자신이 죽임을 당할 것이라는 지시가 내려지면서 학살이 전국 각지로 퍼져 나갔다. UN 구호 단체들에 따르면, 1994년 4~7월에 최소한 50만 명이 살해되었다고 한다. 몇몇 미국 정보 조직은 사망자 수가 100만 명이 넘는 것으로 추산했다. 후투족과 투치족 각각 100만씩 200만 명가량이 르완다를 빠져나갔다. 유엔난민기구United Nations High Commission for Refugees, UNHCR에 따르면 약 150만 명이 자이르로, 20만 명이 부룬디로, 46만 명이 탄자니아로 피신했다.

언론은 대부분 종족 학살 광풍에서 마체테 칼, 괭이, 도끼 같은 농기구가 사용된 사실을 강조했지만, 이러한 보도는 사건의 전모를 말해주지 않았다.[62] 철저하게 준비된 체계적인 학살이 시작되기 전에, 후투족 정부는 투치족을 위협해서 한자리에 모으기 위해 민병대와 준군사 집단, 시민들에게 AK 수천 정을 나눠 주었다. 그런 다음에 전통적인 부족의 무기로 많은 이들을 살해하고, 그래도 살아남은 나머지 사람들은 자동사격으로 몰살했다.

7월 중순, 폴 카가메Paul Kagame 소장이 이끄는 애국전선 부대가 마침내 르완다방위군을 물리치고 종족 학살을 중단시켰다. 카가메는 2000년 4월에 르완다 대통령으로 당선했다(그 후 2003년, 2010년, 2017년 세 차례 더 당선해 2018년 현재까지 르완다 대통령직에 있다―옮긴이).[63] 10

년 전에 끝난 종족 학살에서 사망한 이들을 기리는 2004년 추념 식에서 카가메는 다른 어떤 나라보다도 프랑스가 학살을 도운 사실을 비난했다. "프랑스는 종족 학살을 저지를 것을 알면서도 정부군 병사들을 훈련시키고 무장시켰습니다." 그러나 카가메는 마체테 칼 50만 자루를 제공한 중국이나 8만 5000톤이 넘는 양의 AK와 수류탄을 공급한 이집트 같은 나라가 한 짓은 언급하지 않았다. 게다가 르완다는 1990년에 애국전선의 대규모 공격이 벌어진 뒤 2600만 달러어치의 무기를 구입함으로써 아프리카에서 세 번째로 큰 무기 수입국이 되었다. 일부 초기 교섭의 기폭제 역할을 한 것은 이집트 외무장관 부트로스 부트로스갈리Boutros Boutros-Ghali 였다. 부트로스갈리는 1992년 1월에 제6대 UN 사무총장이 된다.

미국 관리들도 종족 학살에 관해 알면서도 저지하려는 노력을 전혀 하지 않았지만, 수수방관한 미국의 처사에 관해 공개적으로 언급하는 사람은 거의 없었다.[64] 실제로 클린턴 행정부의 국무부가 발표한 공식 성명에서 관리들은 '종족 학살'이라는 단어를 사용하지 않으려고 조심했다. 1948년 체결되고 미국도 조인한 집단학살방지국제조약International Treaty on the Prevention of Genocide에 따르면, 종족 학살이 벌어지면 행동에 나서야 했기 때문이다. 1994년 7월이 되어서야 미군 병력이 르완다에 파견되었지만, 그 임무는 난민 지원에 국한되었다. 미국이 조기에 개입하지 않은 이유로는 여러 가지가 거론되었지만(미국은 물론 다른 나라도, UN도 각자 이유가 있었다), 가장 그럴듯한 이유는 미국이 1년 전 소말리아에서 AK를 비롯한 경화기로 무장한 폭도를 상대로 펼친 작전이 실패해 너무 큰 상처를 입었다는 사실이었다. 이제 미국은 그와 같은 비대칭전을 다시 벌이는 것이 내키지 않았다.

다른 이유는 훨씬 더 악의적인데, 최근에야 공개된 세부적인 내용에 근거한 것이었다. 몇몇 증거로 드러난 바에 따르면, 애국전선은 미국을 비롯한 서구 나라들이 협력하는 가운데 두 대통령이 탄 비행기를 격추했다. 일단 '종족 학살'을 일으키고 나중에 무력으로 저지할 심산이었다. 왜 그랬을까? 르완다 국제형사재판소의 대표 변호사 크리스 블랙Chris Black은 미국이 후투족 정권을 자이르에 대한 자국의 공세적 자세에 더 우호적인 정권으로 교체하기를 원했다고 말한다. 또 미국은 중앙아프리카에서 프랑스의 영향력을 축소하기를 원했고, 궁극적인 목표는 콩고 분지의 천연자원을 장악하는 것이었다고 한다. 종족 학살을 유발함으로써 애국전선은 세계가 축복하는 가운데 르완다방위군과 정당하게 싸워서 물리칠 수 있었다.

대량 학살 계획의 개요를 설명한 이른바 종족 학살 팩스가 뉴욕에 있는 UN 본부에 발송되었다는 증거도 있지만, 많은 이들은 이 문서를 날조된 것으로 치부했다. 서구 나라들 사이에서 애국전선에 대한 지지를 불러일으키기 위한 또 다른 시도라는 것이다.

르완다 종족 학살의 한 가지 아이러니는 카가메와 1만 2000명에 달하는 애국전선이 대포나 항공기, 장갑차가 전혀 없이 르완다방위군과 후투족 준군사 집단을 물리쳤다는 점이다. 필립 구레비치Philip Gourevitch는 베스트셀러 《내일 우리가 우리 가족과 함께 살해당할 거라는 사실을 당신에게 알리고 싶습니다We Wish to Inform You That Tomorrow We Will Be Killed with Our Families》에서 카가메에 관해 이렇게 지적했다. "그가 겨우 박격포와 로켓 추진 유탄, 그리고 주로 미국의 어느 무기 전문가가 내게 설명한 것처럼 '형편없는' 중고 칼라시니코프를 가지고 성공한 사실[르완다방위군을 물리치고 종족학살을 끝낸 사실]은 그의 전설을 더욱 풍부하게 해주었을 뿐이다. 카가메는 '문제는 언제나 장비가 아니라 그 장비를 든 사람'이라고 말했다."

르완다 전쟁이 진정한 부족 간 충돌이었든, 아니면 서구 나라들이 저지른 전쟁이거나 이 요인들이 결합된 결과였든 간에 한 가지는 확실하다. 바로 AK가 이 끔찍한 비극을 부채질한 주된 연료였다는 점이다.

아프리카의 일상으로 스며들다

르완다를 비롯한 아프리카 나라들은 AK를 필두로 한 소형화기가 초래한 파괴의 기나긴 목록에서 작은 일부일 뿐이다.[65] 몇몇 나라에서는 사람들이 반쯤 농담조로 AK를 '아프리카의 신용카드'라고 부른다. 대륙의 많은 지역에서 AK를 갖고 있어야 일상생활이 가능하기 때문이다. 예컨대 앙골라에서는 내전 중에 정부군을 피해 도망친 난민과 옛 반군들이 잠비아의 마을 사람들에게 AK를 주고 식량을 받았다.

과거에 목축 지역에서는 우간다의 카라마종Karamajong족 같은 전통 부족이 항상 전통적인 의무와 영적인 의무 때문에 창을 사용해서 다른 집단과 싸웠다. 그런데 1분당 수백 발을 토해내는 AK가 유입되자 전통적인 목축 사회가 뒤죽박죽이 되어버렸다. 이 무기는 적대 집단들 사이의 파괴 수준을 높였을 뿐 아니라 그전에는 부족민들이 전혀 우위를 점하지 못했던 억압적 정부에 대한 반감을 높이기도 했다. 부족 차원에서 보면, AK가 유입되자 전통적으로 부족 원로가 갖고 있던 권위를 대신해 군벌이 권력을 갖게 되었다. 이제 지위를 부여하는 것은 나이와 지혜가 아니라 칼라시니코프였다.

AK는 서구인들이 가늠하기 힘든 방식으로 문화의 양상을 바꿔놓았다.[66] AK는 목축 집단 사이에서 일반적인 소 물물교환 기준이 되었다. 1998년, AK 한 자루는 소 서너 마리의 가치가 있었다. 우간다 정부에 등록된 총이면 더 가치가 나갔고, 몇 년 안에 투자액을 벌충할 수 있었다. 소를 도둑질해 소 떼를 늘리는 용도로도 총을 사용할 수 있었다. AK가 등장하기 전만 해도 소 도둑질이 대규모로 이루어지지는 않았다.

AK는 또한 혼인 지참금의 일부로도 등장하기 시작했다.

이처럼 AK가 일상생활에 스며드는 것은 전혀 독특한 현상이 아니었다. 남아공에서는 흑인 젊은이들이 AK를 사는 것을, 정부가 부추기는 아파르트헤이트에 맞서 싸우는 방법일 뿐 아니라 성인 남자가 되는 의례로도 간주했다. 이 소총이 아프리카민족회의 African National Congress, ANC 같은 반정부 단체의 강력한 상징이 되자 정부는 언론을 통해 그것을 악마화하면서 소련이나 공산주의와 동일시함으로써 이런 단체에 대한 탄압을 정당화했다. 이런 식으로 백인 정부는 AK에 대한 아프리카민족회의의 관심을 활용해 이 단체가 소련의 지원을 받고 있으며 토착적인 풀뿌리 조직이 아니라고 주장했다.

남아공에 유입된 AK는 대부분 1990년대 초에 모잠비크에서 들어온 것이었다. 20년에 걸친 모잠비크 내전이 잦아들면서 남아도는 총이 흘러든 것이다.(남아공은 사하라 사막 이남 국가로는 유일하게 AK 자체 모델인 벡터R4Vektor R4를 생산한다. 벡터R4는 사실 AK 개량형인 이스라엘의 갈릴Galil을 복제한 제품이다.) 이 나라에서는 AK가 워낙 흔하고 쉽게 구할 수 있어서 화폐로 사용되었다.

모잠비크가 1974년에 포르투갈로부터 독립했을 때의 상황과는 전혀 달랐다. 식민 권력은 모잠비크를 떠나면서 대부분의 무기를 챙겨 갔다. 그러나 그렇다고 해도 권력을 놓고 다투는 집단들이 소형화기 저장량을 늘리는 사태를 막지는 못했다. UN의 추산에 따르면, 이어진 내전에서 싸운 양쪽 편―1964년 포르투갈을 상대로 무장 독립 투쟁을 시작한 모잠비크해방전선Frente de Libertação de Moçambique, FRELIMO과 이후 등장한 모잠비크민족저항운동Resistência Nacional Moçambicana, RENAMO ― 군대는 9만 2000명이 넘지 않았기 때문에 1993년에 내전이 끝난 뒤 남은 무기의 숫자를 접한 외부 세계는 깜짝 놀랐다.

보도에 따르면, 모잠비크 정부는 민간인 자위대에 AK 150만 정

AK가 유입되자 목축민 사회가 거꾸로 뒤집혔다. AK는 전통적이고 영적인 이유로 보통 창과 칼을 들고 싸우던 적대 집단들 사이의 파괴 수준을 높였을 뿐 아니라 그전에는 부족민들이 전혀 우위를 점하지 못했던 억압적 정부에 대한 반감을 높이기도 했다. 에티오피아 오모강 유역에 사는 하메르족 전사들이 숙적인 보라나족의 침입에 대비해 추바히르 호수를 정찰 중인 사진이다.
© Remi Benali/Corbis

을 나눠 주었다고 한다.[67] 그러나 1994년 인터폴은 소련 한 나라에서만 AK 150만 정이 유입되었다고 발표했다. UN 보고서에서는 그 수를 500만~1000만으로 잡았다.

진짜 수효는 아마 결코 알 수 없을 것이다. UN이 군복을 입은 부대원들로부터 17만 정 가까이 수거했지만, 훨씬 많은 총기가 개인의 손에 들어가거나 이웃한 남아공에 밀수되거나 팔렸다. 남아공에서는 AK가 유례없이 급증해서 때로는 가격이 5~10달러까지 곤두박질쳤다.

AK는 하나의 문화적 상징으로 모잠비크에 뚜렷한 흔적을 남겼다. 모잠비크 국기는 빨강, 초록, 검정, 금색, 흰색 가로띠로 된 들판 위에 AK와 괭이가 십자 형태로 교차된 모양이다. 펼쳐진 책 위에 AK와 괭이 이미지가 놓여 있다. 이 나라가 국방, 노동, 교육에 전념한다는 것을 상징하는 국기다. 모잠비크의 문장紋章에도 국가 지도 위에 AK와 괭이, 책이 놓여 있는데, 지폐와 동전에서 매일 볼 수 있다.

1999년, 모잠비크는 국기를 변경하기 위해 공모를 했다. 표면적인 이유는 AK를 좀 더 평화로운 상징으로 바꾼다는 것이었다. 널리 알려진 모잠비크 건축가 조제 포르자스Jose Forjaz가 디자인 공모에 당선했지만, 그 후 아무 일도 없었다. 국기와 문장을 변경하고, 몇 가지 수정과 더불어 국가도 새로 지정하는 내용의 개헌안이 몇 년째 지지부진한 상태다. 국기가 언제 바뀔지, 아니 과연 바뀌기는 할지 불투명하다.

AK 이미지를 국기와 문장에서 삭제한다고 해도 국가의 의식 속에는 여전히 한 층으로 묻혀 있다. AK는 100만 명으로 추산되는 사망자를 낳았을 뿐 아니라 이제 다 큰 많은 어린이의 이름이 AK를 따서 지어졌기 때문이다.[68] 미하일 칼라시니코프의 말을 들어보자. "모잠비크 국방부 장관을 만났을 때 자기 나라 국기를 선물

해줬는데, 칼라시니코프 총의 이미지가 들어 있었다. 전선[모잠비크 해방전선] 병사들이 고향 마을로 돌아갔을 때, 아들 이름을 전부 칼라시Kalash라고 지었다고 했다."

1980년대 말에 이르러 칼라시니코프의 평판은 이미 극동, 중동, 아프리카 전역에 바이러스처럼 퍼진 상태였다. AK는 가는 곳마다 파괴와 인간적 고통의 흔적을 남겼다. 서반구의 중앙아메리카와 남아메리카도 AK의 저주를 피하지 못했다. 이 10달러짜리 대량 살상 무기는 이미 라틴아메리카를 관통하면서 수백만의 사망자와 난민을 낳고 세계에서 가장 강력하고 잔인한 마약 카르텔을 양성하는 데 일조했다.

5

라틴아메리카에 꽂힌
'칼라시니코프 문화'

"나는 우리가 계속 러시아 무기를 해외시장에서
판촉해야 한다고 믿습니다.
이 무기들은 국가들 사이의 평화와 친선을 지켜줄 테니까요."

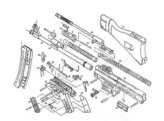

AK와 마약 카르텔

니카라과의 수도 마나과의 무너진 건물들(1972년 대지진이 일어난 뒤 많은 구조물이 여전히 폐허로 남아 있다) 한가운데에 도시에서 가장 큰 동상이 서 있다. 도전적으로 꽉 쥔 AK를 하늘 위로 치켜들고 선 철제 조각상이다.

이 산디니스타 게릴라 동상은 과장되게 울퉁불퉁한 가슴 근육 때문에 현지인들이 헐크라는 이름을 붙였다. 현지인들은 관광객에게 만화책 영웅의 이름을 얘기하면서 길을 알려준다. "헐크 있는 데서 오른쪽으로 가세요." 소모사 일가의 독재자들을 몰아낸 자유의 투사들을 기리기 위해 세워진 이 랜드마크의 기단에는 산

니카라과의 수도 마나과에서 하늘로 AK를 치켜들고 서 있는 산디니스타 게릴라 동상은 소모사 일가의 독재자들을 몰아낸 자유의 투사들을 기리기 위해 세운 것이다. 과장되게 울퉁불퉁한 가슴 근육 때문에 현지인들은 만화책 영웅의 이름을 따서 헐크상이라고 부른다.

© 1999, James Lerager

디니스타라는 이름의 기원이 된 아우구스토 산디노 _{Augusto Sandino} 장군의 말이 새겨져 있다. **"결국 노동자와 농민만이 남을 것이다."**

산디노의 예언은 부분적으로만 실현되었다.

40년 동안 이어지면서 이웃한 온두라스와 엘살바도르까지 흘러넘친 니카라과의 싸움에서 노동자, 농민과 나란히 용도 불명의 AK 수만 정이 남았고, 그 결과로 페루와 콜롬비아, 베네수엘라에서도 '칼라시니코프 문화'가 생겨났다. 중동과 마찬가지로 '칼라시니코프 문화'는 뿌리 깊이 새겨져서 치명적인 결과를 낳았다.

정부가 시민들의 총기를 회수하여 폐기하는 사업을 벌이고 있지만, 대다수 총기가 여전히 돌아다닌다. 또 세계 각지에서 날마다 이 지역으로 새로운 무기가 쏟아져 들어오면서 중앙아메리카와 남아메리카의 몇몇 나라는 지금도 총기가 넘쳐나서 위험한 상황이다.

아프리카에서 AK를 든 무질서한 무리들이 시시한 생계형 약탈을 하면서 마을을 습격하고 총기와 피의 다이아몬드 거래를 하는 찰스 테일러 같은 독재자를 지지한 것과 달리, 라틴아메리카의 상황은 반군 집단과 정부군 사이의 폭력적인 내전에서 정치 이데올로기의 가면 아래 움직이는 강력하고 잘 훈련되고 규율 잡힌 마약 카르텔로 진화했다.

이 집단들은 대단히 부유하고 강력하기 때문에 작은 나라를 흉내 낼 정도다. 근거지에서 질서를 유지하면서 마약 농민들에게 세금을 부과하고 정부군의 접근을 막는다. 우파와 좌파를 망라하는 마약 카르텔의 정치 이데올로기는 주로 코카인과 헤로인 같은 불법 마약을 재배하고 밀수해서 수입을 얻는 데 초점을 맞추는 사회·경제·문화 기반 시설을 지탱하는 접착제 역할을 한다(아프가니스탄은 여전히 헤로인의 최대 생산지이며, 그 수출품은 남아메리카 마약 카르텔이 만들어서 보호하는 마약 밀수 경로를 통해 미국으로 간다).

이 집단들이 점점 강해지면서 더 큰 무기를 구매할 수 있었지만(콜롬비아의 한 마약 카르텔은 코카인을 밀수하기 위해 잠수함 구매를 고려하기도 했다), 그들의 주력 무기는 여전히 AK다. 종종 돈 대신 마약으로 AK 대금을 지급한다. 이런 물물교환이 워낙 제도화되었기 때문에 황산염코카인 1kg에 AK 한 자루가 실질적인 교환 비율로 굳어졌다. (황산염코카인은 희석한 황산과 물에 코카 잎을 짓이겨서 만든다. 이렇게 하면 운반이 쉬운 반죽 형태가 되는데, 이 반죽은 염산코카인─흔한 길거리 코카인─을 생산하기 위한 중간 단계다.)

1990년대 들어 전투원이 고갈된 탓에 니카라과와 엘살바도르, 과테말라 등지에서 내전이 점차 끝났지만, AK를 중심으로 한 소형화기 수만 정이 옛 반군과 정부군 병사의 수중에 남았다. 그들은 총기를 사용해서 강도와 살인부터 남아메리카 마약 카르텔 보호에 이르기까지 갖가지 범죄를 저질렀다. 마약 카르텔은 중앙아메리카를 북쪽 미국으로 향하는 밀매의 중간 지점으로 활용했다. 미국 마약단속국Drug Enforcement Administration, DEA에 따르면, 현재 미국으로 들어가는 코카인의 70퍼센트 이상이 중앙아메리카─멕시코 국경을 통과하는데, 내전과 그에 이은 국내 폭력 사태 때문에 약해진 정부들은 밀거래를 막을 힘이 없다.

두 초강대국이 공급한 AK 덕분에 부추겨진 이 내전들 때문에 중앙아메리카는 세계에서 폭력이 가장 횡행하는 지역으로 남았고, 범죄율은 세계 평균의 2배가 넘는다.[69] 이런 범죄율은 민주화 과정에 방해가 될 뿐 아니라 지역 전체를 광범위한 빈곤에서 헤어나기 어렵게 만들었다. 미주개발은행Inter-American Development Bank은 범죄율이 세계 평균과 비슷해지기만 하면 라틴아메리카의 1인당 국내총생산이 25퍼센트 증가할 것으로 추산한다.

이란-콘트라 스캔들

아프가니스탄과 마찬가지로 니카라과도 서반구에서 AK가 유입되는 주요 지점이 되었다. 친소련 정권들에 대항하고 싶었던 미국 정부는 아프가니스탄과 거의 흡사한 방식으로 니카라과 콘트라Contra 반군에 비밀리에 무기를 공급했다. 바르샤바조약기구 국가들이 제조한 AK가 대부분이었다. 소련도 동지들을 똑같이 무장시켜 주었다.

이 지역에서는 마약과 AK, 정치 교의가 워낙 긴밀하게 묶여 있어서 풀기가 불가능할지 모른다. 그러나 라틴아메리카 각국이 여전히 정부 부패와 폭력, 심각한 도시 빈곤의 혼돈에서 헤어나지 못하는 가운데 이 세 가지를 떼어놓지 못한다면 계속 서로를 강화할 것이다.

중앙아메리카의 이 치명적인 삼각형은 1850년대에 미국이 니카라과에 개입한 시절로 그 연원을 추적할 수 있다. 당시 레온시의 보수적 엘리트들은 경쟁 세력인 그라나다의 자유주의 엘리트들에 맞서 싸우기 위해 미국인 모험가 윌리엄 워커William Walker를 끌어들였다. 놀랍게도 워커는 1856년에 대통령에 당선했지만, 이웃한 온두라스와 다른 나라들에서 군대를 동원해 그를 몰아낸 뒤 처형했다.

미 해병대는 1912년부터 1933년까지, 한 차례 9개월을 제외하고 계속 니카라과에 주둔했다. 미국 행정부는 미국 시민과 재산을 보호하기 위해 해병대가 필요하다고 말했다. 1927년부터 1933년까지 산디노는 보수 정권과 그들의 미국인 지지자들에 대항하는 반란을 이끌었다. 1933년에 마침내 미군이 떠났지만, 해병대가 떠난 뒤 미국의 경제적 이권을 돌보기 위해 고안된 민병대인 국민방위군National Guard을 만들어 놓은 상태였다. 아나스타시오 소모사 가르시아Anastasio Somoza Garcia가 국민방위군 책임자를 맡았다. 산디노와 간판에 불과한 정치인인 카를로스 알베르토 브레네스 하르킨 Carlos Alberto Brenes Jarquin 대통령과 나란히 그가 나라를 통치했다. 반세기 뒤에 이 국민방위군의 잔당이 미국이 공급한 AK의 중심점이 된다.

미국의 지원 아래 소모사 가르시아는 나라를 완전히 장악했고, 국민방위군은 1934년에 산디노를 암살했다. 소모사 가문은 고문과 위협, 군사력으로 1979년까지 독재 권력을 유지했다. 아들과 형제들까지 대를 이어 통치하는 동안 그들은 뇌물과 커피·소·면화·목재 수출, 그리고 미국의 재정·군사 지원을 통해 막대한 부를 쌓

앉다. 반공을 앞세우는 한 미국의 지원이 끊길 일은 없었다. 라이베리아의 찰스 테일러처럼, 소모사 가문도 개인의 이익을 위해 니카라과를 운영했다.

그러나 반대 세력이 힘을 모으고 있었다. 1961년 쿠바 독재자 풀헨시오 바티스타Fulgencio Batista에 맞서 일어난 공산주의 혁명의 성공에 한껏 고무된 산디니스타 군은 쿠바의 지원 아래 온두라스와 코스타리카를 기반으로 소모사의 국민방위군을 기습 공격했다. 쿠바는 AK를 생산하지 않았지만, 소련과 바르샤바조약기구 국가들만이 아니라 북한에서도 총기를 받아서 니카라과의 반군에 공급했다. 사냥용 소총과 그 밖의 징발한 총기를 제치고 AK가 산디니스타의 주력 총기가 되었다. 쿠바는 앞서 앙골라의 친공산주의 반군에 무기와 자금과 병력을 지원한 적이 있었고, 미국의 항의를 무릅쓰고 산디니스타에도 동일한 지원을 해주었다.

미국 관리들은 분열되었다. 한편에는 혁명가들이 더 적극적인 활동을 하면서 잔인성을 더해가는 독재가 있었다. 다른 한편에는 쿠바에서 그랬듯이 니카라과에서도 발판을 확보하고 있는 소련의 유령이 있었다. 미국은 1972년 12월에 지진이 일어나 마나과의 많은 지역이 파괴되어 1만 명이 사망하고, 5만 가구가 집을 잃고, 도시 상업 건물의 80퍼센트 정도가 폐허가 될 때까지 자금과 무기로 소모사를 계속 지원했다.

소모사의 국민방위군은 질서를 유지하기는커녕 지진 이후 벌어진 많은 약탈에 가세했는데, 그다음에 벌어진 일은 군인들의 행동보다도 국제사회를 훨씬 더 충격과 공포로 몰아넣었다.

수백만 달러가 니카라과에 구호 원조로 쏟아져 들어오자 소모사는 상황을 활용해서 희생자들에게 돌아가야 할 돈을 대부분 챙겼다. 식품, 의복, 물을 구매하고 마나과를 재건하는 데 책정된 자금이 소모사의 개인 계좌로 흘러 들어갔다. 1974년에 이르러 그의 재산은 4억 달러가 넘는 것으로 추정되었다. 그의 지지자들조차 독재자의 행동에 신물이 났고, 그의 가장 강한 동맹 세력인 기업계 안에서도 반대 여론이 높아졌다.

나라 전체에서 반소모사 정서가 커지면서 산디니스타 민족해방전선Frente Sandinista de Liberación Nacional, FSLN은 이 시기에 성장했다. 소모사는 한층 더 탄압을 강화해 결국 지미 카터 미국 대통령이 군사 원조의 조건으로 인권 향상을 내걸 수밖에 없었다. 그러나 소모사는 아랑곳하지 않고 탄압에 박차를 가했다. 거리 시위가 계속되었고, 국가는 포위 상태에 빠졌다. 파업이 빈발하면서 경제가 황폐해졌다. 소모사는 주로 미국에서 제공하는 외국 차관으로 국가 재정을 지탱했다.

1978년 1월 10일, 신문《라프렌사La Prensa》를 펴내면서 거침없이 발언하던 민주해방연합Unión Democrática de Liberación, UDEL 지도자 페드로 호아킨 차모로 카르데날Pedro Joaquin Chamorro Cardenal이 암살된 사건은 결국 소모사의 몰락을 재촉했다. 대규모 전국 파업이 벌어져 열흘 동안 나라가 마비되었고, 산디니스타는 정부군을 계속 공격했다. 그러나 소모사는 권력에 집착했다.

1978년, 미국이 소모사에 대한 군사 원조를 중단하자 소모사는 세계시장에서 무기를 구매할 수밖에 없었다. 예컨대, 이제 미국에서 M16을 살 수 없게 되자 소모사의 국민방위군은 이스라엘의 우지 기관단총과 1973년에 처음 도입된 이스라엘판 AK인 갈릴을 샀다. 많은 나라가 소모사의 무법적인 행동 때문에 그에게 무기를 판매하는 것을 거부했다. 이스라엘도 처음에는 그런 나라였지만, 미국 군부 내 친소모사 세력의 압력에 굴복했다. 무기 판매를 거부하면 미국의 자금 지원이 끊길 것을 우려했기 때문이다.

이스라엘은 1967년 6일전쟁 당시 기본 지급형인 FN-FAL이 성능이 떨어진다는 사실이 밝혀지자 발명자인 이스라엘 갈릴리Israel Galili의 이름을 딴 갈릴을 개발·생산했다.[70](이스라엘 갈릴리는 종종 우지 기관단총의 발명자인 우지엘 '우지' 갈 Uziel "Uzi" Gal과 혼동된다.) 아랍 국가들이 전투에서 사용하는 AK의 신뢰성을 눈으로 본 이스라엘은 자국의 소총이 사막 환경에서 버틸 만큼 튼튼하지 않다는 사실을 깨달았다. 더구나 이스라엘군은 징집군이 절대다수인 데다가 대부분의 부대가 긴급 상황에서만 소집되는 예비군으로 구성되었다. 지속적인 훈련이 부족한 이 군인들은 총기를 거칠게 다루었고(예컨대 야영할 때면 흙바닥에 총기를 던져두었는데, 직업군인은 절대 이렇게 하지 않는다), AK 유형의 소총은 험하게 다뤄도 괜찮았다. (이 비직업적 파트타임 군인들에게 한 가지 기묘하면서도 실용적인 양보가 있었다. 소총에 포함된 양다리 스탠드에 병따개가 붙어 있다는 점이 널리 홍보되었는데, 그 덕분에 이스라엘 군인들이 탄창 모서리로 병을 따느라고 총을 고장 내는 일이 없어졌다.)

소모사가 보기에 갈릴의 주요한 장점은 M16과 똑같은 5.56mm 총알을 사용하기 때문에 그의 군대가 아직 보유하고 있는, 미국이 공급한 탄약 수천 톤을 쓸 수 있다는 점이었다.[71] 이 소총은 또한 값이 싸서 한 자루에 150달러를 밑돌았다.

소모사의 인기가 시들자 국민방위군은 더욱 잔인한 공격에 나서 산디니스타가 장악한 레온시에 광범위한 폭격을 가하기까지 했다. 그렇지만 소모사는 산디니스타를 정부로 끌어들이라는 압력에 굴하려 하지 않았다.

나라 상황은 계속 악화 일로를 걸었다. 높은 실업률, 폭력, 인플레이션, 식료품과 물 부족 사태, 대규모 부채 등으로 나라가 고통받았다. 1979년 2월, 산디니스타는 반소모사 단체 몇 곳을 결합하는 평의회를 구성하여 광범위한 지지자들을 끌어모았다. 3월에 이르러 이제 소형화기를 충분히 갖춘 산디니스타는 여러 지역에서 최종 공격에 나섰고, 6월이 되자 AK를 든 이 병사들은 국토 대부분을 장악했다.

7월에 마침내 소모사가 사임하고, 미국의 도움을 받아 마이애미를 거쳐 파라과이로 도피했다. 이듬해 그는 그곳에서 살해당했는데, 들리는 바로는 아르헨티나 좌익 게릴라들의 소행이었다고 한다.

부채가 16억 달러에 달하고, 시민 5만 명이 사망하고, 12만 명이 집을 잃은 것으로 추산되었다. 산디니스타 행정부는 시민들의 낙관에도 불구하고 처음부터 실패할 운명이었다. 그러나 질병이 널리 확산하고 식료품과 물이 부족한 가운데서도 많은 사람이 보기에 잔인한 소모사 정권 치하보다는 훨씬 나은 상황이었다.

응집력 있는 정부도 없이 산디니스타 지도자들은 연립정부를 구성했고, 마침내 1980년에 니카라과 국민 대다수를 아우르는 정부가 구성되었다. 그러나 모두가 새로운 정권을 받아들인 것은 아니었다. 지미 카터 미국 대통령은 산디니스타와 협력하려고 했지만, 1981년 1월 카터의 후임자로 취임한 로널드 레이건은 곧바로 니카라과 신정부를 고립시키고 비방하기 시작하면서 니카라과가 엘살바도르의 친소련 게릴라들을 무장시키고 있다고 주장했다.

니카라과의 문제는 제쳐두고라도, 카터가 선거에서 패배한 요인 중 하나는 미국인들이 테헤란 주재 미국 대사관에서 이슬람 근본주의자들에게 인질로 잡힌 자국민 52명을 구하지 못한 책임을 물은 것이었다. 인질들은 레이건의 취임식이 열리고 20분 뒤에 풀려나서 모종의 비밀 거래가 있었다는 추측을 불러일으켰다. 카터의 승리를 막기 위해 윌리엄 케이시William Casey를 필두로 한 레이건의 선거운동 인사들과 이란 관리들 사이에 선거가 끝날 때까지 인질을 붙잡고 있으라는 이른바 '10월 이변October Surprise(원래 이 표현은 선거운동 종반인 10월에 자신에게 유리한 깜짝 발표를 하는 것을 가리킨다 — 옮긴이)' 합의가 있었던 것이다. 그 대가로 이란은 수년간 서서히 분위기가 고조되다가 1980년 9월 22일 이라크군이 이란을 침공하면서 전면적으로 개시된 이라크와의 전쟁을 치르는 데 도움이 되는 군사·재정 지원을 받게 되었다. 이처럼 미국이 이란-이라크전쟁에 은밀하게 관여한 것은 후에 지구 반대편에 있는 니카라과에서 AK 를 확산시키는 결정적 요인이 된다.

산디니스타가 권력을 잡자 레이건 행정부는 자금과 군사 원조 로 반대파를 지원했다. 이 반대파의 핵심은 소모사가 처음 만든 국민방위군 잔당으로, 독재자가 권력에서 쫓겨난 뒤 다수가 도망 친 온두라스의 주둔지를 근거로 삼아 기습 공격을 벌였다. 니카라 과 국민이 산디니스타 정부의 더딘 경제 발전에 현혹되지 않으면 서 이 콘트라 반군('반혁명주의자들contrarevolucionarios'에서 온 말이다)은 힘이 세졌다. 산디니스타 정부는 콘트라 반군과 싸우는 데 점점 더 많 은 예산을 써야 했기 때문에 사회 개혁을 위한 예산이 줄어들었 다. 게다가 산디니스타는 정당한 반대 세력에 대해서도 관용을 잃 고 혁명 운동을 신봉하지 않는 이들에 대해 위협 전술을 사용하 기 시작했다. 한때 열렬하게 소모사에 반대하던 《라프렌사》조차 산디니스타가 1982년에 비상사태를 선포하면서 신문을 검열하자 우려의 목소리를 높였다.

교전이 점점 늘어나면서 소형화기가 니카라과로 쏟아져 들어왔 다.[72] 산디니스타는 주로 쿠바와 바르샤바조약기구 국가들을 통 해 소련의 지원을 받았다. 산디니스타 군은 처음에는 장비가 형편 없었고 관리도 부실했다. 그들의 무기는 대개 쿠바에서 온 AK 몇 정과 소모사의 국민방위군이 국외로 도망치면서 남겨둔 것들이 었다. 이 잡동사니들이 점차 AK로 대체되었다. 콘트라 반군은 사 냥용 소총, 엽총, 권총 몇 정을 빼고는 무기가 거의 없었다. 그런데

CIA 국장으로 새로 임명된 윌리엄 케이시가 1981년에 산디니스타 반대 세력을 구축하기 위해 1900만 달러를 CIA에 지원해달라고 레이건에게 요청했다. 그 후 미 의회가 이를 승인하면서 콘트라 반군이 미국의 자금 지원을 받은 직후에 상황이 바뀌었다. 1982년, CIA는 온두라스에 콘트라 반군 기지를 창설했다. '제로 사령관 Commandante Zero'이라는 화려한 이름을 가진 전 산디니스타 사령관의 지휘 아래 니카라과 남부와 코스타리카 북부에 CIA의 지원을 받은 콘트라 반군 주둔지가 세워졌다.

그러나 미 하원은 이 분쟁을 점차 꺼림칙하게 여기게 되었고, CIA가 니카라과의 항구 한 곳에 불법적으로 기뢰를 설치해 소련 화물선 한 척을 침몰시키자 사태가 악화되었다. 12월에 미 하원은 1983년 군사예산법에 대한 볼런드 수정안을 만장일치로 통과시켜, CIA가 콘트라 반군에 계속 자금 지원을 하는 것을 불법화했다. 그렇지만 레이건 행정부를 막지는 못했다. 미국 정부는 제3자나 다른 나라를 통해, 또는 볼런드 수정안의 내용과 법적으로 무관하다고 백악관이 주장하는 다른 미국 정부 기관들을 통해 콘트라 반군 자금을 계속 지원했다.

1985년 8월, 콘트라 반군은 폴란드로부터 600만 달러에 상당하는 폴란드제 AK 1만 정을 운송받았다.[73] 폴란드 관리들은 마르크스주의 세력인 산디니스타에 반대하는 집단에 직접 무기를 판매하지 않는다고 공언했다. 폴란드 대사관의 안제이 도브린스키 Andrzej Dobrynski는 공개적으로 말했다. "너무 어처구니가 없고, 그런 사실을 부정하는 것조차 품위를 떨어뜨리는 짓입니다." 실제로 니카라과의 대통령이자 산디니스타 지도자인 다니엘 오르테가Daniel Ortega는 바르샤바에서 열린 2차대전 종전 40주년 기념식에 귀빈으로 참석했다.

미국 관리들은 콘트라 반군이 라틴아메리카의 불특정 국가로 향하는 폴란드의 선적 화물을 해상에서 강탈했다고 주장했지만, 정부 비판론자들은 미국이 의회의 금지를 무릅쓰고 콘트라 반군을 위해 AK를 구매했다고 지적했다. 그들은 터무니없어 보일지 몰라도 폴란드가 돈에 쪼들린 나머지 현금을 얻기 위해 정치 이데올로기에 어긋나는 행동을 했다고 말했다.

1986년 말 산디니스타 군인들이 베트남전쟁 시대의 C-123 화물기가 위장색을 칠한 채 산살바도르 외곽 비행장에서 이륙해 니카라과의 산카를로스시에 접근하는 것을 추적할 때까지 어느 쪽도 기존의 비난조 입장을 철회하지 않았다. 화물기가 2500ft(약 760m)로 하강하면서 짐을 떨어뜨릴 준비를 하자 19세의 병사가 견착식 지대공 미사일을 발사했다. 비행기는 연기를 내뿜으며 나선을 그리다가 추락했지만, 1인용 낙하산이 펼쳐지면서 위스콘신주 매리넷Marinette 출신 진(유진Eugene의 애칭—옮긴이) 하센퍼스Gene Hasenfus가 안전하게 지상에 착륙했다.

추락한 비행기로 달려간 군인들은 AK 70정과 탄약 10만 발, 로켓 추진 유탄, 밀림 전투복, 군화, 그리고 미국인 사체 두 구를 발견했다.[74] 사망한 승무원 중 윌리엄 J. 쿠퍼William J. Cooper는 서던에 어트랜스포트Southern Air Transport에서 발급한 신분증을 갖고 있었다. 한때 CIA 소유였던 마이애미의 이 회사는 지금도 CIA와 연결되어 있는 것으로 여겨졌다. 비행기는 1984년에 미국 정부가 진행한 함정 수사의 일부로 사용된 적이 있었는데, CIA가 촬영한 자료를 보면 니카라과 내무장관이 코카인 판매에 관여했음이 드러났다. 레이건은 이제 마약 거래업자가 된 산디니스타와 싸우도록 콘트라 반군을 지지해야 한다는 행정부의 입장을 뒷받침하기 위해 몇 달 전에 이 영상의 스틸 사진을 공개적으로 내보인 바 있었다. 그런데 훗날 이 사진이 자신이 콘트라 반군과 불법적으로 연계했음을 보여주는 확실한 증거가 된다는 것은 알지 못했다.

하센퍼스가 작전 전반에 관해 비밀을 누설하면서 CIA의 주문을 받아 콘트라 반군에 무기와 물자를 전달하려고 한 비행 임무에 관해 발설하자, 폴란드로부터 AK를 운송한 일 등 CIA가 콘트라 반군 자금 지원에 관여했다는 의혹이 전부 진실로 밝혀졌다. 레이건 지지자들조차 법률을 위반하면서 콘트라 반군을 원조한 사실을 부인하는 행정부의 공적 언사와 정면으로 배치되는 증거가 점점 쌓이자 배신감을 느꼈다. 비행기에 소련식 AK가 실려 있었다는 사실은 나날이 충격을 더해가는 상황에 한층 더 불길한 그림자를 드리웠다.

1986년 11월, 레바논 잡지 《아시 시라Ash Shiraa》에 미국이 이제까지 이란에 무기를 판매해왔다는 사실이 보도되자 스캔들은 한층 더 널리 퍼졌다. 이 무기 거래 수익금으로 콘트라 반군에 무기를 사주고 직접 자금을 지원하고 있었던 것이다. 소문에 따르면, 이란에 무기를 판매한 돈이 하센퍼스의 운 나쁜 비행의 자금으로 들어갔다.

의회에서 이란-콘트라 사건 관련 증언(1984년 10월부터 1986년까지만을 다루었다)이 나오는 동안 조사관들은 무기 선적에 관해 더 자세한 내용을 찾아냈다. 예를 들어, 조사관들은 하센퍼스가 탄 비행기가 격추된 직후에 백악관 보좌관 올리버 L. 노스Oliver L. North 중령이 무기 판매 관련 문서를 파기한 사실을 알아냈다. 콘트라 반군 지도자 아돌포 칼레로Adolfo Calero는 자신이 반군에 대한 지원을 집중시키는 금융 구조를 만들었음을 보여주는 문서들을 제출했다. 국가안전보장회의에 속한 노스는 유령 회사와 예금계좌를 만들어서 칼레로의 조직에 돈을 보냈다. 전직 장교인 리처드 V. 시코드Richard V. Secord 소장과 존 K. 싱글로브John K. Singlaub 소장도 이 계략에 관여했다.

칼레로는 시코드와 싱글로브가 특히 반군이 받은 할인 가격에 흡족해했다고 증언했다.[75] 콘트라 반군은 현재 탄약 가격의 절반, 즉 총알 한 발당 9~12센트를 치렀고, 보통 공개 시장에서 230달러 하는 AK도 145달러에 구매했다. 그는 싱글로브가 처리한 600만 달러 상당의 폴란드산 무기 거래에 관해서도 자세히 밝혔는데, 그 규모가 AK 수천 정과 탄약 수백만 발에 달했다.

칼레로는 또 시코드가 1140만 달러 규모의 무기 거래에서 이익을 얻지 못했다고 말했는데, 나중에 알고 보니 거짓말이었다. 그는 콘트라 반군에 AK 가격을 두 배로 높여 받았다고 증언했다.

언론이 추가 조사를 하면서, CIA가 AK를 주축으로 미국 본토에 소비에트권 무기고를 두었으며, 국방부도 그런 창고를 운영했다는 사실이 밝혀졌다.[76] 몇 가지 기록을 보면, 이 AK 총기들이 동유럽에서 미국으로 들어와서 노스캐롤라이나주 월밍턴 항구에 도착했음을 알 수 있다. 많은 총기가 원산지를 추적하지 못하도록 일련번호가 지워져 있었다.

1987년 5월부터 8월까지 텔레비전으로 방영된 청문회는 미국인들의 관심을 사로잡았다. 노스를 비롯한 증인들은 몇 시간 동안 꼬치꼬치 캐묻는 질문을 견뎌냈다. 하원은 이란-콘트라 스캔들 조사 결과를 발표하면서, 노스가 비록 자신은 상관들의 지시를 따랐을 뿐이라고 변명하지만 이 거래의 주요 교섭자라고 말했다. 1989년 5월, 노스는 의회 활동을 방해하고 정부 문서를 파기한 죄목으로 유죄판결을 받았다. 이 판결은 나중에 뒤집혔다.

이란-콘트라 사건 조사 결과는 모두 공개되지 않았다. 완전한 보고서는 조사가 시작되고 7년 뒤인 1994년 1월에 발간되었다. CIA 관리들이 콘트라 반군에 관여한 전모를 공개하기를 거부했기 때문이다. 거래의 주역인 노스 또한 자신에게 제기된 많은 질문에 답변을 거부하면서, 헌법 수정조항 제5조의 자신에게 불리한 진술을 거부할 권리를 들먹였다. 보고서는 다음과 같이 결론 내렸다. "이란-콘트라 사건의 밑바탕을 이루는 사실은, 범죄 여부와 관계없이, 레이건 대통령·국무장관·국방장관·CIA 국장 그리고 그들의 보좌관들이 내키든 내키지 않든 간에 의회 정책과 국가 정책에 위배되는 두 프로그램을 진행했다는 것이다. 그들은 법률을 회피하고, 일부는 법률을 위반했으며, 거의 모두가 대통령이 제멋대로 벌인 활동을 은폐하려고 했다."

당시는 미국 역사에서 최악의 시기였지만, 이란—콘트라 스캔들이 남긴 진짜 유산은 AK 수만 정을 니카라과에 보냈다는 사실이다. 이 무기는 중앙아메리카와 남아메리카 전역으로 퍼져 나가면서 이 나라들뿐 아니라 미국에도 파괴와 참화를 초래했다. 미국은 중앙아메리카와 남아메리카에서 생산된 마약의 최종 목적지가 되었기 때문이다.

총기 폐기 프로그램

1989년에 이르러 니카라과 전투 집단들이 모두 기진맥진한 상태가 되었지만, 아프가니스탄이나 시에라리온처럼 전쟁이 끝난 뒤의 상황이 대개 그렇듯이, 남아도는 값싼 무기들은 혼란 상태의 사람들이 생존을 의지하는 방편이 되었다. 파키스탄과 아프가니스탄을 비롯한 중동 국가들과 마찬가지로 이 무기들은 생계 수단이 되었다. 전쟁이 서서히 끝나는 가운데 AK로 무장한 군인들과 전직 군인들이 식료품을 운반하는 정부 트럭을 약탈한다는 보고가 속속 나왔다. 시민들은 이런 무리들로부터 자신을 지키려고 소총을 사들였고, 어떤 이들은 사격장을 차렸다. 부유층 사람들이 비용을 내고 유쾌한 분위기에서 이 남아도는 총기를 안전하게 사격할 수 있는 장소였다. 또 어떤 이들은 현금을 손에 넣기 위해 남아도는 AK를 엘살바도르 같은 타국의 반군에 판매했다.

1989년 무렵 엘살바도르 내전은 이미 10년째 진행 중이었다. 1930년대 이래 잇달아 독재 정부가 나라를 지배했지만, 1970년대에 게릴라 운동이 더욱 활발하게 벌어졌다. 억압적인 우익 정부에 대항한 파라분도 마르티 민족해방전선Frente Farabundo Marti de Liberacion Nacional, FMLN이 가장 유명했다. 1979년부터 1981년 사이에 3만 명 가량이 정부의 암살대death squad(반정부 세력의 탄압이나 종족 학살 등을 목적으로 초법적인 살인과 납치를 일삼는 무장 집단—옮긴이)에 살해되었고, 1984년부터 1989년까지 중도파인 호세 나폴레온 두아르테José Napoleón Duarte 대통령이 집권했지만 내전을 종식하는 데는 실패했다. 오히려 폭력이 더욱 들끓었다.

이 시기에 파라분도 마르티 민족해방전선은 미국이 지원하는 우익 정권에 대항하는 싸움을 북돋우기 위해 AK를 대량으로 선적받았다.[77] 조지 H. W. 부시(아버지 부시) 대통령은 이 무기들이 소련의 지원을 받는 쿠바와 니카라과의 집단들, 주로 산디니스타에서 오고 있다고 공개적으로 발언했다. 이 무기의 양은 사소한 수준이 아니었다. 미국 대사 윌리엄 워커William Walker에 따르면, 6000~8000명 규모의 게릴라군 전체가 이제 AK로 재무장해 정부 공격을 재개할 준비를 마쳤다.

워커는 이 무기들이 쿠바에서 온다고 주장했지만, 사실이 아닌 것으로 드러났다. 나중에 백악관은 그의 발언을 정정하면서 이 무기들이 소비에트권 나라들에서 오지만 탄약은 쿠바로부터 니카라과를 통해 온다고 말했다.

시간이 흐르면서 이야기는 다시 바뀌었다. 미국의 지원을 받는 엘살바도르 정부는 결코 니카라과를 비난하지 않았고, 백악관은 니카라과와 연계되어 있다는 주장을 뒷받침할 증거를 제대로 내놓지 못했다.

나중에 밝혀졌듯이, 이 무기들은 예상치 못한 곳에서 온 것이었다.[78] 온두라스군 관리들이 니카라과 내전의 잔재로 돈을 벌기를 기대하면서 CIA가 자국에 남기고 간 무기고를 습격한 것이었다. 이 무기들은 원래 미국 하원이 예산을 삭감하려고 하자 콘트라 반군에 전달하려고 한 것이었다. 콘트라 반군이 무대에서 사라지자 무기들은 사용되지도 못하고 안전하게 보관되었다. 전문 무기 거래상들이 개입한 가운데 무기는 결국 엘살바도르 좌익 반군에 넘어갔다.

이렇게 AK가 유입되자 반군의 사기가 높아졌고, 미국으로부터 M16을 공급받은 엘살바도르군보다 화력이 앞섰다.[79] 파라분도 마르티 민족해방전선은 심지어 더 작은 M16 총알보다 무겁고 멀리 날아가는 AK의 중간형 총알(7.62×39mm 모델은 중국뿐 아니라 루마니아 같은 많은 바르샤바조약기구 나라에서 지금도 생산된다)을 활용하는 쪽으로 전술을 바꿨다. 일례로, 1989년 3월 선거일에 AK로 무장한 반군 세력이 전국적으로 통일된 공격에 나선 전투에서 산이시드로San Isidro

마을에 도착한 정부 헬기들은 쉽게 접근하지 못했다. 사거리 밖에 머물러야 했던 헬기들은 지상군에 공중 지원을 할 수 없었다. 이런 전술은 전국 각지에서 되풀이되었다.

그 후로도 계속된 게릴라 공격이 큰 성공을 거두자 정부는 1991년 파라분도 마르티 민족해방전선이 참여한 가운데 UN이 중재한 평화협정을 받아들일 수밖에 없었다. 1992년 2월 1일, 9개월 동안의 정전이 발효되었고 그 뒤로도 계속 효력을 유지하고 있다. 파라분도 마르티 민족해방전선이 합법 정당으로 변신해 정부에 통합되자 그 군사 조직의 마지막 잔존물이 해체되었다. 그렇지만 유감스럽게도, 엘살바도르는 중앙아메리카의 이웃 나라들처럼 지금도 국내 폭력 사태와 조직폭력배, 거리 범죄, 높은 살인율에 시달린다. 무기를 수거해 폐기하는 각종 프로그램에도 불구하고 AK를 비롯한 무기가 여전히 많기 때문이다.

니카라과 대통령 비올레타 차모로Violeta Chamorro는 지역에 평화가 찾아온 시대를 상징적으로 나타내려는 의식으로 조지 H. W. 부시 대통령에게 토치로 가운데를 절단한 AK를 선물했다. 여전히 존재하는 수많은 소형화기를 폐기하는 사업의 일환으로 한 시민이 자진하여 제출한 총이었다(1990년에 차모로가 산디니스타 후보 다니엘 오르테가를 이겼을 때 산디니스타 지도자들이 많은 총기를 무차별적으로 나눠주었다).

과테말라와 온두라스를 비롯한 다른 나라들도 총기를 회수하는 비슷한 프로그램을 진행했지만, 니카라과처럼 결과가 만족스럽지 못했다. 소형화기는 쓸모가 많아서 정부에 반납하기가 어렵다.

사냥용이나 폭력 사태에 대비한 자위용으로 사용될 뿐 아니라 내전이 재개되거나 억압적인 정권이 권력을 잡는 사태에 대비해서도 쓸모가 있다. 이 지역에는 사람들이 소형화기를 소유하는 전통이 있고, 무엇보다 총기가 없으면 위신이 서지 않는다. 정부의 총기 폐기 프로그램으로는 쉽게 극복할 수 없는 문제였다.

차모로에게 반토막 난 AK는 국가가 폭력을 저지하기 위해 노력한다는 사실을 완벽하게 보여주는 상징이었지만, 그런데도 냉전 때문에 중앙아메리카에는 무기가 넘쳐났다. 이제 AK는 베네수엘라나 페루, 콜롬비아 같은 나라로 향하면서, 쉽게 구할 수 있어 수십 년 동안 반군 집단 사이에서 인기 있던 벨기에제 FN-FAL을 서서히 대체했다. 게다가 중앙아메리카 각국의 정부가 약해져서 무법 상황이 되자 유럽에서 불법 무기를 실은 배가 쏟아져 들어왔다. 남아메리카가 최종 목적지였다.

중동과 아프리카에서 그랬듯이, 튼튼해서 고장이 나지 않고 값이 싼 AK는 이 나라 저 나라를 옮겨 다니면서 소규모 충돌을 커다란 전쟁으로 바꿔놓았다.

정글의 게릴라들

이렇게 새로 수입된 AK는 결국 서반구에서 가장 규모가 큰 반정부 게릴라 집단인 콜롬비아 무장혁명군Fuerzas Armadas Revolucionarias de Colombia, FARC(이하 무장혁명군), 좌익 민족해방군Ejercito de Liberacion

Nacional, ELN, 우익 준군사 집단들의 최대 규모 연합체인 콜롬비아 통합자위대Autodefensas Unidas de Colombia, AUC(이하 통합자위대) 같은 집단의 수중에 들어갔다. 이 집단들은 인권 침해, 납치, 폭탄 공격, 암살, 마약 밀매, 항공기 납치, 약탈 등으로 비난받고 있다.

무장혁명군은 단연코 콜롬비아에서 규모가 가장 크고 무장도 가장 잘 갖춘 게릴라 집단으로, 그 성원이 2만 명에 육박한다. 공산당이 주도하여 마르케탈리아독립공화국Independent Republic of Marquetalia을 자처하는 협동조합이 생겼는데, 1966년에 미국의 지원 아래 정부가 공격에 나섰고, 그 생존자들이 무장혁명군을 결성했다. 이 집단은 안데스산맥을 둘러싼 동남부 밀림 지역과 평원을 중심으로 나라의 절반 정도를 장악하고 있다. 무장혁명군은 1999년에 힘이 정점에 달했는데, 콜롬비아 대통령 안드레스 파스트라나Andres Pastrana는 폭력 활동을 끝내면 뉴저지주 2배 크기의 땅을 주겠다고 약속한 바 있다.(뉴저지주의 면적은 2만 2591km²다. 참고로 전라남북도 면적이 2만 370km²다─옮긴이) 이 교섭은 결렬되었고 정부군과 무장혁명군의 전투는 계속되었다. 무장혁명군은 원래 소련과 그 위성국가의 지원을 받았지만, 지금은 납치와 마약 거래, 약탈로 자체적으로 재원을 조달한다. 종종 소년병을 활용하는데, 대부분 자기 의사와 무관하게 징집되어 AK를 들고 싸운다.

좌익 민족해방군은 쿠바 혁명에 고무된 콜롬비아 학생들이 쿠바에서 훈련을 받고 1964년에 창설했다. 현재 집단 성원은 4000명에 미치지 못하며, 통합자위대 같은 우익 준군사 집단들에 군사적 타격을 입었다. 좌익 민족해방군은 콜롬비아 부유층을 납치하여 몸값을 받는 식으로 재원을 마련한다. 송유관과 정유 시설을 폭파하겠다고 정유회사들을 위협해 돈을 뜯어내기도 한다. 무장혁명군과 좌익 민족해방군은 연간 2억~4억 달러를 벌어들이는 것으로 추산되는데, 최소한 그 절반은 재배업자들과 다른 거래업자들에게서 받는 보호비를 비롯한 마약 거래에서 나온다.

마지막으로 남은 주요 집단인 통합자위대는 1997년에 다른 우익 준군사 집단들과 통합하면서 8000명에 달할 정도로 빠르게 확대되었고, 지금도 몸집을 불려나가고 있다. 이 집단은 콜롬비아 북부에 근거지가 있어 부유한 지주들과 마약 밀매업자들에게서 자금을 받지만, 활동 무대는 전국을 망라한다. 직접 마약 밀수에 관여하기도 한다. 이 집단은 노동조합과 인권 단체뿐 아니라 좌파 게릴라 집단도 공격한다. 또 종종 좌파 집단들의 공격으로 해를 입은 시민들을 신병으로 받아들이기도 한다. 콜롬비아 군대는 공식적으로 통합자위대를 지지하지 않지만, 여러 인권 단체들은 양자 간의 유대 관계를 상세히 보고한 바 있다.

이 모든 집단의 한 가지 공통점은 AK를 비롯한 저렴한 무기가 필요하다는 것이다. AK는 싸고 밀림 환경에서 내구성이 좋아 선호하는 무기가 되었다. 아프가니스탄의 무자헤딘과 달리, 남아메리카와 중앙아메리카의 전사들은 가벼운 5.56mm나 5.45mm 총알보다 묵직한 7.62mm 총탄을 선호했다. 밀림의 무성한 수풀을 관통하기 쉽고, 사거리가 길어서 정부군 헬기를 막아낼 수 있기 때문이다. 이 전사들은 문화적으로 큰 총알이 좋다고 '주입받았고,' 큰 총알에 익숙해져 있다.

라틴아메리카의 AK와 탄약 불법 거래를 살펴보면, 소형화기 밀매를 저지하기가 얼마나 어려운지 여실히 드러난다. 중간상인들과 부패한 정부 관리들이 층층이 얽혀 있기 때문이다. 무기 구매의 합법적 요소가 거래의 일정한 시점에 불법으로 바뀌는 경우가 있기 때문에 무기 거래는 더욱 모호해진다. 그러나 이미 그때쯤이면 거래를 중단하기에는 너무 늦어버린다. 불법 무기 거래의 절대 다수가 당국의 눈에 띄지 않고 넘어가지만, 관련 증거가 많은 일부 사례는 공개되기도 한다. 이 사례들을 보면 총기 밀수입의 어두운 세계가 어렴풋이 드러난다.

1999년 10월 일어난 사건은 합법적으로 시작된 단순한 거래였다. 그러나 어느 순간 니카라과 정부 창고에서 게릴라 집단인 통합자위대로 AK 3000정과 탄약 250만 발이 불법 이전되는 거래로 바뀌었다.[80] 처음에는 니카라과 국가경찰과 과테말라의 민간 무기 거래회사 GIR S.A.Grupo de Representaciones Internacionales S.A. 사이의 합법적인 양도 거래로 계약이 체결되었다. GIR S.A.는 이스라엘제 신형 권총과 우지 기관단총을 남아도는 AK 5000정과 탄약 250만 발과 맞바꾸자고 제안했다. 니카라과 경찰로서는 좋은 거래 조건이었다. 경찰 업무에는 AK보다 권총과 우지가 더 유용했기 때문이다.

GIR S.A.는 AK를 사기 위해 파나마를 근거지로 활동하는 이스라엘 무기 거래상 시몬 옐리네크Shimon Yelinek를 찾아냈다. 옐리네크는 파나마 국가경찰을 대표해서 일한다고 말했지만, 나중에 보니 그가 제시한 서류는 위조된 것이었다. 옐리네크는 총기를 살펴보고는 품질이 만족스럽지 않다면서 거래를 취소하겠다고 을러댔다. 몇 차례 교섭이 오간 뒤, 옐리네크와 니카라과 장교들은 옐리네크가 품질에 만족하지 못한 총기 5000정을 AK 3117정과 바꾸기로 결정했다. 옐리네크는 파나마 화물회사와 니카라과에서 오테를로 호에 총기를 싣기로 협의했다. 배의 목적지는 파나마로 되어 있었다.

그런데 오테를로 호는 파나마로 항해하지 않고 2001년 11월에 콜롬비아 투르보Turbo에 도착했다(세관 직원들은 짐을 내리는 며칠 동안 고맙게도 사라져주었다). 무기는 결국 그 지역을 장악하고 있던 통합자위대의 수중으로 들어갔다. 선장은 종적을 감췄고, 회사는 몇 달 뒤 해산했다. 선박은 나중에 콜롬비아 사람에게 팔렸다.

이렇게 총이 다른 곳으로 간 사정을 알지 못한 채 GIR S.A.는 동일한 주문서를 이용해서 옐리네크와 또 다른 거래를 시작했지만, 첫 번째 선적물이 사라진 것을 발견한 당국이 책임자를 찾기 위해 함정수사를 조직했다. GIR S.A. 간부들도 첫 번째 선적물이 사라진 것을 알게 되자 함정수사가 시작되기도 전에 거래를 취소했다.

파나마 당국은 옐리네크를 체포하여 무기를 빼돌린 혐의로 재판에 회부했지만 기각되었다. 법원이 그의 행동이 파나마에 해를 끼치지 않았다고 판단했기 때문이다. 게다가 파나마 법원 관할권 밖인 니카라과에서 벌어진 일이었다.

이 사건은 소형화기 거래에서 이른바 '회색 시장gray market', 즉 합법 시장white market과 암시장black market의 중간에 자리한 시장의 고전적인 사례다. 합법 시장 거래는 소형화기를 합법적이고 투명하게 판매하는 것이다. 문서 자료가 정직하고 공식적인 이 거래에는 개인을 대상으로 한 사적 판매만이 아니라 국가 간 판매도 포함된다. 암시장 거래는 정반대다. 어떠한 책임이나 문서 작성도 없는 완전한 불법 판매이며, 종종 해당 지역 법률이나 정부와 UN의 제재 등에 따라 무기 매매가 금지되는 개인이나 집단이 관련된다. 회색 시장 거래에서는 합법적인 두 당사자(이 경우에는 니카라과 국가경찰과 GIR S.A.)가 스스로 합법적인 판매라고 여기는 거래를 하지만, 혼란스러우면서도 언뜻 보면 별문제가 없는 일련의 샛길 거래와 서류 위조를 통해 무기를 다른 곳으로 빼돌린다.

위 사례가 무척 흥미로운 것은 통합자위대 사령관 카를로스 카스타뇨Carlos Castaño가 2002년 4월에 콜롬비아 신문 《엘티엠포El Tiempo》 기자에게 자랑스럽게 떠벌리지만 않았다면, 거래 전체가 여전히 미궁에 빠져 있었을 것이기 때문이다. 당시 카스타뇨는 니카라과에서 오테를로 호가 싣고 온 총을 자기가 샀다고 자랑했다.[81] 사실 그는 무기를 훨씬 더 많이 샀다고 말했다. "지금까지 통합자위대가 이룩한 최대 성과였지." 그는 자랑스럽게 떠들었다. "중앙아메리카 곳곳에서 다섯 번 선적을 받았는데, 모두 1만 3000정이나 되었다네." 다른 선적물은 전혀 공개되지 않았다.

이 무기 밀매 사건은 남아메리카에 더 끔찍한 새로운 시대가 열렸다는 신호였고, 이 시대는 지금도 계속된다. 그전에 콜롬비아에 수입된 무기는 소형 선적물로 들어왔는데, 보통 한 번에 소총 수십, 수백 정 규모였다. 대개 민간 어선이나 습지와 강을 운항하는 쾌속정으로 운반하든가, 아니면 경비행기로 벌판에 착륙하거나 무기가 가득 찬 상자를 떨어뜨리는 식이었다. 이런 대규모 선적물 덕분에 전투원들은 점점 더 총기 조달을 정교하게 하면서 현 성원들을 재무장시키고 신병을 충원할 수 있었다.

신병 가운데 상당수는 어린이였다. 휴먼라이츠워치Human Rights Watch에 따르면, 지금까지 1만 1000명이 넘는 소년병이 콜롬비아 분쟁에서 싸우고 있는데, 총계로 따지면 전 세계에서 가장 많은 수준이다. 최소한 네 명 중 한 명이 18세 이하였고, 수천 명이 15세 이하였다. 제네바협약 아래 군대 신병으로 허용되는 최저 연령이 15세다(지금도 많은 국가에서 지정한 최저 연령을 밑돈다). 소년병의 80퍼센트 정도가 무장혁명군이나 좌익 민족해방군에 속해 있으며, 통합자위대는 소년병의 수가 적다. 대다수 어린이는 자발적으로 가담했지만, 많은 아이가 강제로 징집되거나 약에 취해 자원하거나 군대 말고는 달리 안전과 먹을거리와 주거지를 찾을 곳이 없었다.

소년병을 활용하는 아프리카 게릴라와 콜롬비아 게릴라의 커다란 차이점은 콜롬비아에 소녀 전투원이 무척 많다는 점이다. 특히 무장혁명군에서는 소녀병이 게릴라 부대의 4분의 1에서 2분의 1을 차지할 정도다. 어떤 아이들은 여덟 살밖에 되지 않았다. 이 여자아이들이 게릴라에 가담한 이유는 소년병과 비슷했는데, 거기에 가정 내 성적 학대가 추가되었다(소녀병 비율이 훨씬 높은 게릴라 집단은 스리랑카의 타밀엘람해방호랑이(Liberation Tigers of Tamil Elam, LTTE다). 전장에서 여자아이들을 받아들인 것은 (남아메리카에서 실천된) 마르크스주의 이데올로기가 양성평등과 여성해방을 신봉했고, 이런 믿음이 무장 혁명 투쟁으로 확대되었기 때문이다.

어린이를 비롯한 이 좌익 그룹들은 현재 남아메리카의 광범위한 지역을 장악하고 있는 대규모 마약 테러리스트들의 씨앗이 되었다. 특히 콜롬비아, 페루, 에콰도르, 브라질에서 활약하는 테러리스트들은 서반구의 안정에 위협이 된다.

이 특정한 시기에 게릴라 집단이 더 많은 무기 선적물에 관심을 갖게 된 한 가지 이유는 아마 플랜 콜롬비아Plan Colombia일 것이다. 2000년 봄에 미국이 수십억 달러를 쏟아부어 시작한 이 계획은 얼마 전부터 논의 중이었기 때문에 누구나 조만간 개시될 것임을 알았다. 이 계획의 의도는 콜롬비아 당국의 마약 재배와 밀매 근절을 돕겠다는 것이었다. 반군들은 이 계획을 자신들의 사업에 대한 위협으로 간주하고 AK를 더 많이 구입하는 한편, 신병 채용도 늘리기 시작했다.

그 규모와 상관없이 이 사례는 같은 시기에 발생해 훨씬 더 지대한 영향을 미친 또 다른 사례에 견주면 상대적으로 단순하다. 이 사건에는 CIA가 페루에 보유한 최정예 인물(그 나라 정보기관의 수장)이 관여했다. 그는 세계 최대 무기 거래상의 도움을 받아 무장 혁명군에 AK를 보내려고 계획했다. 이 중개상은 이란-이라크전쟁 당시 레이건 행정부의 요청에 따라 사담 후세인에게 무기를 공급한 바로 그 인물이었다. 이 사건은 AK 1만 정이 판매된 것이었는데(당시로서는 큰 규모였다), 결국 페루 정부가 실각하고 대통령이 일본으로 망명하는 결과로 이어졌다.

몬테시노스 무기 스캔들

무장혁명군은 규모와 영역이 커지면서 소총을 표준화할 필요성을 느꼈다. 그들은 각기 다른 버전의 AK와 FN-FAL을 비롯한 여러 총기를 갖고 있었다. 1만 8000명의 전사 대부분을 한 종류의 총기로 무장시키면, 탄약도 한 종류만 구입하면 되니 비용이 절감될 터였다. 총알 하나당 몇 푼만 아껴도 그것을 모두 합치면 거액이 된다.

무장혁명군은 이런 대규모 선적을 다룬 경험이 전무했기 때문에 블라디미로 몬테시노스Vladimiro Montesinos가 보낸 중개인들을 통해 도움을 받으려고 했다. 몬테시노스는 알베르토 후지모리Alberto Fujimori 대통령을 꼭두각시처럼 놀린다고 해서 '페루의 라스푸틴'이라고 알려진 인물이었다. 몬테시노스는 1965년에 사관후보생으로 경력을 시작해 조지아주 포트베닝 기지에 있는 미주 미육군학교School of the Americas(현재 명칭은 서반구 안보협력학교Western Hemisphere Institute for Security Cooperation)에서 공부했다. 비판론자들이 '암살자 학교'라고 이름 붙인 이곳은 오래전부터 라틴아메리카의 억압적 우파 국가들의 군 장교를 양성하는 훈련장이라고 비판받았다. 이 장교들은 미국인 교관에게 배운 기술을 활용해 정적을 고문하고 살해했다.

1976년 9월, 이름이 적히지 않은 군 여행증명서를 한 장 훔친 몬테시노스는 리마 주재 미국 대사관을 찾아가서 미국행 무료 항공권을 받았다. 그는 총리 기예르모 아르불루Guillermo Arbulú 장군의 보좌관이라고 자신을 소개하면서 국무부와 CIA 관리들을 만났다. 페루의 한 장성이 미주국방대학Inter-American Defense College에서 강연하는 그를 보고는 신고했다. 몬테시노스는 페루에 도착하자마자 당국에 체포되어 탈영과 사기죄로 1년 징역형을 선고받았다.

1978년 2월에 석방된 직후, 몬테시노스는 산마르코스대학교 법학과에 입학했다. 그리고 불과 몇 달 뒤 가짜 학위를 이용해 리마 고등법원에 변호사 등록을 하고 리마 변호사협회 회원이 되었다. 그가 상대하는 고객은 콜롬비아 마약 거래상들이었는데, 그들이 사용하는 창고와 제조 시설을 직접 소유함으로써 그도 마약 거래에 관여하게 되었다. 그는 또한 1984년에 페루가 소련에서 사들인 무기들에 관한 기밀문서를 에콰도르에 팔기도 했다.

몬테시노스는 고위층 범죄나 부패와 관련된 사람이라면 누구든 '믿고 찾는 변호사'로 명성을 얻었고, 그러다가 알베르토 후지모리와도 알게 되었다. 1990년 선거에서 후보로 나선 후지모리는 부동산 판매액을 낮게 신고해 세금을 탈루했다는 비난을 받았다. 비난이 워낙 거세지자 법무부 장관이 형사 기소를 준비하고 있었다. 그런데 몬테시노스가 연줄과 영향력을 동원하자 적어도 한 명 이상의 증인이 설득에 넘어가서 증언을 번복했고, 후지모리의 기소 내용이 변경되었다. 몬테시노스는 또한 후지모리가 일본이 아니라 페루에서 태어났기 때문에 대통령에 출마할 수 있음을 입증하는 출생증명서를 제출하는 일도 도왔다.

후지모리가 대통령에 당선하자 몬테시노스는 오른팔이 되어 비밀리에 국가정보국Servicio de Inteligencia Nacional, SIN을 맡았다. 그리고 국가의 적들이 계속해서 대통령의 목숨을 노리고 있다고 설득해 피해망상을 부추기고, 방해가 되는 반대자들을 해치웠다. 그는 그루포콜리나Grupo Colina(야산그룹)라는 이름의 암살대로 입지를 굳히고, 결국 페루 군부를 장악했다. 그리하여 페루, 아니 남아메리카 전역에서 손꼽히는 유력자가 되었다.

몬테시노스는 페루의 마약 거래상들을 보호해주면서 그들과 사업 관계를 맺었다.[82] 그와 동시에 미국 CIA는 마약 밀매 근절을 위해 싸우도록 그에게 10년 동안 매년 100만 달러를 지급하는 계약을 맺었다. 흥미롭게도 1996년에 미국 마약단속국이 작성한 문서를 보면, 그들은 몬테시노스가 페루 마약 거래상들로부터 보호비를 받는다는 것을 알고 있었지만, 그래도 계속 그를 상대했다.

무장혁명군 장교들은 그 지역에서 몬테시노스가 AK 구매 사업을 처리해줄 적임자라고 생각했다. 몬테시노스는 마이애미의 중개자를 통해 대규모 주문을 할 수 있는 요르단 관리들과 접촉했다. 그리고 페루군 관리들이 서명한 구매 문서를 보여주면서 합법 시장 거래인 것처럼 꾸몄다. 요르단 당국은 레바논 태생의 무기 중개업자로 냉전 시대에 CIA와 협력한 적이 있는 사르키스 소가날리안Sarkis Soghanalian을 선택해 세부적인 일을 맡겼다. 소가날리안은 레이건 행정부의 요청으로 사담 후세인이 대이란 전쟁을 위해 무기를 사는 일을 도왔는데, 바로 이 무기가 나중에 걸프전에서 미군 병사들에게 겨눠졌다.

요르단 당국은 암만의 CIA 책임자와 접촉해 무기 판매를 확실히 조사하게 했다. 양국은 군사적으로 긴밀한 관계였기 때문이다. 미국을 주요 고객으로 여겼던 소가날리안도 CIA가 무기 판매를 승인하도록 했고, CIA는 그렇게 했다.

무장혁명군은 AK 1만 정을 요청했지만, 구매 주문은 5만 정이었다. 가격은 한 자루에 약 75달러였다(총기 값 55달러, 운송비 10달러, 포장·출하비 10달러). 소가날리안은 AK 1만 정을 첫 번째 선적으로 준비했지만, 페루 쪽 사람들이 콜롬비아 국경 근처에 있는 부대에 화물을 공중투하 해달라고 하자 이상하게 생각했다. 그렇지만 몬테시노스가 다음에도 계속 무기를 훨씬 비싼 값에 사겠다고 말했기 때문에 일을 계속 진행했다. 나중에 그는 이 무기들이 콜롬비아 반군의 수중에 들어간다는 사실을 알지 못했다고 부인했지만, 노련한 무기 거래상으로서 국제분쟁을 예의 주시하던 그가 최종 목적지가 어디인지 눈치채지 못했다는 말을 곧이곧대로 믿기는 어렵다.

1998년 12월부터 1999년 4월까지 헝가리에 등록된 화물기 다섯 대가 암만에서 출발해 알제리, 모리타니, 카보베르데를 거쳐 카리브해의 섬나라인 트리니다드토바고나 그레나다로 날아갔다. 그곳에서 다시 페루의 이키토스로 날아갔다. 항상 마약 밀매상들을 탐지하던 미국의 레이더 시스템과 정찰위성이 버젓이 주시하는 가운데 공중투하가 이루어졌다. 미국과 콜롬비아 당국은 이 선적물을 전혀 방해하지 않았다.

이 계획은 1999년 7월에 콜롬비아 군대가 동독 표시가 있는 AK를 발견하면서 드러났다. 콜롬비아군이 요르단의 비축 무기를 추적하자 무기 거래의 전모가 밝혀졌다. 소가날리안은 몬테시노스가 대금을 지불하지 못한 뒤에야 미국 측 접촉 인사들로부터 총기가 무장혁명군에 팔렸다는 말을 들었고, 상황을 조사할 때까지 추가 선적을 중단했다고 주장했다.

몬테시노스가 콜롬비아 반군에 무기를 대주었다는 사실이 자세히 드러나자 후지모리 행정부는 분열하기 시작했다.[83] 몬테시노스는 공개 발언에서 무기가 어떻게 콜롬비아로 갔는지 알지 못한다고 말하면서, 국가정보국이 공중투하에 관여한 페루군 장교들을 체포했다고 자랑하기까지 했다. 그러나 이미 뒤늦은 변명이었다. 몬테시노스가 대통령을 지지해달라고 어느 국회의원에게 뇌물을 건네는 장면이 담긴 비디오가 공개되었다. 이틀 뒤 후지모리는 사임 의사를 발표했고, 몬테시노스는 베네수엘라로 도피했다. 그는 나중에 페루로 송환되어 TV 방송국 중역들에게 후지모리를 지지해달라고 뇌물을 건네는 등 여러 죄목에 대해 15년 징역형을 선고받았다. 당국은 그를 AK 판매 관련 혐의로 기소했지만, 재판에 부쳐지지는 않았다. 일본으로 도피한 후지모리는 사임서를 팩스로 보내면서 언젠가 돌아와 대통령 선거에 다시 출마하겠다고 공언했다.

그런데 완고한 반공주의자인 몬테시노스가 도대체 왜 콜롬비아 좌익 반군에 AK를 팔려고 했을까? 그와 후지모리는 종종 콜롬비아 정부가 반군 집단들을 너무 말랑하게 대한다고 공개적으로 불만을 토로했다.

몇 가지 가설이 제시되었는데, 가장 단순한 것은 그냥 탐욕 때문이라는 것이다. 몬테시노스는 이미 2억 6000만 달러가 넘을 것으로 추정되는 재산을 쌓아놓았지만, 아마 AK 5만 정을 팔면 상당한 이익을 거뒀을 것이다. CIA의 비판론자들이 제시한 다른 가능성은 무장혁명군이 무장을 잘 갖추면 미국의 국익이 더 큰 위협을 받는다는 것이었다. 이런 새로운 위협을 목도한 미국 하원은 논쟁적인 플랜 콜롬비아 예산을 통과시킬 수밖에 없었다. 이 예산은 CIA 및 이 기관과 연결되어 일부 작업에 활용된 민간 하청업자들에게 이익을 안겨주었다. 몬테시노스는 그전부터 얼마 동안 CIA의 돈을 받았고, 협조적인 공작원이었다.

이 모든 가설을 아우르는 더 흥미로운 가능성은 이 특정한 동독제 AK와 총알의 형태와 관련이 있다.[84] 남아도는 소총은 MpiKM으로 알려진 AK 모델이었는데, 남아메리카에서 많이 사용되고 따라서 값도 싼 7.62×51mm 총알이 아니라 7.62×39mm 총알을 사용했다. 당시 7.62×39mm 총알은 하나에 약 5000콜롬비아페소(미화 2달러)였고 7.62×51mm 총알은 1000페소(42센트)였다. 일각에서는 몬테시노스가 완벽한 거래를 했다고 말했다. 그는 개인적인 이익을 얻었을 뿐만 아니라 CIA 관계자들의 비위까지 맞춰

주었고, 보너스로 무장혁명군에 더 비싸고 나중에는 구하기도 힘들어질 탄약을 사게 만듦으로써 그들의 재정적·전략적 입지를 약화할 수 있었던 것이다.

마지막 공중투하가 이루어지고 몇 달 뒤에야 콜롬비아군이 이무기들을 찾기 시작한 사실은 이러한 시나리오를 뒷받침한다. 몬테시노스와 미국 정보 당국이 제공한 감시 장비를 통해 이 물품이 언제, 어디에 떨어졌는지를 알았기 때문이다. 몬테시노스가 국내 스캔들에 연루된 사실이 공개되자 CIA는 그를 쫓아내려고 마음을 굳게 먹었다. 이 비밀 계획은 무장혁명군에 손해를 끼쳤지만, 후지모리 행정부를 무너뜨리는 데도 도움이 되었다.

전투에서 한 번도 사용되지 않은 이 AK 총기들은 정부를 무너뜨리고 남아메리카의 면모를 바꿨다.

몬테시노스와 후지모리가 사라지면서 페루는 현재 민주화를 겪고 있다. 행정부는 점차 투명해지고, 의회는 균형 세력으로 움직이고 있다. 행정부와 입법부 둘 다 부패를 솎아내고 사법부에 책임을 지우기 위해 일한다. 유감스럽게도 반군 또한 세력이 커지고, 마약 밀매의 효율성도 높아지고 있다. 그 증거로 미국에서 1986년에 100달러, 2000년에 48달러였던 코카인 1g당 도매가가 2003년에는 38달러로 크게 떨어졌다.

콜롬비아 정부가 보기에 유일하게 긍정적인 점은 반군의 7.62×39mm 탄약이 동나고 있다는 사실이다.[85] 2004년 6월, 무장혁명군 전 정치사령관 카를로스 플로터Carlos Ploter는 워싱턴D.C.의 헤리

티지 재단에서 강연하면서 이렇게 말했다. "무장혁명군은 AK47을 대량으로 들여왔지만 탄약이 전혀 없습니다." 그는 같은 주에 미국 하원위원회에서 무장혁명군의 마약 테러 활동에 관해 증언하면서, 마약으로 번 돈 때문에 많은 반군 성원이 사회정의를 추구하는 활동에서 멀어지고 있다고 말했다. 다시 말해, 정치가 이윤에 자리를 내주고 있었다.

베네수엘라의 AK 대량 수입

AK는 다시 한번 남아메리카의 면모를 바꿀 것이다. 2005년 2월, 베네수엘라의 마르크스주의자 대통령 우고 차베스Hugo Chávez는 남아메리카 역사상 규모가 가장 큰 소형화기 구매를 승인했다. 미국이 지원하고 부추겼다고 자신이 주장한 2002년 쿠데타를 견뎌낸 차베스는 정부가 러시아로부터 AK 10만 정과 탄약을 구입할 것이라고 밝혔다.

미국 관리들은 거래가 발표되자 즉각 관심을 표명했지만(베네수엘라는 상비군이 3만 2000명, 예비군이 3만 명 정도에 불과했다), AK의 정확한 모델명을 알고 나서야 정말로 경각심을 갖게 되었다. AK의 기술적 측면이 다시 한번 정치적 풍경을 바꾸는 데 중요한 역할을 했다.

베네수엘라군은 AK-103과 AK-104를 살 계획이었는데, 이 모델들은 소련이 해체된 뒤 경화(硬貨, 언제든 금이나 다른 화폐로 바꿀 수 있는 화폐로, 달러가 대표적이다 —옮긴이)를 모으기 위해 소형화기를 수출하려던 러시아의 계획의 일환으로 제조된 것이었다. 돈이 몹시 궁했던 러시아는 자국이 가진 전문성과 브랜드 평판을 활용하고 싶어 했다. 이른바 AK-100 시리즈는 AKM을 약간 개량했을 뿐이지만 여러 가지 장점이 있었다. 러시아인들은 각기 다른 탄약을 선택할 수 있는 모델을 대여섯 개 정도 만들면 국영 수출 업체인 로소보로넥스포르트Rosoboronexport가 전 세계 신규 시장에 침투할 수 있을 것으로 기대했다. 예컨대 NATO 국가들에는 M16과 동일한 NATO의 5.56mm 총알을 사용하는 AK-108을 수출할 수 있었다. 그러나 이 판매 계획은 대부분 실패로 끝났다. 한때 소련제 무기의 최대 고객이었던 바르샤바조약기구 국가들이 이미 자국 공장을 개량해서 자체적으로 AK를 생산하고 있었기 때문이다. 게다가 AK는 거의 고장이 나지 않는 데다가 최근에 바르샤바조약기구 국가들과 소련의 무기고가 활짝 열리면서 적어도 당분간은 시장이 포화 상태였다. 100 시리즈 모델은 대부분 창고로 직행했다.

이런 상황은 차베스에게는 예상치 못한 횡재였다. 팔리지 않는 총기를 무수히 쌓아 놓고 있던 러시아가 싼값에 처분하려고 했기 때문이다. 차베스가 7.62×39mm 탄약을 사용하는 103과 104 모델에 관심을 보이자 처음에 군사 전문가들은 깜짝 놀랐다. 베네수엘라는 역사적으로 구하기 쉽고 값도 싼, 일명 일반 규격 NATO 총알인 7.62×51mm 총알을 사용했기 때문이다. 이렇게 대량으로 총기를 구매하는 데는 국가의 무기고 전체를 대체할 계획이 있는 것이 분명했다.

그런데, 그 이유가 무엇일까?

불과 며칠 뒤, 소형화기 전문가들은 차베스가 무장혁명군에도 군수품을 공급할 것이라고 지적했다. 이 반군 집단은 AK용 탄약이 절실하게 필요했기 때문이다. 차베스가 무장혁명군의 마르크스주의 이데올로기에 공감했을 뿐 아니라, 베네수엘라와 콜롬비아 정부의 관계도 2004년 이래 최악이었다. 콜롬비아 군대가 베네수엘라 국내까지 들어와서 무장혁명군 지도자 로드리고 그란다 Rodrigo Granda를 검거했기 때문이다. 차베스는 이웃한 콜롬비아가 국가 주권을 침해한 데 대해 격노했다.

7.62×51mm 탄약은 FN-FAL 같은 NATO 소총에 사용되었는데, 대개 지역 암시장에서 쉽게 구할 수 있었지만 서구 나라들과 이데올로기의 대용물이기도 했다. 차베스는 무장혁명군의 무기를 진정한 소련식 총알인 7.62×39mm로 전환함으로써 진정한 반서구 선언을 하도록 도와주는 셈이었고, 미국 군사 분석가들은 이 미묘한 변화를 놓치지 않았다.

미국과 베네수엘라의 관계 역시 껄끄러워지면서 국방부 장관 도널드 럼즈펠드 Donald Rumsfeld는 이 무기 구매로 남아메리카의 안정이 흔들리고 지역 차원의 군비경쟁이 촉발될 것이라고 지적했다. 차베스는 적들에 맞서 국가를 지키기 위해 창설을 준비하고 있는 '시민 민병대'와 정규군이 이 총기를 사용할 것이라고 주장했다. 미국의 간섭에 발끈한 차베스 정부는 미국과 오랫동안 이어온 군사 교류 프로그램을 돌연 중단했다. 미국 군사고문단은 베네수엘라를 떠나라는 통보를 받았다. 차베스는 또한 만약 미국 정부가 자신을 몰아내려는 시도를 한다면 대미 원유 수출을 차단하겠다고 으름장을 놓았다(미국은 원유의 15퍼센트를 베네수엘라에서 수입하고 있었다).

미국 관리들은 러시아제 미그29MiG29와 브라질제 투카노Tocano 제트기 50기 등 차베스의 구매 목록에 있는 다른 품목에는 별로 관심을 기울이지 않았다.[86] 펜타곤은 이 무기 구매는 합법적이라고 생각했다. 국경 방위와 같은 기본적인 주권 수호 활동에 사용될 수 있었기 때문이다. 국무부의 한 관리는 이 대형 병기들이 미국이나 미국의 동맹국에 겨눠질 가능성을 걱정하지 않으면서 다음과 같이 말했다. "우리는 미그 정도는 격추할 수 있습니다."

그렇지만 AK는 다른 문제였다. 수십 년 동안 대형 무기에만 초점을 맞추고 AK의 중요성을 과소평가하던 미국 관리들은 이제 뿌리 깊은 통념을 뒤집고 있는 듯 보였다. 소말리아에서 벌어진 '블랙호크 격추' 사건이 아마 한 가지 요인으로 작용했을 것이다. 그들은 AK가 한 지역에 파괴적인 효과를 미칠 수 있다는 것을 개인적으로 인정하고, 또 미군 같은 전통적인 군대가 AK로 무장한 병사들과 싸우는 것이 얼마나 어려운지를 토로했다. 설령 차베스가 AK를 베네수엘라 국경 안에 배치할 생각이라 할지라도, 럼즈펠드를 비롯한 이들은 그 총이 결국 마약 거래상을 필두로 한 범죄자들의 수중으로 들어갈 수 있다고 우려를 표했다. 또한 차베스가 7.62×39mm 탄약 생산 공장을 건설할 계획이라는 추측이 일었고, 그것은 나중에 사실로 확인되었다.

럼즈펠드는 가능한 한 모든 공적 토론에서 AK 구매 문제를 논의하면서, 차베스에게서 심중 깊숙이 있는 구체적인 답을 끌어내기를 기대했다.[87] 서둘러 조율한 남아메리카 방문 중 브라질에서 열린 기자회견에서 럼즈펠드는 다음과 같이 말했다. "AK 10만 정이 어떻게 될지 상상도 할 수 없습니다. 왜 베네수엘라에 AK 10만 정이 필요한지도 모르겠고요. 다만 개인적으로 무기 판매가 이루어지지 않기를 바라고, 만약 그런 일이 생기더라도 서반구에 좋을 게 하나도 없다고 생각합니다."

차베스는 곧바로 대꾸하지 않았지만, 칼라시니코프는 럼즈펠드가 밝힌 미국의 공식 입장에 반박해야 한다고 느꼈다.[88] 소형화기에서부터 탱크와 제트기에 이르기까지 온갖 종류의 무기를 취급하는 전 세계 구매자와 판매자가 모이는 IDEX 국제무기박람회가 2005년 아부다비에서 열렸을 때, 그 자리에 참석한 칼라시니코프가 입을 열었다. "우리는 예나 지금이나, 그리고 앞으로도 온갖 일들에 대해 비난을 받습니다. 우리는 이런 비난을 비판적으로 다룰 필요가 있습니다. 왜냐하면 이런 비난은 대개가 우리 러시아가 신규 시장에 진입하는 걸 막으려는 미국의 요구에서 나오는 것이기 때문입니다. 나는 우리가 계속 러시아 무기를 해외시장에서 판촉해야 한다고 믿습니다. 이 무기들은 국가들 사이의 평화와 친선을 지켜줄 테니까요."

칼라시니코프는 평생 정치와 의도적으로 거리를 두었다. 그는 정치인을 혐오하면서, 자기가 만든 무기를 그들이 그릇되게 사용한다고 비난했다. 그러나 엄청난 규모의 무기 판매가 러시아 경제에 중요했기 때문에 평상시에는 정치와 거리를 둔 칼라시니코프도 미국의 대외 정책을 헐뜯고 나섰다.

1990년에 난생처음으로 해외여행을 할 수 있게 되어 미국을 방문했을 때 순진하고 소박했던 그의 모습과 참으로 달라진 태도였다.

6

미국에 건너간
칼라시니코프

"사실을 얘기하자면 우리는 이미 돌격소총의 바다에서 익사하는 중이다."

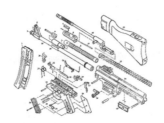

두 총기 거물의 만남

1990년, 늙고 가난한 미하일 칼라시니코프는 글라스노스트_{Glasnost} (개방) 덕분에 처음으로 해외여행을 떠날 수 있었다. 스미스소니언 협회의 소형화기 담당 큐레이터인 에드 에젤_{Ed Ezell}이 초대했는데, 그는 2년 전에 20세기의 가장 영향력 있는 발명가들을 촬영하는 박물관 프로그램의 일환으로 모스크바를 방문해 AK47 발명가를 만난 적이 있다. 이 촬영본에는 AK의 경쟁자인 M16의 발명가 유진 M. 스토너를 찍은 테이프도 있었다.

얼마 뒤, 세계의 총기 거물 두 사람은 만나게 된다.

칼라시니코프를 소련에서 출국시키기는 쉽지 않았다. 에젤은 일찍이 1972년에 워싱턴 주재 소련 대사관을 통해 그에게 편지를 보냈다. 미국 소인이 찍힌 편지 봉투를 받은 칼라시니코프는 놀랍기도 했고 두렵기도 했다. 그때까지 미국에서 연락해온 사람은 아무도 없었다. 그가 조국에서는 유명세를 치르고 악명을 떨쳤지만, 소련 외부에는 현대전의 면모를 바꿔놓은 무기를 발명한 사람에 관해 아는 사람이 거의 없었다. 국내에서 그는 조국을 수호하고 공산주의 교의를 세계 구석구석으로 퍼뜨리는 데 일조한 전쟁 영웅이었다. 세계 곳곳에서 그의 이름은 두 가지 극단—적법한 정부를 상대로 한 테러리즘과 무자비한 독재자들에 맞서 자유를 얻으려는 싸움—을 상징했지만, 그가 생존해 있다는 사실도 아는 이가 드물었다. 냉전 시기에 격렬한 충돌이 벌어지는 동안 소비에트 당국은 의도적으로 외부자들에게 이 남자를 꽁꽁 숨겼다.

정부 요원들이 미국인이 보낸 편지를 전복 활동에 관여하는 증거로 볼까 두려웠던 칼라시니코프는 지역 공산당 관리들과 접촉했다. 관리들은 장시간 '자문'을 해주던 중에 국가보안위원회KGB에 연락해보라고 조언했다.[89] 받고 싶어서 받은 것도 아닌 편지를 가지고 지역 KGB 요원과 얘기해보라는 말을 듣자 칼라시니코프는 본능적으로 망연자실해져서 두 팔을 치켜들었다. "아이고, 안 돼요! 내가 왜 KGB에 편지를 써야 합니까?" 이렇게 1년 넘게 얘기가 오간 끝에 칼라시니코프는 에젤이 순진하게 요청한 답장을 보내도 좋다는 허락을 받았다. 에젤은 칼라시니코프에게 경력을 적은 글과 서명을 한 사진을 보내달라고 했다.

이렇게 문이 열렸다.

그 후 몇 년에 걸쳐 에젤은 칼라시니코프에게 《AK47 이야기The AK-47 Story》를 비롯해 자신이 쓴 책을 몇 권 보냈다. 《AK47 이야기》는 1800년대까지 거슬러 올라가는 소련 총기의 역사와 AK47, 칼라시니코프 등에 관한 단편적인 정보를 취합해 쓴 책이다.[90] 1989년에 소련과 미국의 관계가 누그러지자 에젤과 촬영팀이 관광과 촬영을 위해 모스크바에서 예순아홉 살의 칼라시니코프를 만났다. 처음에는 조금 걱정이 되었던 에젤은 활기차고 인상 좋은 칼라시니코프를 만나자마자 마음이 편해졌다. 칼라시니코프는 마음에서 우러나는 힘찬 포옹으로 그를 맞이했다. 그 후 며칠 만에 칼라시니코프가 에젤 일행의 방문을 중요한 사건으로, 즉 소련 외부 사람들이 처음으로 자신의 공로를 인정해주는 계기로 여긴다는 점이 분명해졌다. 또 칼라시니코프가 《AK47 이야기》의 러시아어 번역을 의뢰해 에젤과 영어권 세계가 자신에 관해 어떻게 알고 있는지를 알아볼 생각이라고 말하자 에젤도 우쭐해졌다.

그 후 며칠 동안 일행은 120종 이상의 AK 소총 모델을 보유한 레닌그라드(지금의 상트페테르부르크─옮긴이)의 포병·공병·통신부대 중앙박물관을 비롯한 박물관과 사격장을 둘러보았다. 얼마 지나지 않아 에젤은 자신이 거리에서 소련 시민들이 대번에 알아보는 국가적인 유명 인사와 함께 있음을 깨달았다. 그렇지만 국외에는 전혀 알려진 인물이 아니었다. 어느 순간 다른 사람들과 떨어져서 둘만 있게 되자 칼라시니코프는 몇 년 동안 보내준 책과 보여준 관심에 고맙다고 말하면서, 냉전 상황에서는 그런 마음을 표현할 수 없었다고 토로했다. 이제 그는 두 초강대국 사이의 긴장이 완화되어 상황이 바뀌기를 기대하고 있었다.

그리고 실제로 상황이 바뀌었다. 에젤은 나중에 버지니아총기수집가협회Virginia Gun Collectors Association, VGCA에서 발표를 하다가 모스크바 방문에 관해 이야기하면서, 칼라시니코프를 미국으로 초청해 유진 스토너와 만나게 해주고 싶지만 스미스소니언협회 예산이 부족하다고 말했다. 버지니아총기수집가협회는 워싱턴 D.C. 교외에 있는 노바NORVA라는 이름의 사냥 동호회와 협력해 칼라시니코프와 그의 딸 옐레나Elena, 그리고 통역 한 명을 초청하는 비용을 부담했다.

1990년 5월 15일, 칼라시니코프는 워싱턴 덜레스 국제공항에 도착했다. 외국 방문을 허가받고 한 첫 번째 여행이었다.[91] 미국과 소련이 수십 년에 걸쳐 적대 관계였던 탓에 칼라시니코프는 미국 관료 사회가 자신을 어떻게 대할지 걱정했지만, 입국 심사 직원들이 그의 일행을 안내해 신속하게 통과시키자 불안감이 씻은 듯이 사라졌다.

다음 날은 중요한 날이었다. 그와 스토너가 마침내 버지니아주 알렉산드리아 구시가에 있는 시포트인Seaport Inn에서 상봉했다. 200년 전에 조지 워싱턴George Washington 대통령이 식사를 하고 잠을 잔 레스토랑이었다. 두 사람 모두 상대가 만든 작품을 잘 알고 있었지만, 서로 만나거나 연락을 한 적이 없었다. 냉전의 거대한 심연에 가로막혔기 때문이다.

두 총기 제작자가 저녁 회동을 하기에 앞서 칼라시니코프를 초청한 사람들은 그를 데리고 쇼핑을 하면서 해진 옷 대신 새 옷을 사 입혔다. 세계에서 가장 인기 있는 총기를 발명한 사람은 너무도 가난해서 초청한 이들이 옷값을 내주었다. 칼라시니코프는 소련 정부가 자신의 설계에 특허를 주지 않았고, 많은 나라에서 무상으로 생산 허가를 받았다고 사정을 설명했다. 그는 쥐꼬리만 한 정부 연금 말고는 자기 작품으로 한 푼도 받지 못했다. 구두를 사려고 갔는데, 칼라시니코프는 자신에게 맞는 것을 찾지 못했다. 그가 풀이 죽어 있는데, 미국 측 인사가 판매원이 안쪽에 가서 치수가 맞는 다른 스타일의 구두를 찾아줄 거라고 말했다. 칼라시니코프의 얼굴이 밝아졌다. 걸핏하면 물자가 부족하고 고급 생활용품 없이 사는 데 익숙한 소련식 사고방식에서는 흔한 일이었다.

칼라시니코프를 초청한 사람들이나 스토너나 이처럼 역설적인 상황을 놓치지 않았다. 자기 발명품이 거의 모든 나라에 퍼져 있고 중개업자와 총기 상인들은 수백, 수천만 달러를 벌었지만, 정작 당사자는 외부 세계에 관해 전혀 알지 못하는 가난뱅이였다. 그의 조국은 의도적으로 그를 고립시켰다.

두 상징적인 인물이 경쟁하는 두 총기에 관해 이야기할 때는 분위기가 화기애애했다. 그러나 돈 이야기가 나오자 칼라시니코프는 공산주의 시장과 자본주의 시장의 극명한 차이를 이해하기 시작했다. 스토너는 M16 한 자루가 팔릴 때마다 1달러 정도를 받는다고 말했다. 당시 판매된 양이 600만 정 정도였다. 칼라시니코프는 M16보다 10배 넘게 팔린 자기 발명품에 대해 한 푼도 받지 못했다고 소심하게 인정하면서도 조국을 위해 발명한 것이니 조금도 마음 쓰지 않는다고 덧붙였다. 그렇지만 마음이 쓰이는 것이 분명했다. 그날 저녁에는 아무 일도 없었지만, 그 자리에 있던 이들은 칼라시니코프와 그의 딸이 활달하면서도 속삭이듯 이야기를 나누는 모습을 볼 수 있었다. 두 사람은 스토너가 M16을 비롯한 수십 가지 발명품으로 얼마나 많은 돈을 벌어들이는지 이야기를 나눴다. 스토너가 전용 비행기를 타고 미국 각지를 바쁘게 돌아다닌다는 이야기를 듣고 그는 소스라치게 놀랐다.

이 미국 방문을 계기로 칼라시니코프는 눈이 확 틔었다. 정부는 그에게 훈장과 표창장을 주었지만 돈은 한 푼도 주지 않았다. 초등학생들이 그의 이름을 알고 그의 공적에 관해 공부했다. 그는 러시아에서 영웅이었다. 다른 한편으로 스토너는 군사 훈장을 하나도 받지 못했고, 총기 애호가와 군 역사학자들만 그의 이름을 알았지만 자기 발명품으로 큰돈을 벌었다.

저녁 식사 중에 옐레나가 아버지에게 물었다. "스토너하고 자리가 바뀌었으면 좋으시겠어요?"

"아니다." 그가 솔직하게 진심을 털어놓았다. 그렇지만 그의 목소리에서는 질투심이 묻어났다.

그 후 며칠 동안 두 무기 설계자는 스미스소니언협회, 미국총기협회의 박물관, 버지니아주 스타태너리의 총기 동호회가 소유한 웨스트버지니아 경계 인근의 별장 등을 방문했다.[92] 그곳에서 두 사람은 상대방이 만든 총을 쏴보았는데, 둘 다 서로의 총기를 속속들이 알고 있는 것이 분명했다. 스토너는 칼라시니코프에게 스키트 사격을 소개했는데, 두 사람이 번갈아 사격하는 모습을 보면서 에젤은 통역자가 서로의 생각을 전달할 필요도 없이 둘이 유대감을 느끼는 것을 알아챘다. 그는 두 사람이 서로 마음이 맞는 모습에 매료되었다. 나중에 에젤이 말했다. "둘 다 자수성가한 사람들이었어요. 유진 스토너는 큰돈을 벌었고, 칼라시니코프는 소련에서 대단한 사회적 지위에 올랐지만, 둘 다 잘난 체하는 사람이 아닙니다. 둘 다 견실한 사람이지요. 자기 일을 능숙하게 잘한다는 걸 아니까 걱정이 없고 마음이 편한 거죠. 그런 사실을 널리 떠벌이거나 남한테 강요할 필요가 없으니까요. 아마 그래서 둘이 사이가 좋은 게 아닐까요."

둘 다 유머 감각도 있었다.[93] 스키트 사격을 하는 사이에 칼라시니코프는 스토너에게 AK47의 내구성 현장 테스트를 한 이야기를 들려주었다. 진흙에 넣었다 빼고, 모래와 덤불 위로 질질 끌고 다니고 했다는 것이었다. 그가 M16은 어떻게 테스트를 했느냐고 묻자 스토너는 애버딘 시험장에 있는 깃대 꼭대기에서 떨어뜨리는 시험을 반복했다고 설명했다. 칼라시니코프가 대꾸했다. "소련에서는 전투 중에 총이 막혀서 발사되지 않으면 총기 발명가들을 그렇게 하는데요." 베트남에서 M16이 격발 불량을 자주 일으킨 일을 상기시키는 정곡을 찌르는 말이었지만, 나쁜 의도가 있었던 것은 아니었다. 칼라시니코프 역시 M16이 작동 불량이었던 것은 군이 스토너가 실전 배치를 반대한 총알 사용을 고집한 탓이라는 것을 알고 있었기 때문이다.

칼라시니코프의 미국 방문에서 가장 흥미로운 순간은 워싱턴 D.C.에서 남쪽으로 56km 정도 떨어진 콴티코에 있는 해병대 기지를 찾았을 때였다. 이 기지는 헬기를 이용한 근접 공중 지원 전술뿐만 아니라 수륙양용 전투 기법을 고안하고 시험하는 장소로 군에서 널리 알려진 곳이었다. 또한 연쇄살인범에 대한 프로파일링으로 유명한 연방수사국 행동과학과의 발상지다. 대다수 사람들은 〈양들의 침묵The Silence of the Lambs〉의 한니발 렉터 같은 가공 인물을 통해 알고 있는 곳이다.

칼라시니코프는 군사 기지가 개방적이라는 점, 특히 해병대 훈련을 자신도 볼 수 있다는 점에 놀랐다. 그는 또 신형 총기 시험도 지켜보았는데, 컴퓨터로 사격 데이터를 실시간으로 처리해 제조상 결함 등을 현장에서 변경하는 것을 보고 매료되었다. "여기 사격장과 작업장은 (…) 정말 인상적이군요. 난생처음으로 직접 본 미국 해병대원들이 마음에 듭니다. (…) 1년 반 전만 해도 이런 일은 상상도 못 했을 겁니다."

칼라시니코프는 당시 훈련 교육 담당 부사령관이자 해병대 지·공훈련교육센터Marine Air-Ground Training and Education Center 소장이던 매슈 P. 콜필드 소장에게서 예상치 못한 찬사를 들었다.[94] 콜필드는 AK 발명자에게 이렇게 말했다. "칼라시니코프 씨, 저는 개인적으로 전장에서 당신 총을 사용하는 것이 더 좋다고 고백해야겠습니다." 이처럼 솔직하게 발언한 직업군인은 베트남에서 대위로 중대를 지휘하면서 베트남전쟁의 분기점이 된 케산 전투에서 싸운 인물이다. 콜필드가 케산에서 겪은 경험은 칼라시니코프에게 한 발언에 분명 무게를 더해주었다.

1968년 1월 21일, 북베트남 군대가 케산 해병대 기지에 격렬하게 기습 공격을 가하자 미국인들은 충격에 휩싸였다. 그때까지 공산당의 결의를 가볍게 보던 존슨 행정부도 대경실색했다. 북베트남군이 기지를 포격하면서 가까운 거리의 유리한 위치에서 전초를 공격하기 위해 주변에 참호와 땅굴까지 파는 가운데, 미국 텔레비전 뉴스에서는 거의 두 달 동안 매일 밤 포위 방어전을 다루었다. 북베트남 국경에서 불과 3~5km 떨어진 케산은 이미 미국의 승전 의지를 상징적으로 보여주는 장소가 되었기 때문에 이 전투에서 패하는 것은 프랑스가 디엔비엔푸에서 참패한 사건에 비유되었다. 14년 전에 프랑스는 이 패배로 결국 베트남 점령을 끝냈다. 케산 전투를 둘러싸고 이곳이 정말 전략적으로 중요한 가치가 있어서 싸워 지켜야 하는지, 아니면 지휘관들이 자존심 때문에 모래 위에 그은 선에 지나지 않는지 대중적인 논쟁이 벌어졌다. 결국 미군이 승리했지만 205명이 전사하고 수백 명이 부상을 입었으며, 북베트남군은 8000명 정도가 전사했다. 미군은 몇 달 뒤 케산을 포기했고, 애초부터 이 기지에 군사적 가치가 없었다는 사실이 드러나자 전쟁에 대한 미국인들의 지지도 한결 줄어들었다. 나중에 밝혀졌듯이, 케산에 대한 맹렬한 공격은 임박한 구정 대공세Tet Offensive를 준비하기 위해 미국의 자원을 분산시키려는 양동 전술이었다.

콜필드는 케산에서 시달린 경험을 머릿속에 떠올리면서 칼라시니코프에게 말했다. "항상 칼라시니코프를 한 자루 손에 넣고 싶었는데, 한 가지 주저되는 게 있었습니다. 당신이 만든 총은 발사 속도가 M16하고 다르고, 총소리도 다릅니다. 우리 쪽 병사들이 그 소리를 들으면 아마 나한테 총을 쐈을 겁니다. 베트콩인 줄 알고요." 이제는 퇴역한 콜필드는 지금도 자신과 부대원들에게 지급된 M16 불량품에 관해 씁쓸한 기분이다. "젠장맞을 장군들 빼고는 다들 알고 있었지요."

자본가가 되고 싶은 가난뱅이 무기 설계자

미국 방문을 계기로 칼라시니코프에게 여행의 신세계가 열렸고, 그는 러시아 국경을 넘어서 명성을 떨쳤다. 외부 세계 사람들은 전 세계에서 가장 인기 있는 총기 이름의 주인공을 처음으로 보게 되었다. 신문마다 그에 관한 기사가 실렸다. 영화감독들은 그의 생애를 다큐멘터리로 찍고 싶어 했다. 칼라시니코프는 이 모든 관심이 생소했지만, 유명세를 담담히 받아들였다. 처음에 느낀 충격에서 벗어나자 오히려 박수갈채를 즐기기도 했다. 그는 그냥 애국의 의무를 다한 것이었기 때문에 평생 국가로부터 푼돈밖에 받지 못했다. 이제 고립에서 벗어나자 그는 흥미와 열의를 보이는 세계 언론을 상대로 이야기를 들려주었다.

칼라시니코프의 생애를 둘러싼 여러 아이러니 때문에 서구 미디어는 그의 이야기를 대서특필했다. 여기 70대 노인이 된 국가적 영웅이 있었다. 다 합쳐 봐야 매달 50달러에 불과한 연금으로 작은 아파트에서 검소하게 사는 이 사람은 이제 막 세계적 유명 인사로 발돋움하고 있었다. 가슴에는 훈장이 주렁주렁 붙어 있었지만, 방 세 개짜리 아파트에 가구라고는 1949년에 스탈린상을 처음 받을 때 상금으로 산 옷장 하나가 전부였다. 아이러니하게도 그의 가족을 시베리아로 유형 보낸 이가 바로 스탈린이었다.

그의 비극적인 개인사가 처음으로 대중에 공개되었다. 그의 부인 예카테리나Yekaterina는 오랜 투병 끝에 20년 전 세상을 떠났다. 그녀는 그래픽 아티스트로서 남편이 총기를 스케치하는 것을 도왔다. 둘은 1943년에 결혼했는데, 각자 전 배우자 사이에 아이가 하나씩 있었다. 부인의 딸은 카챠Katya이고, 칼라시니코프의 아들은 빅토르Viktor인데, 아들 역시 혼자 힘으로 무기 설계자가 되었다. 장성해서는 생모가 세상을 떠날 때까지 칼라시니코프 부부와 같이 살지 않았다. 부부 사이에도 두 딸이 생겼는데, 큰딸 옐레나는 아버지와 계속 여행을 다녔고, 나타샤Natasha는 스물아홉 살에 교통사고로 죽었다. 그 사고로 칼라시니코프는 딸뿐만 아니라 동반자까지 잃었다. 부인이 세상을 떠난 뒤 나타샤가 아버지 집으로 들어와 살면서 노인의 일상생활을 거들어주었던 것이다. 나타샤는 어머니 무덤 옆에 묻혔다. 칼라시니코프는 두 묘석 둘레에 직접 설계한 울타리를 세웠다. 그가 만든 소총처럼 울타리도 단순하고 튼튼하고 믿음직스럽다.

그러나 새롭게 이름을 날리게 되자 금세 각지에서 초청장이 날아들었고, 칼라시니코프는 기운을 되찾았다. 그 후 몇 년 동안 그는 중국, 불가리아, 아르헨티나 등을 여행했다. 1991년에는 총기 제조업체 스텀 루거 사의 회장인 윌리엄 루거William Ruger의 초청으로 다시 미국을 방문했다. 스텀 루거 사는 다양한 총기를 생산하는데, 가장 유명한 것은 1949년에 회사의 출발점이 된 .22구경 장총이다. 이 미국 여행 중에 칼라시니코프는 솔트레이크시티에서 열린 미국총기협회 연례 총회에 초대 손님으로 등장했고, 총기 잡지 기자들을 위해 열린 리셉션에도 참석했다.

이렇게 관심을 한 몸에 받게 되자 러시아의 고위 장교가 보리스 옐친Boris Yeltsin 대통령의 옆구리를 찔러서 칼라시니코프의 연금을 월 100달러 정도로 올려주었다. 그는 또 작은 목조 별장을 한 채 받고, 정부로부터 운전사 겸 수행비서도 제공받았다. 정부가 국보급 인물의 대우를 높여준 데는 다른 이유도 있었다.

이때쯤이면 러시아 관리들도 칼라시니코프가 유명 인사가 되었고, 이름만 대면 누구나 알 수 있는 사람이라는 것을 확실히 알았다. 그는 무기 구매자들에게 문을 열어주기에 충분한 명성이 있었다. 그가 무기박람회를 방문했을 때 사람들이 유명한 AK47 발명자의 사인을 받고 함께 사진을 찍으려고 줄을 서서 떠미는 것을 본 러시아 관리들은 그가 지닌 흡인력을 깨달았다. 칼라시니코프는 친절했고, 사람들은 설령 러시아 이데올로기를 특별히 좋아하지 않더라도 그와 이야기 나누는 것을 즐겼다. 게다가 이제 칠십 줄에 접어들어 백발이 성성한 칼라시니코프는 전혀 무서운 사람 같지 않았고, 한때 서구와 철천지원수였던 강력한 소련은 이미 해체된 상태였다. 사람들은 이 초라하고 몸집이 작고 힘도 빠진 남자를 처음 보는 순간 깜짝 놀라면서 호기심을 품었다. 자기 앞에 있는 남자의 모습과 악명 높은 AK47 발명자에서 흔히 떠오르는 이미지의 간극을 좁히는 데 애를 먹었다. 그들 앞에 선 이 친절해 보이는 신사가 정말로 그런 살상 무기를 만든 사람이란 말인가?

칼라시니코프는 여러 차례 자기 인생사를 풀어놓았다. 전시에 병원에서 건강을 회복하면서 아이디어를 떠올린 이야기, 나치에 맞서 조국을 지키고자 했던 이야기, 제 자식이라고 해도 무방한 쇳덩어리로 돈 한 푼 받지 못한 이야기 등등. 이 러시아인은 지금은 문을 닫은 휴스턴의 애스트로도메인 단지Houston Astrodomain Complex에서 열린 엽총과 아웃도어 장비 전시회에 참석해 이야기를 들려주었다. 사냥용으로 개조한 AK, 사이가를 홍보하기 위해 참석한 자리였다.

러시아 스텝 지대에 사는 영양의 이름을 딴 사이가 개발은 필사적인 시도였다. 소련은 바야흐로 정치·문화·경제적으로 해체되는 중이었다. 1980년대 말에 이르러 소련은 이제 더는 강한 군대를 지탱할 수 없었다. 1989년에는 무기 지출을 14퍼센트 삭감했는데, 더 삭감될 것으로 보였다. 1991년이 되자 러시아에서 으뜸가는 병기 공장이자 AK의 고향인 이즈마시Izhmash, 즉 이젭스크 기계공장 Izhevsk Machine Works이 심각한 위기에 빠졌다. 이 공장은 한때 직원이 5만 명에 달했다. 그런데 지금은 3만 명만이 일하고 있었고, 그나마 절반 이상이 시간제 노동자이거나 완곡하게 표현하면 '강제 휴가' 상태였다. 공장에서 일하는 다른 사람들과 마찬가지로, 수석 설계자 직함을 유지하던 칼라시니코프도 몇 달째 월급을 받지 못했다. 옛 소련의 재정이 붕괴하는 혼란스러운 상황에 편승해 러시아 폭력 집단이 점점 몸집을 키우는 가운데 이즈마시의 몇몇 불량한 기술자들은 순전히 가족을 먹여 살리기 위해 갱단에게 총기를 만들어 주었다.

1992년에 마침내 소련이 해체되자 이즈마시는 폐쇄될 위기에 처했다. 공장을 계속 가동하려는 절체절명의 시도로 관리자들은 수입원을 찾아 국내 시장 바깥으로 눈을 돌렸지만, 냉전이 끝난 데다가 고장 나는 법이 없는 AK가 세계에 넘쳐났기 때문에 100시리즈 AK 같은 군용 소형화기를 판매하려는 시도는 대개 실패로 끝났다.

이즈마시 설계자들은 민간 시장을 개척하기 위해 칼라시니코프의 기본 작동을 토대로 일련의 반자동 엽총과 산탄총을 만들어냈다. AK의 설계가 신뢰를 얻었을 뿐 아니라 칼라시니코프의 신비로운 명성을 이용해 총을 팔 계획이 있었기 때문이다.

칼라시니코프는 휴스턴에서 이 엽총들을 선전하다가 스토너와 재회했다. 스토너 역시 몇 년 동안 몇몇 총기 제조업체에 라이선스기 주어진 M16의 민간용 버전을 홍보하는 중이었다. 스토너는 이미 반쯤 은퇴해서 플로리다주 비로비치에서 살고 있었다.

여전히 친구 사이였지만, 두 사람은 전시회 동안 이야기를 나눌 시간이 많지 않았다.[95] 둘 다 자기 부스를 지키면서 방문객과 구매자를 끌어들이느라 바빴다. 한 기자가 AK47에 관해 어떻게 생각하느냐고 묻자 스토너는 이렇게 대꾸했다. "칼라시니코프는 좋은 총이지만, [M16하고는] 애초에 만들 때 주어진 요건이 다르기 때문에 다른 총이지요. 러시아인들은 단순하고 단단한 총을 원했고, 중량은 중요한 요인이 아니었어요." M16이 AK보다 4*lb*(약 1.8kg) 정도 가볍다는 말을 하려는 것이었다. 칼라시니코프는 M16에 관한 질문을 받자 그냥 좋다는 의미로 고개만 끄덕였다. 스토너와 견주어 보면, 칼라시니코프는 팔뚝도 굵고 매력적인 사람이어서 넋을 잃고 바라보는 구경꾼과 사인을 받으려는 팬들이 몰려들었다.

폐쇄적인 소련 바깥의 세계에 나와 사방에서 터지는 박수갈채와 구경꾼들에 둘러싸인 가운데 칼라시니코프는 자기 발명품이 미친 영향에 공개적으로 직면할 수밖에 없었다. 서구 기자들은 그가 만들어낸 총이 몇몇 대륙에서 수백만 명을 죽이고 비참한 파괴를 초래한 데 대해 어떻게 생각하는지 궁금해했다. 칼라시니코프는 나치가 조국을 침략했을 때 자신은 오로지 소련 병사들에게 더 좋은 무기를 쥐여줄 생각밖에 할 수 없었다고 재차 이야기했다. 그러나 조국의 범죄자들이 AK를 사용하고 있는 데 대해서는 유감을 표했다. "내 조국을 점령한 무리와 싸우기 위해 만든 총을 가지고 동포들이 서로 죽이고 있는 것은 유감입니다."

반세기가 넘도록 소련에 의해 베일에 싸여 있던 이 작고 겸손한 남자가 이제 공개적인 자리에 나와서 자신의 삶과 발명품에 관해 많은 것을 알고 싶어 하는 자유로운 언론 앞에 섰다.[96] 그는 기회가 있을 때마다 자기 작품을 옹호하면서 정치인들이 AK를 살상용으로 이용했다고 비난했다. 간혹 자신에게 질문의 화살이 돌아가면 그는 퉁명스럽게 말을 자르면서 자기 발명품이 남긴 유산의 책임을 자신에게 돌리는 데 화를 냈다.

"이 나라[소련]에서는 무기 제조자들에게 응분의 상을 준 적이 없습니다. 만약 정치인들이 우리처럼 열심히 일했더라면 아마 총기가 악당들의 수중으로 들어가는 일은 없었을 겁니다."

그는 소련이 붕괴하면서 터져 나온 종족 간 충돌 당시 러시아인들끼리 서로 AK로 죽인 데 대해 깊은 슬픔을 표했다. 소련 군인들이 무기고에서 AK를 훔쳐서 팔거나 보드카 몇 병과 맞바꾸는 것을 알고는 충격을 받았다. 그렇지만 AK는 국경을 수호하기 위해 만들어진 것이며, 아프리카와 라틴아메리카, 그리고 유감스럽게도 조국에서 발생하는 것과 같은 내부 충돌에서 사용되어서는 안 된다고 힘주어 강조했다.

이제 공적 인물이 되어 자기 견해를 더 자유롭게 밝힐 수 있게 된 칼라시니코프는 보리스 옐친을 만나서 소련을 해체할 이유가 없다고 말했다. 다른 많은 러시아인이 그렇듯 그 역시 옛 소련을 그리워했고, 흔한 일상이 되어버린 국내의 혼란 사태를 혐오했다.

그가 지키기 위해 싸운 조국은 이제 사회적 갈등과 부패에 시달리고 있었다.

일흔다섯 살 생일이 다가올 즈음, 칼라시니코프는 밀려드는 인터뷰 요청에 정신을 차리지 못할 정도였다. 이제 전보다 한결 자유롭게 러시아를 돌아다닐 수 있게 된 서구 기자들은 그와 함께 사냥 여행을 다니고, 이젭스크의 집으로 찾아왔다. 예전에는 그곳에 자리한 무기 공장들 때문에 외국인이 들어올 수 없는 도시였다. 대체로 서구 기자들은 자신이 남긴 무자비한 유산에 관해 속이 빤히 들여다보이는 질문을 계속 던지는 언론에 당연히 화를 내는 단순한 인물로 칼라시니코프를 묘사했다. 똑같은 질문을 거듭 들을 때마다 그는 짜증을 억누르려고 애를 썼다.

"당신이 만든 총이 무고한 사람들을 죽이는 데 사용되는 것에 대해 어떻게 생각하십니까?"

때로는 다른 면모가 얼핏 드러나기도 했다. 그는 다른 어떤 무기도 AK의 실용성을 넘어서지 못할 것이라고 믿으면서 거의 건방지고 오만한 태도를 보였다. 조국 소련이 나치 침략군 무리를 물리친 사실을 자랑스러워했으며, 기회가 날 때마다 상식에 어긋나는 결정을 내렸다고 생각하는 정치인들을 비난했다.

관찰자들은 또한 썩 내키지는 않지만 그래도 자본가가 되고 싶어 하는 칼라시니코프의 면모에 주목했다. 그는 잃어버린 시간을 보상받으려고 하는 가난뱅이였다.[97] 이젭스크 주변 지역에 있는 무기 공장들은 옛 군 시설을 이용해 민간용 무기를 생산하고 판매하기 위해 칼라시니코프 합자회사를 설립했다. 이 회사는 칼라시니코프를 명예회장으로 추대하고는, 그를 세계 각지에서 열리는 무역박람회에 보내면 그의 이름 덕분에 관심을 끌 것으로 기대했다. 칼라시니코프는 내키지 않았지만 계약서에 서명했다.

"나는 무기를 팔려고 만든 게 아니라 조국을 구하는 데 필요하기 때문에 만든 겁니다." 몇 년 전에 민간용 AK 모델을 판매한다는 구상이 퍼졌을 때 그가 한 말이다.

러시아가 경화를 벌어들이기 위해 AK와 유명한 발명가에게 기대를 거는 가운데 미국의 입법자들도 AK에 주목했다. 세계에서 가장 돋보이는 모양의 돌격소총인 AK는 이미 몇 년 전 시작되었지만 이제 급속하게 추진력을 얻고 있던 운동을 통해 미국에서 이 무기를 금지하려고 하는 사람들에게 상징적인 존재가 되었다.

초등학교와 CIA 본부 AK 난사 사건

미국에서 처음 등장한 AK는 아마 1960년대 말과 70년대 초 베트남전쟁에서 돌아온 군인들이 가져온 것일 터이다. 이 총들은 대부분 공이를 제거하는 식으로 발사가 되지 않게 만든 것이었고, 미군을 동남아시아에서 몰아낸 일등 공신에 매료된 일반 병사들이 기념품으로 챙겨왔다. 이 총의 명성이 일반 대중에 퍼지자 점점 많이 들어오기 시작했다.

AK의 수입은 "스포츠용으로 특별히 적합하거나 곧바로 개조할 수 있다고 대체로 인정되지" 않는 한 모든 총기의 수입을 금지한 1968년 총기규제법(로버트 F. 케네디와 마틴 루서 킹 2세가 암살된 직후 통과된 법이다)에 어긋나는 것처럼 보였지만, 정부는 사실 권총에만 초점을 맞췄다. 이 법안의 주된 취지는 오락용으로서 가치가 전혀 없는 이른바 '토요일 밤 한탕용' 같은 싸구려 수입 권총을 불법화하는 것이었다. 이 권총 중 일부는 값이 너무 싸고 만듦새가 형편없어서 발사하면 부품이 떨어져 나가 한 번 쓰고 버려야 할 정도였다. 당시에는 돌격소총이 거의 수입되지 않았기 때문에 아무도 관심을 기울이지 않았다. 게다가 이 문제가 제기되면, 돌격소총 옹호론자들은 이 총이 사냥과 표적 사격용으로 가치가 있다는 식으로 반대론자들이 보기에 의심스러운 주장을 폈다.

싸구려 권총의 공급원이 말라버리자 우지와 AK 수입의 인기가 높아졌다. 시기가 맞아떨어졌기 때문만은 아니었다. 이처럼 돌격소총이 새롭게 관심을 끌게 된 데는 이 총과 관련된 경제적·기계적 요인도 작용했다. 게다가 마약과 갱단 활동 때문에 거리 폭력이 발생하는 상황도 작용했다.

경제적인 면을 보면, 이스라엘은 수입 관세에 관한 한 미국에서 '최혜국 대우'를 누렸다. 그리하여 우지 기관단총이 1980년에 미국 시장에 처음 소개될 때 고작 500달러에 판매되었다. 구경이 작고 사거리가 짧은 이 총은 달리는 차에서 쏘거나 갱단끼리 근접 사격을 하는 데 안성맞춤이었다. 민간 수출용 모델은 반자동 방식으로만 판매되었지만, 불법이긴 해도 변환용 키트를 사용해 자동 방식으로 바꿀 수 있었다. 웃옷 안에 숨기고 있다가 9mm 총알을 1분당 600발씩 발사할 수 있었기 때문에 마약 거래상과 갱단에게 인기를 끌었다. 탄창은 25발, 32발, 40발짜리 등이 유통되었다. 2차대전 당시 사용된 여느 기관단총이 모두 그렇듯이, 우지 역시 스포츠용이 아니었다. 인명 살상용으로 만들어진 것이었다.

1980년대 중반에 주로 중국으로부터 미국 연안에 도착한 AK도 마찬가지였다. 중국이 최혜국 지위를 누렸기 때문에 AK도 값이 저렴했다. AK는 200달러도 되지 않는 데다가 마약 거래상과 갱단원들에게 반문화反文化와 반란의 아우라를 풍겼기 때문에 우지를 밀어내기 시작했다. 우지와 마찬가지로 수입된 모델은 반자동 방식만 가능했지만, 완전 자동사격용 변환 키트가 암시장에서 팔렸다.

총기 애호가들은 사냥과 표적 사격 같은 오락용으로 이 총기를 사용할 수 있으므로 총기규제법의 보호를 받는다고 주장했지만, '돌격소총'이 사용된 총격 사건이 전국적으로 잇따르면서 이런 견해가 무색해졌다. 심지어 '돌격소총'이라는 단어 자체가 총기 애호가들과 반대론자들 사이에 쟁점으로 부상했다. 돌격소총에 관한 보편적인 정의는 존재하지 않는다. 실제로 입법자들이 돌격소총의 수입과 판매, 사용을 금지하는 법률을 제정하려고 할 때 바로 이런 문제가 발생한다. 대체로 돌격소총은 몇 가지 핵심적인 특징으로 규정된다. 반자동이나 자동 방식으로 사격할 수 있고, 무게가 가볍고, 중간형 총알을 사용하고, 대용량 탄창을 끼울 수 있고, 보통 군용 무기로 만들어진 것이다. 총기 반대론자들은 종종 AK나 M16 소총과 모양이 흡사하기만 하면 반자동 방식으로만 발사된다고 할지라도 돌격소총이라고 부른다. 이런 차이는 나중에 총기 규제 입법과 그것을 둘러싸고 벌어진 논쟁에서 결정적인 역할을 하게 된다.

개념적 의미는 제쳐두고 특히 한 사건이 그 잔혹성 때문에 전체 미국인, 아니 전 세계의 관심을 끌었다.

1989년 1월 17일, 스물네 살의 패트릭 에드워드 퍼디Patrick Edward Purdy, 일명 패트릭 웨스트Patrick West가 11년 된 쉐보레 스테이션왜건 차량을 캘리포니아주 스톡턴의 초등학교 앞에 주차했다. 그러고는 차를 떠나기 전에 휘발유를 가득 채운 맥주병에 쑤셔 넣은 심지에 불을 붙이고 앞자리에 던졌다.

뒷자리에 뚜껑을 연 채로 놓아두었던 휘발유통 두 개가 폭발하기 직전, 군용 작업복에 방탄조끼를 입은 퍼디가 울타리에 난 구멍을 통해 학교 운동장으로 들어왔다. 때마침 점심시간이라 1학년부터 3학년까지 400명이 운동장에서 놀고 있었다. 퍼디의 셔츠에는 "PLO", "Libya(리비아)", "Earthman(지구인)", 그리고 잘못 쓴 게 분명한 "Death to the Great Satin(대악마에게 죽음을)" 등의 문구가 적혀 있었다.

클리블랜드 초등학교에서 청각장애 어린이들을 가르치는 로리 매키Lori Mackey는 교실 창밖을 보다가 무표정한 얼굴의 퍼디가 제자리에 선 채로 말을 하거나 소리를 지르지도 않으면서 총으로 사방을 쓸어버리는 모습을 보았다. 나중에 알고 보니 중국에서 수입된 AK 반자동소총이었다. 아이들을 안전하게 교실 뒤쪽으로 데리고 간 매키가 말했다.

"그 사람은 정말로 화난 것처럼 보이지 않았어요."[98]

아이들과 교사들은 빗발치는 총알을 피하려고 사방으로 뛰었다. 잠시 후 퍼디가 9mm 토러스 권총을 머리에 쏴 자살하고 나서야 총기 난사가 끝났다.

곧바로 경찰과 구급대원들이 달려와 보니 학생 다섯 명이 사망하고, 30명 넘게 부상당해 있었다. 사망자는 주로 동남아시아 출신의 난민 아동이었다. 경찰은 퍼디의 시체 옆에서 75발짜리 회전식 탄창 하나와 30발짜리 바나나 모양 탄창 하나, 그리고 그가 7.62×39mm 총알을 110발 발사했음을 보여주는 탄피들을 발견했다. 오리건주 포틀랜드에서 AK를 구입한 퍼디에게는 "humanoids(휴머노이드)", "evil(악)", "SSA" 등의 단어가 표시된 탄창이 세 개 더 있었다. 당국은 "SSA"가 사회보장국Social Security Administration의 약자일 것으로 추정했다. 퍼디는 사회보장 수당을 받고 있었는데, 정부가 자신의 복지 등급을 낮게 매긴 데 대해 불만을 품은 것이 분명했다. 옆에는 미처 사용하지 못한 탄약도 두 상자 있었다.

퍼디는 중국제 AK, (정확한 모델명은) SKS Type 56(베트남전쟁 당시 베트콩이 많이 사용했다)의 개머리판에 "Freedom(자유)", "Victory(승리)", 그리고 깃발에 AK 모양을 그려 넣은 중동의 테러 집단인

레바논 남부에서 AK로 무장한 군인이, 1982년 이 나라에서 창설된 테러리즘 집단인 헤즈볼라(신의 당) 깃발 앞에 서 있다. 깃발을 보면, 지구 위로 내뻗은 팔이 AK를 움켜쥐고 있는데, 이 집단이 전 세계의 여러 문제에 무력으로 개입한다는 뜻이 담겨 있다.

© Mike Stewart/Corbis Sygma

6장 미국에 건너간 칼라시니코프

"Hezbollah(헤즈볼라)" 등의 단어를 새겨놓았다. (AK는 여러 테러 집단의 깃발과 문장紋章에서도 볼 수 있다. 중동에서 활동하는 팔레스타인해방전선Palestinian Liberation Front, PLF의 문장에는 AK와 요르단강 서안·가자지구·현 이스라엘의 지도, 소련식 붉은 별이 담겨 있다. 주로 북아프리카에서 활동하는 소명과 전투를 위한 살라피스트 그룹Salafist Group for Call and Combat[현 '이슬람 마그레브 알카에다al-Qaeda in the Islamic Maghreb'의 전신. 1992년 시작된 알제리 내전 당시 형성된 무장이슬람조직Armed Islamic Group, GIA에서 2003년 10월 알카에다 지지를 선언하며 갈라져 나온 극단주의 무장 단체다─옮긴이]의 문장에는 칼과 코란, AK가 있다.)

당국은 아이러니하게도 11월 10일생으로 미하일 칼라시니코프와 생일이 같고 어렸을 때 클리블랜드 초등학교를 다닌 퍼디가 스톡턴에 많이 사는 동남아시아 출신 난민들에게 원한을 품은 것 같다고 발표했다. 그는 동료들(한때 기계공으로 일했다)에게 10대 시절에 관해 쓰라린 감정을 표현하면서 자기를 버린 부모와 알코올 의존증에 대해 불만을 토로했다. 경찰은 그가 총격 사건 전에 살던 호텔 방 바닥에 작은 초록색 플라스틱 모형 군인들과 탱크, 지프 등이 전투 대형으로 놓여 있는 것을 발견했다.

이 사건은 캘리포니아주와 전국 각지에서 행동의 기폭제가 되었다.

스톡턴 학교 운동장 총격 사건이 벌어지고 채 한 달도 되지 않은 1989년 2월 6일, 로스앤젤레스 시의회는 반자동 총기의 판매와 소유를 금지하는 법률을 12 대 0으로 통과시켰다. 반자동 총기 소유자들은 15일 안에 총을 처분하거나 법률에 맞게 개조해야 했다.

시의회의 조치는 불과 이틀 전에 스톡턴에서 제정된 비슷한 법률에 뒤이어 나온 것이었다.

이런 움직임은 그전부터 어느 정도 탄력을 받고 있었지만, 스톡턴 총기 난사 사건을 계기로 순식간에 추진력이 커졌다. 일반 시민들이 자동소총과 반자동소총, 단발소총의 차이를 배우고 있었다. 전에는 일반인들이 이런 정보를 알 필요가 거의 없었다. 동부 연안에서는 갱단과 마약 관련 사망 사건이 한창 점증하는 워싱턴 D.C.에서 이미 반자동 총기를 제한하는 법률이 통과된 상태였다.

총기 애호가들은 스톡턴을 비롯해 최근 주목을 끈 여러 사망 사건이 언론에서 묘사하는 것과는 달리 돌격소총이 아니라 반자동소총 때문이라고 주장했지만, 이런 항의는 논쟁에 기름을 붓는 역할만 했을 뿐이다. 총기 반대론자들은 이런 전문적 사항은 쓸데없는 트집 잡기라고 일침을 가했고, 아이들이 죽고 경찰관이 범죄자들에게 화력으로 밀리는 상황에서 이런 구분은 사소한 문제라고 생각했다. 그런 구분은 인간 생명보다 사소한 기계적 차이에 더 관심이 많은 총기 애호가들한테나 중요한 문제라고 본 것이다.

한 가지 뜨거운 쟁점은 탄창에 든 총알의 개수었다. 워싱턴 D.C.의 법률은 11발 이상의 총알이 든 탄창을 사용하는 총기를 금지했다. 로스앤젤레스에서는 그 한도가 20발이었다. 총알 제한 조항은 이 총기를 사냥용으로 사용할 수 있다는 주장에 맞선 싸움에서 결정적인 무기였다. 대다수 사냥꾼은 보통 사냥감을 추적할 때 한 발만 쏘기 때문이다. 사냥꾼들의 '일발 사격' 전통 때문이기도 하고, 사슴 같은 사냥감들이 첫 발이 빗나가면 소리에 놀라 냅다 도망치기 때문이기도 하다.

총기 소유자의 권리를 철두철미하게 지지한 로널드 레이건 전 대통령조차 돌격소총에 대해서는 생각을 바꿨다.[99] 대통령직에서 물러난 뒤 처음 공개적으로 모습을 드러낸 자리에서 레이건은 연설이 끝난 뒤 서던캘리포니아대학 학생들이 던진 질문에 답했다. 한 학생이 스톡턴 총격 사건을 거론하면서 총기 규제에 관한 입장을 묻자 레이건은 이렇게 말했다. "나는 스포츠나 사냥 등을 위해 자기 총기를 소유할 시민의 권리를 빼앗을 수는 없다고 생각합니다." 일흔여덟 살의 전직 대통령은 말을 이었다. "그런데 기관총인 AK47은 스포츠용 총이 아니라고 봅니다." 레이건은 AK를 기관총이라고 잘못 말했지만, 그의 발언은 총기 반대 압력단체들에 큰 위안이 되었다. 이 단체들은 줄곧 레이건과 공화당 정치인 일반을 총기 규제 입법 반대 세력으로 간주했기 때문이다.

조지 H. W. 부시 대통령 역시 돌격용 총기에 관한 태도를 바꿨다.[100] 대통령은 반자동 총기에 관한 국가적 토론이 "아주 뜨거워진" 점을 인정했다. 그리고 돌격소총으로 죽은 아이들에 대한 대중적인 원성을 언급하면서 정부가 일시적인 금지 조치를 취한 것은 "AK47에 대한 자신의 깊은 우려와도 부합한다"고 말했다. 그에 앞서 미국의 마약 단속 책임자 윌리엄 베넷William Bennett은 AK와 우지 카빈을 중심으로 한 돌격소총에 대한 수입 허가 11만 건 이상을 일시 중단할 것을 촉구했다. 정부가 시간을 갖고 이 총기들이 스포츠와 오락용으로 적합한지, 영구적인 금지가 적절한지를 평가해야 한다는 것이었다.

평생 미국총기협회 회원이었던 부시는 줄곧 반자동소총을 금지하는 조치에 반대했기 때문에 이런 선회는 이 총기의 살상력에 대한 국가 전체의 분위기와 우려를 나타내는 것이었다. 부시의 변심에 많은 국민이 놀랐다. 특히 그를 언제나 철두철미한 동맹자로 여기던 미국총기협회를 비롯한 여러 총기 단체 회원들이 매우 놀랐다.

총기 압력단체가 가진 힘을 고려하면, 행정부로서는 대담한 움직임을 보인 셈이었다. 실제로 일시적인 수입 금지령이 발포된 이래, 백악관에는 자신들이 가진 대규모 군자금과 회원 결집 능력을 이용해 부시와 베넷을 정치적으로 파멸시키겠다고 위협하는 총기 단체들의 경고가 들끓었다. 미국총기협회 간부들은 완력을 사용하는 전술을 구사하지 않겠다고 밝혔지만, 행정부는 마치 정부를 총기 소유자들의 적처럼 규정하는 데 대해 격노했다. 베넷은 공개적인 자리에서 자신의 부서로 '제3자들'에게서 많은 전화와 압력이 왔다고 밝히면서도 구체적인 이름이나 단체를 거명하지는 않았다.

많은 법 집행기관에서도 바야흐로 시대가 바뀌고 있었다. 여러 미국 대도시의 경찰청장들이 돌격소총 확산에 맞서 압력을 가하기 위해 힘을 합쳤다. 지금 생각하면, 이런 움직임이 분명해 보이지만, 당시에는 많은 경찰관이 대개 총기 애호가이자 사냥꾼이라서 총기 소유를 제한하려는 모든 법에 발끈했다. 지금은 경찰관들이 거리의 범법자에게 화력으로 밀리기 때문에 논쟁을 다른 각도에서 보기 시작했다.

총기 단체를 상대로 싸움을 걸고 싶지 않지만, 그렇다고 기존 입장을 철회할 생각도 없었던 행정부는 모든 당사자가 잠시 숨을 고르고 이 문제를 냉정하게 검토해보자고 요청했다. 베넷은 양쪽 모두에 "다들 진정하라"고 말했다. 그는 총기 소유자들에게 이 조치가 총기를 완전히 금지하려는 움직임의 시작이 아니라고 다짐했다.[101] 그러면서 수입 금지령이 효력을 발휘한 이래, 그리고 콜트가 M16의 민간용 모델인 AR15 판매를 자발적으로 일시 중단한 이래 미국인들이 반자동소총을 대대적으로 사기 시작했다고 언급했다. 사람들이 잘못 생각한 것이었다. "만약 사람들이 이것이 총기의 끝이라고, 그러니까 이제 더는 총을 구할 수 없으리라고 생각하기 때문에 사재기를 하는 거라면, 그건 착각입니다." 판매 급증이 미국총기협회의 공포 마케팅 때문인지 아니면 단순히 개개인이 발벗고 나선 것인지는 분명하지 않았지만, 베넷은 향후에 전면적인 총기 금지는 없을 것이라고 사람들을 안심시켰다. "한편 대다수 미국인, 미국총기협회의 대다수 성원은 '무엇이든 괜찮다'—어떤 총기든 손에 넣자—고 생각하지 않지만, 대단히 많은 사람이 거리에서 사용되는 총기의 종류에 관해 걱정합니다."

여론의 흐름에 확신을 얻은 부시 대통령은 수입 금지령을 영속화했고, 많은 반대론자가 그러한 금지령 때문에 일어날 것이라고 말한 일들이 실제로 일어났다. 1989년 7월에 수입 금지된 총기 43

종의 가격이 금지령 직전보다 급등한 것이다. 1월에 300달러였던 AK 가격은 금지령이 영속화된 직후 일부 지역에서는 1000달러 이상으로 치솟았다. 무엇보다도 금지령 이전에 재고로 쌓여 있는 총기 판매는 허용되었기 때문에 기업들이 앞다퉈 최대한 많이 생산해서 미국 상점들로 선적했다. 게다가 미국 총기 제조업체들은 '복제품'이라 불리는, 흡사한 모양의 국내산 돌격소총 생산 준비를 갖췄다. 미국에서 제조된 이 총기들은 수입 금지령의 영향을 받지 않았다. 이 국내산 총기들은 수입 모델과 모양이 비슷하고 사격 방식도 흡사하게 만들어졌다. 이 총기들을 생산하는 많은 기업이 여전히 존재하는데, 수입 금지령이 없었더라면 애초에 이 기업들이 설립되지도 않았을 것이다.

외국 총기 제조업체들은 법조문을 따르면서도 수입 금지령을 우회하는 방법을 찾아냈다. 1년 만에 외국 총기 업체 대여섯 곳이 대미 수출 기준에 부합하도록 개조된 돌격소총 수입 허가를 신청했다. 예컨대 수입이 금지된 돌격소총의 주요 특징으로는 15발(또는 그 이상의) 탄창, 권총식 손잡이(이런 손잡이가 있으면 허리춤에서 한 손으로 총을 잡고 사방으로 쏠 수 있다), 총검꽂이, 유탄발사기 등이 있었다. 총기 수출업체로서는 10발짜리 탄창을 만들고, 총검꽂이를 떼어내고, 권총식 손잡이를 제거하고 대신 개머리판에 엄지구멍thumbhole(권총식 손잡이 대용으로 소총의 손잡이 부분에 엄지손가락을 넣게 만든 구멍. 파지가 안정적이어서 방아쇠를 당기는 손가락의 움직임이 다른 곳으로 전달되지 않기 때문에 사격 정확도가 높아진다 ─ 옮긴이)을 뚫는 것은 쉬운 일이었다. 엄지구멍이 있으면 한 손으로 허리 어름에서 총을 잡고 람보처럼 총을 쏠 수 있었지만, 법조문에서는 한 치도 어긋나지 않았다.

주류담배화기단속국Bureau of Alcohol, Tobacco and Firearms에 따르면, 당시 미국인들이 소유한 반자동 총기 약 300만 정 가운데 25퍼센트 정도가 외국 모델이었다. 관리들은 금지령이 내려지지 않았다면 70만~100만 정 정도가 더 수입되었을 것이라고 추산했다. 그런 점에서 금지령은 성공작이었다. 다른 한편 금지령 때문에 그전에는 존재하지 않았던 복제품 소총이라는 새로운 산업이 우후죽순처럼 생겨났다.

돌격소총(이번에도 역시 엄밀하게 말해서 반자동소총) 금지법 제정을 지지하는 세력을 이끈 주인공은 캘리포니아주 출신 연방 상원의원 다이앤 파인스타인Dianne Feinstein이다. 그녀는 기자회견장에서 AK를 치켜드는 행동으로 이 소총의 위험성을 분명하게 각인했다. 그녀가 돌격소총으로 사망자가 발생한 총격 사건을 나열하는 가운데 바나나 모양의 상징적인 탄창이 달린 익숙하고 위협적인 총은 사람들의 이목을 집중시켰다. 그녀가 말하고자 한 메시지는 사람들의 가슴에 박혔다.

거리의 폭력 사건이 한층 더 많아지고, 대부분 마약이나 갱단과 관련된 새롭고 무시무시한 사건(달리는 차에서 창밖으로 총을 쏘는 사건)의 유령이 배회하는 가운데 국가적 차원에서 총기 반대 운동이 힘을 모으고 있었다. 부시의 수입 금지령에도 분명 결함이 있었지만, 입법자들은 그와 비슷하게 국가적 입법을 추진했고, 이번에는 도망칠 구멍을 없애려고 노력했다.

국가적 논쟁이 가열되는 가운데 미국에서 손꼽히는 몇몇 총기 제조업체는 뜨거운 쟁점이라고 여겨지는 문제, 즉 대용량 탄창 문제에 집중하려고 했다. 하원이 총기 문제의 근원으로 이 특정 문제에만 초점을 맞추게 할 수 있다면, 더 엄격한 규제를 피할 수 있었다. 총기 제조업체들은 부시 행정부가 수입 금지령의 핵심으로 탄창 용량에 집중하게 만드는 데 성공했고, 뒤이어 등장할 국가적 입법도 이 지점에만 집중하게 되기를 기대했다.

13개 총기 제조업체가 윌리엄 루거를 대표로 내세우고 스포츠용총기탄약제조업체협회Sporting Arms and Ammunition Manufacturer's Institute, SAAMI라는 단체로 선두에 섰다. 이 단체에는 유명한 총기 제조업체인 윈체스터와 스미스 & 웨슨도 속해 있었다. "반자동 총기 자체가 법적 금지의 대상이 되어서는 안 된다"는 것이 협회의 공식 입장이었다. "반자동사격 방식보다는 대용량 탄창이 이 논쟁의 초점이 되어야 마땅하다." 루거는 반자동 돌격소총 같은 총은 존재하지 않는다고 기술적인 논점을 다시 강조했으며, 자기 총이 부당하게 낙인찍히고 있다고 느끼는 총기 소유자들이 그의 주장에 공명했다. 그러나 루거가 탄창 용량을 15발로 제한해야 한다는 협회의 입장을 공개적으로 되풀이하자 총기 소유자들은 총기 제한에 맞서 함께 싸움을 벌이는 같은 편이라고 생각했던 이 유명한 총기 제조업자에게 배신감을 느끼고 분노를 쏟아냈다.

총기 업계와 애호가 집단의 많은 이들은 **어떤** 종류의 규제에든 굴복하면서 **어떤** 식의 양보든 수용하는 루거의 태도를 이해할 수 없었다. 그들은 루거와 협회 동료들이 더 심한 규제 입법을 막으려고 노력한다는 것을 이해하지 못했다. 루거는 또한 인기 있는 반자동소총인 자사의 미니14Mini-14가 금지 대상에서 제외되기를 기대했는데, 그 후 몇 달 동안 벌어진 논쟁에서 총기 찬성 단체들은 그를 베네딕트 아널드Benedict Arnold(미국 독립전쟁 당시 장군 신분으로 영국군에 자진 투항해 매국노, 배신자의 대명사가 된 인물―옮긴이) 같은 매국노로 규정했다. 그는 또한 2차대전을 피하겠다는 일념으로 아돌프 히틀러Adolf Hitler에게 유화 정책을 썼다가 독일이 더욱 대담하게 호전성을 키우는 모습을 보게 된 영국 총리 네빌 체임벌린Neville Chamberlain에 비유되었다.

의원들은 5년 동안 돌격소총 금지법을 통과시키려고 했으나 실패했는데, 그래도 AK와 관련된 유명한 사건이 다시 터져서 힘을 얻었다. 이번에는 국회의사당 바로 근처에서 폭력 사건이 일어났다.

1993년 1월 22일, 이슬람 국가들에 대한 미국의 정책에 격분한 스물아홉 살의 파키스탄인 아이말 칸사이Aimal Kansai는 버지니아주의 총기점에서 기존에 갖고 있던 AR15(며칠 전에 구입한 것이었다) 대신 매입하는 조건으로 중국 모델 AK를 샀다. 사흘 뒤 그는 돌리매디슨 대로에서 버지니아주 랭글리에 있는 CIA 본부 방향으로 가기 위해 신호 대기 중인 차들 바로 옆에 차를 세웠다.

후에 그는 CIA 국장 제임스 울시James Woolsey나 그의 전임자인 로버트 게이츠Robert Gates를 죽이고 싶었다고 말했다. 그러나 보안이 철두철미한 그 시설에 들어가는 것이 불가능하다는 사실을 알고 있었던 그는 그냥 좌회전하려고 기다리는 한 무리의 통근자들에게 AK 소총을 직사로 겨누는 데 만족했다. 칸사이는 차창으로 총을 쏴 CIA 요원 두 명을 죽이고 세 명에게 상처를 입힌 뒤 속도를 내 달아났다.

경찰은 현장에서 탄피를 찾아내어 AK에서 발사된 것임을 알아냈다. 지역 총기점을 돌아다니며 조사하던 중에 칸사이의 룸메이트로부터 그가 실종되었다고 신고하는 전화가 걸려왔다. 룸메이트는 총격 사건 당일에 칸사이를 마지막으로 보았다고 했다. 이틀 뒤 룸메이트는 다시 경찰에 전화를 걸어서 그가 보기에 칸사이가 총격 사건에 연루된 것 같다고 말했다.

아파트를 수색한 경찰은 AK 한 자루와 다른 소총 몇 자루를 찾아냈다. 또 목격자들의 설명과 일치하는 옷가지와 옷에 붙어 있는 차량 유리로 추정되는 물체도 발견했다. 그 후 탄도 실험 결과 현장에서 발견된 탄피가 칸사이의 AK와 일치한다는 사실이 드러났다. 유리 조각은 총격으로 깨진 차창과 일치했다.

위싱턴 D.C.는 특징한 내상 없이 닥치는 대로 총격을 가한 범죄에 충격을 받았다. 피해자가 CIA 직원들이고 그중 한 명은 비밀 작전 중이긴 했지만, 현지인 가운데는 평범한 월요일 아침 출근길에 일반인이 살해당한 것으로 생각하는 사람이 많았다. 누구든 피해자가 될 수 있었다. CIA는 경비원이 탄 SUV를 출입구에 24시간 배치하고, 경비팀이 돌리매디슨 대로를 차량으로 왕복하는 식으로 출입 경비를 '강화했다.'(건물 자체가 출입구에서 400m 정도 가야 있다.) 방탄 유리로 된 상주 경비실 공사가 시작되면서 순찰이 개시되었다.

칸사이는 총격 사건 다음 날 파키스탄으로 날아갔고, CIA와 FBI가 최선의 노력을 다했지만 4년 반 동안 그를 잡지 못했다(결국 칸사이는 버지니아로 송환되어 재판을 받고 살인죄로 사형당했다). 그러나 칸사이가 종적을 감춘 동안 그가 얼마나 쉽게 AK를 샀는지, 그리고 총기 로비 세력이 많은 이를 오도했듯이 이 총이 스포츠용이 아니라 인명 살상용으로 설계된 것임을 강조하는 기사가 연이어 텔레비전과 신문을 장식하자 의회에서 돌격소총 금지 논의가 진전되었다. 스톡턴 총격 사건과 마찬가지로 이 사건을 계기로 모호한 태도를 취하던 상당수의 의원이 규제에 표를 던졌다. 아프리카와 남아메리카에서 AK가 기승을 부린다는 기사들에 이 사건이 더해져 열렬한 총기 찬성 의원들조차 태도를 바꿨다.

1994년 9월 13일, 하원은 일정한 반자동소총의 제조·운송·점유를 금지하는 폭력범죄통제지원법Violent Crime Control and Law Enforcement Act을 통과시켰다. 많은 총기 소유자가 새로운 법에 분노하면서 루거를 비판하는 목소리를 높였다. 이번에는 탄창에 든 총알의 한도가 15발이 아니라 10발이었기 때문이다. 그들은 이 유명한 총기 제조업자가 수입 금지 대상을 15발 이상으로 밀어붙이지 않았더라면 하원이 한도를 그렇게까지 낮추지는 않았을 것이라고 믿었다.

그러나 총기 소유자들로서는 다행히도 하원은 금지법 이전에

246

제조된 총기와 탄창은 법 적용 대상에서 제외했다. 탄창의 총알을 10발로 제한하는 것 외에도 반자동소총에는 접이식 개머리판, 권총식 손잡이(허리 어름에서 곧바로 사격할 수 있다), 총검꽂이, 소염기(소염기가 있으면 어둠 속에서 총을 쏘아도 위치가 식별되지 않는다), 유탄발사기 등을 부착할 수 없었다. 또 금지법에 따라 반자동권총과 반자동산탄총에도 비슷한 기준이 적용되었다.

이 법으로 정밀한 복제품이나 흡사한 모양의 총기도 불법화되었지만, 수입 금지령과 비슷하게 여전히 법의 문구에 허점이 있었다. 1999년 3월 법무부 사법연구소National Institute of Justice가 발표한 보고서는 1994년부터 1996년까지 3년간을 다루었는데, 거기에는 금지법 때문에 총기 시장에 의도치 않은 단기 효과가 뚜렷하게 나타났다고 언급되어 있다. 예컨대 금지법이 논의되는 동안 제조업체들이 생산량을 늘렸을 뿐만 아니라—결국 수많은 소총이 '금지법 이전'에 생산되었다는 이유로 보호받았다—금지법이 발효되기 전 한 해 동안 가격이 급등해서 심지어는 50퍼센트 이상 오르기도 했다. 그 후 가격은 내려갔다. 결국 금지법 이전에 많은 총기가 수입되거나 생산되고, 그 후 새로운 복제품이 시장을 강타한 탓에 일반적으로 그전보다 더 많은 총기가 유통되었다. 또 범죄에 사용된 무기를 추적해달라는 요청을 받고 조사한 경찰관들에 따르면, 법이 통과된 뒤로 금지된 총기가 범죄에 사용되는 비율이 단기적으로 눈에 띄게 감소했다.

그러나 금지법이 통과되고 채 몇 달이 지나지 않아 법의 허점이 너무 커서 입법 취지가 무색하다는 사실을 거의 모두가 알게 되었다.[102] 금지법 주창자들은 법이 없는 것보다는 낫다고 말했지만, 법의 취지 자체가 방해를 받고 있었다. 총기 제조업체들조차 이 법이 있다고 해도 범죄자들이 금지된 소총을 손에 넣는 데는 별문제가 없다고 지적했다. 콜트 회장 론 휘태커Ron Whittaker는 이번 금지는 그냥 눈 가리고 아웅 하는 것이라고 말했다.

"우리는 범죄, 그리고 바라건대 범죄자들에게 초점을 맞추는 범죄 법안을 만들려고 했습니다. 그런데 결국 돌격소총을 정의하는 것과는 아무 관계가 없고 비슷한 총기들을 모조리 건드리는 돌격소총 금지법이 생긴 겁니다."

콜트에서 만드는 스포터Sporter 소총은 소염기를 떼어내고 권총식 손잡이를 변경한 뒤에야 금지법의 기준을 통과할 수 있었다. 그리고 매치타깃Match Target이라는 이름으로 판매되었다.

"하원은 눈 가리고 아웅 하는 법을 통과시키고는 뒷짐 지고 앉아서 개탄만 하는 겁니다. '아, 유감이로다. (…) 사람들이 눈 가리고 아웅 하고 있구나!' 이런 논리는 도무지 이해가 되지 않아요."

복제품과 금지법 이전에 생산·수입된 재고가 총기 구매자들의 수요를 채워주었고, 발 빠르게 움직인 총기 제조업체들은 금지법 이전에 만들어진 모델들을 이제 더는 판매하지 않는 불법화된 총기들과 나란히 놓고 홍보했다. 두 총기가 기본적으로 동일하다는 분명한 논리가 담긴 홍보 방식이었다. 총기 업계에서는 총기를 합법적인 것으로 개조하는 일을 '스포츠용품화sporterization'라고 불렀

1994년 9월 미국은 총기 사건이 빈번하자 반자동소총의 제조·운송·점유를 금지하는 법을 통과시켰으나 그 실효성은 크지 않았다. 일례로 금지 조건으로 접이식 개머리판, 권총식 손잡이, 총검꽂이, 소염기, 유탄발사기 등을 부착할 수 없었으나 위 사진처럼 개머리판에 엄지구멍을 뚫는 방식으로 총기업자들은 꼼수를 부렸다. 실제로 미국 내 총기 판매와 유통은 오히려 늘었다.
사진: 중국의 노린코(NORINCO, 북방공업공사)가 제조한 AK 개량형 모델 NHM 91. 위키미디어 커먼스

다. 간혹 소염기를 떼어내거나 소염기 부착을 막기 위해 총신에서 나사의 솟아 나온 부분을 제거하는 것과 같은 사소한 변경만 하기도 했다. 제조업체들은 이미 수입 금지령을 우회한 경험을 통해 법조문에 부합하는 법을 배운 바 있었다. 예컨대 부시의 수입 금지령으로 불법화된 AK는 중국의 노린코NORINCO(북방공업공사)에 의해 마크90Mak-90으로 부활했다. 1989년 수입 금지령을 피해 가기 위해 개조한 Modified AK-1990의 약자였다. 권총식 손잡이가 개머리판에 엄지구멍을 뚫는 것으로 바뀌었을 뿐만 아니라 총신 끝에는 소염기를 끼워 넣는 것을 막기 위해 너트를 용접했다. 게다가 총검을 장착하지 못하도록 총검꽂이를 없앴다. 미국은 다른 어떤 나라보다도 중국산 마크90을 많이 수입했는데, 지금도 이 모델이 아주 인기가 좋다. 값이 싸고 수량이 많아서 구매하기 쉽기 때문이다.

1994년 금지법이 발효되자 러시아 총기 제조업체들 역시 돈을

벌 기회를 발견했다. 뱌츠키 폴리야니 기계제작공장 Vyatskie Polyany Machine Building Plant, 약칭 몰로트MOLOT('망치'라는 뜻이다)는 AK의 '스포츠용' 모델인 베프르VEPR를 생산했다. 베프르는 사실 AK의 경기관총 버전인 RPK를 기반으로 한 것이었다. 기계장치는 AK와 동일하게 작동했지만, 리시버가 조금 더 두껍고 단단했다.

사설을 통해 금지법에 반대하던 총기 잡지들은 이 법이 말만 요란하지 실효성이 크지 않다는 것을 알고는 법의 무력함에 환호했다.[103] 사실상 총기 옹호 집단이 승리한 셈이었다. 《건월드Gun World》에 실린 기사를 보면, 이런 사실이 여실히 드러난다.

"돌격소총 금지와 대용량 탄창 금지, 야단법석을 떠는 총기 반대 언론과 소총은 본래 정치적으로 올바르지 않다는 주장에도 불구하고 다양한 형태와 외양을 지닌 칼라시니코프가 날개 돋친 듯이 팔리고 있다. 오늘날에는 그 어느 때보다도 더 많은 모델과 액세서리와 부품을 고를 수 있다."

파인스타인 상원의원은 많은 총기 제조업체가 법의 취지를 피해 가고 있지만 그래도 무엇보다 탄창 한도를 10발로 정한 것은 대단한 진전이라고 말했다. 그러나 이러한 주장 역시 사실이 아닌 것으로 드러났다. 총기 거래상들은 이미 금지법 발효 전에 생산되거나 수입된 대용량 탄창이 산더미처럼 쌓여 있어서 10년도 버틸 정도였다. 10년이면 금지법의 시효가 끝나는 시점이었다. 게다가 일부 총기 거래상들은 특히 권총에 들어가는 총알 개수를 제한한 법의 권총 관련 조항에 대해 한층 더 창의력을 발휘했다. 거래상들은 경찰서에 기존 권총과 탄창을 신형으로 바꿔주겠다고 제안하고는 그렇게 교환한 구형을 합법적으로 일반인들에게 판매했다. 구형은 금지법 이전에 생산된 것이었기 때문이다. 법 집행기관에 새로운 대용량 권총을 판매할 수 있었고, 이러한 시스템 덕분에 총기 거래상들은 일반 소비용 비축량을 늘릴 수 있었다. 대부분의 경찰 기관은 이런 제안을 피했다.

파인스타인은 이런 현실에 개탄했다.

"만약 내가 상원에서 총기를 일일이 찾아내는 전폭적인 금지법에 찬성하는 51표를 얻을 수 있었다면 그렇게 했겠지요. 그런데 그럴 수가 없었습니다. 표를 충분히 끌어오지 못했어요."[104]

하지만 이처럼 전폭적인 금지법이 통과됐더라도 로스앤젤레스 경찰 역사상 최악의 대치 상태는 막지 못했을 것이다. 이 사건을 계기로 범죄자들이 점점 더 많은 돌격소총을 경찰에게 겨냥하는 상황에서 경찰이 어떻게 무장하는 것이 최선인지를 둘러싸고 전국적인 논쟁이 벌어졌다. AK를 비롯한 고성능 돌격소총으로 무장한 범죄자들에 대항하기에는 경찰의 화력이 모자랐다.

총기의 천국과 경찰의 무장

러시아 군사박물관Russian Army Museum이 AK 탄생 50주년을 기념하는 전시회를 개최한 지 채 일주일도 되지 않은 1997년 2월 28일, 마스크와 방탄복 차림에 M16과 AK로 무장한 두 남자가 뱅크오

브아메리카 노스할리우드 지점에 들어섰다.[105] 베테랑 은행강도 래리 유진 필립스 주니어Larry Eugene Phillips Jr.와 에밀 마타사리아누 Emil Matasareanu가 진정제 페노바르비탈을 먹고 마음을 가라앉힌 뒤 인질 한 명을 붙잡고 은행으로 들어가던 순간 로스앤젤레스 경찰 관들이 우연히 그 장면을 목격했다. 경력 9년의 베테랑 경찰관 로 렌 패럴Loren Farell과 경력이 18개월밖에 되지 않은 파트너 마틴 페렐 로Martin Perello는 순찰 중이었다. 페렐로는 천천히 차를 몰면서 무심 코 은행 쪽으로 눈을 돌려 늘 그렇듯 구역에서 사람이 가장 많은 은행의 출입구를 체크했다. 패럴이 관리 일지를 작성하는 순간 파 트너가 소리쳤다. "둘-열하나!" 강도 사건 발생이었다.

페렐로는 닌자 거북이 차림의 남자 둘이 어떤 사람을 앞세워 정 문으로 들어갔다고 설명했다. 두 경관의 눈에 소총이 들어왔다. 두 경관이 지원 요청을 한 뒤 은행 밖에 몸을 숨기자 안에서 자동 소총이 발사되는 소리가 들렸다. "용의자들이 AK47을 쏘는 것으 로 보임." 현장에 있는 두 경관은 지원을 위해 달려오는 다른 경찰 들에게 경고하기 위해 통신 담당자에게 무선으로 알렸다. "범인들 이 AK47을 쏘고 있음. (…) 자세 낮출 것!" 이윽고 다급한 목소리가 들렸다. "경관 피격!"

은행강도들이 밖으로 나오면서 강철총알 수백 발을 난사하는 순간 두 경관은 헬리콥터에 거리를 유지하라고 경고했다. 두 사람 은 9mm 권총밖에 없었는데 총을 쏴도 강도들이 입은 방탄복에 맞고 튀어나왔다. 순찰 경관들은 지원 경찰력을 기다리는 것 말고는 할 수 있는 일이 없었다. 존 굿맨John Goodman 경관은 나중에 이렇게 말했다. "벽에 돌멩이를 던지는 기분이었습니다." 경찰들은 자기들이 입은 방탄조끼는 AK 총알을 막아주지 못한다는 사실도 알고 있었다. 경찰 몇 명이 상처를 입고 쓰러졌다.

경찰들이 더 도착했지만 차 뒤에 몸을 숨기는 것 말고는 꼼짝도 할 수 없었다. 순찰차 타이어가 펑펑 터지고, 차창이 박살 나고, 차체 철판에 구멍이 숭숭 뚫려도 경찰들은 무기력하게 지켜보기만 했다. 이내 경찰들은 강도들이 쏘는 총알에 뚫리지 않는 유일한 부분은 육중한 엔진 본체뿐이라는 사실을 깨닫고 그 뒤로 몸을 숨겼다. 사거리 바로 바깥에서 빙빙 맴도는 헬기들은 초현실적인 근접 총격전의 조감도를 잔인하리만큼 생생하게 보여주었다. 총잡이들은 100발짜리 원형 탄창 등을 조용히 바꿔 끼우면서 사격을 계속했다.

중무장한 이 두 남자가 로스앤젤레스의 경관들을 저지하면서 도시가 부분적으로 마비된 가운데 도시와 전 세계가 이 모습을 지켜보았다. 인근에 있는 초등학교 아홉 곳이 폐쇄되었다. 지역 주민들은 집밖으로 나오지 말고, 피치 못할 사정 때문에 외출해야 할 때는 911에 전화하라는 권고를 받았다. 경찰이 가뜩이나 교통량 많은 할리우드 고속도로를 양방향 모두 폐쇄해서 교통이 완전히 끊겼다.

훗날 "의지력이 화력을 이기다"라는 이름이 붙은 사건에서 경찰관들은 대단한 용기를 보여주었다. 예컨대 어느 순간 경찰들은 은행 건너편에 있는 주차장을 통해 차를 몰고 가서 문을 활짝 열고 부상당한 동료 한 명을 차 안으로 구출했다. 총탄이 빗발치는 가운데 경찰들은 후진으로 차를 몰아 대기 중인 구급차로 무사히 빠져나왔다.

포위 공격이 계속되었지만, 경찰은 은행강도들을 저지하기에는 무력했다. 특수기동대를 호출했지만, 그들이 도착하려면 20~30분이 걸렸다. 화력 차이를 메우기 위해 몇몇 경찰이 인근에 있는 총기점에 가서 AR15 두 정과 산탄총 한 정, 망원경이 달린 고성능 엽총 몇 정을 빌려왔다. 가게 주인은 이렇게 말했다. "이놈들이 방탄복을 입고 있어서 경찰이 방탄복을 뚫을 수 있는 총을 찾더군요. 방탄복을 입고 있어도 최소한 뼈를 부러뜨릴 수 있는 총알을 줬습니다." 한 형사가 개탄했다. "그놈들은 AK47을 휘두르고 있는데, 내가 가진 건 9mm뿐이에요. 부적절한 총을 갖고 부적절한 현장에 있는 거죠."

결국 필립스의 총이 고장 난 뒤 경관들이 근거리에서 사격을 가하자 그는 자기 머리에 총을 쏘았다. 몇 분 뒤 마타사리아누는 픽업트럭을 훔쳐서 도망치려다 특수기동대원들에게 살해되었다. 대원들은 차 밑으로 사격을 해서 무방비 상태의 다리를 맞췄다. 그러고는 쓰러진 그에게 사격을 가했고, 그는 결국 과다출혈로 사망했다.

총격이 끝나고 난 뒤 일대는 마치 교전 지대 같은 모습이었다. 경찰차이건 시민들 차이건, 총탄 구멍이 숭숭 뚫려 있었다. 기적

같은 일이지만, 총에 맞은 경찰관 11명과 시민 여섯 명 가운데 사망자는 하나도 없었다.

이 사건으로 전국 각지의 경찰은 충격을 받았다. 경찰과 범죄자들 사이 무언의 행동 규범이 깨졌다고 보았기 때문이다. 경찰은 오래전부터 총기 문제에 불만을 토로했는데, 이제 일반 대중도 텔레비전을 통해, 그리고 나중에 영화 〈44분44 Minutes〉을 통해 실제로 펼쳐지는 상황을 보면서 현실을 제대로 이해하게 되었다. 그해에 《LA 경찰 연례 보고서LAPD Annual Report》에는 이 총격 사건을 다룬 5쪽짜리 특별란이 포함되었다. 여기서 그날 아침 노스할리우드 지역 책임자였던 닉 징고Nick Zingo 부서장은 이 사건의 의미를 간명하게 요약했다.

"은행강도들은 원래 은행에 들어가서 돈을 챙겨 도망간다. 은행 안에 갇히게 되면 인질을 잡고, 특수기동대가 와서 대화를 통해 끌어낸다. 일반적으로는 이렇게 전개된다. 원래 은행강도는 밖으로 나와서 순찰 경관들을 공격하지 않는다. (…) 그런 일은 좀처럼 일어나지 않는다."

전국 각지의 경찰관들이 특히 AK와 우지로 무장한 마약 거래상이나 갱단과 대결할 때 이와 동일하게 '화력이 달리는' 인상을 받았다. 일부 경찰은 자신을 보호하기 위해 동등한 화력이 필요하다고 요구한 반면, 다른 이들은 경찰이 돌격소총을 일상적인 총기로 쓰면 일반인이 위험에 빠질 수 있으므로 자제해야 한다고 주장했다. LA 경찰청장 윌리 윌리엄스Willie Williams는 논쟁의 중심에 서게 되었다. 일반 경찰들이 몇 달 전에 순찰 경관에게 화력이 센 총기를 지급해달라고 요청한 바 있었다. 윌리엄스는 순찰 경관들(특별 훈련을 받은 특수기동대가 아니다)의 손에 고성능 소총을 쥐여주는 것이 과연 공익에 부합하는지 확신하지 못하고 결정을 미뤘다. 청장은 기자회견에서 다음과 같이 견해를 밝혔다. "일반 순찰 경관에게 AK47을 쥐여줄 수는 없습니다. 우리는 어느 정도 문명화된 사회에 살고 있으니까요."

그로부터 몇 달 뒤 펜타곤은 M16 600정을 LA 경찰청에 기부했다. 이 총기들은 자동에서 반자동으로 개조해 순찰 경관들이 차량 트렁크에 싣고 다닐 예정이었다. 또 모든 경관은 9mm 권총 대신 .45구경 권총 휴대를 승인받았다. 범죄자가 방탄복을 입은 경우에 총알이 클수록 관통력이 좋기 때문이다. 역설적인 일이지만, 1년 전에 경관들이 .38구경 리볼버는 발사 속도가 느리고 9mm 권총을 사용하는 범죄자들에 비해 화력이 약하다고 불만을 토로해서 9mm 권총이 지급되었다.

미국 전역의 법 집행기관이 로스앤젤레스 사건이나 관할 구역 내에서 벌어졌지만 언론의 관심을 끌지 못한 총격 사건을 거론하면서 경관들에게 반자동소총을 지급하기 시작했다. 플로리다주 팜베이 같은 곳에서는 1987년에 총잡이 하나가 경관 두 명을 포함해 여섯 명을 살해한 사건이 벌어진 뒤로 이미 경찰이 순찰차에 AR15를 넣고 다니고 있었다. 대부분의 경찰서가 특수기동대원들에게만 돌격소총 휴대를 허용했으니, 팜베이는 예외적인 경우였다. 그렇지만 많은 지역에서 특수기동대가 도착하려면 최대 2시간이 걸렸다.

특수기동대는 신속한 출동을 위해 고안된 팀이 아니었다. 특별한 훈련을 받고 특수 장비를 갖춘 대원들은 보통 시간을 다투지 않는 봉쇄와 인질 상황에 대응한다. 대개 통행 차단 상황이 오래 지속될수록 결과가 더 좋다. 양쪽 모두 비폭력적인 결말을 교섭할 수 있기 때문이다. 그런데 총격 사건에서는 시간이 중요하다. 범죄자들은 평화적인 결말을 교섭하는 대신 돌격소총을 휘두르면서 그 상황에서 빠져나가려고 한다.

그 후 몇 년 동안 경찰서에서 반자동소총을 지급받은 경찰관의 명단이 급속하게 늘어났다. 1997년 국가방위승인법National Defense Authorization Act of 1997이 통과되어 국방부가 자동차, 방탄복, 트럭, 무전기 같은 잉여 물자뿐 아니라 구형 M16 모델 700만 정의 일부까지 지역 법 집행기관에 비용을 거의 또는 전혀 받지 않고 양도할 수 있게 되자 이런 움직임이 더욱 고조되었다. 경찰 기관은 소총 한 정당 50달러 정도를 치렀지만, 많은 경찰서는 제 차례를 기다리지 못하거나 곧바로 민간용 무기를 입수하고 싶어 했다. 그래서 한 정당 최대 1000달러를 치르고 공개 시장에서 소총을 사들였다.

일부 시민단체는 이 강력한 소총 때문에 거리가 더 위험해질 거라고 걱정했다. 경찰 기관들은 현재 경찰이 휴대하는 산탄총보다 새로운 소총이 실제로 더 안전할 것이라고 설명했다. 소총 총알은 인체에 최대의 손상을 가하도록 설계되었기 때문에—작은 질량을 고속으로 발사할 때의 정역학 효과—산탄총에 비해 건식 벽체나 차량을 관통하는 힘이 약하고 무고한 행인이 총에 맞을 확률도 낮았다.

경찰은 대개 산탄총을 지급받았지만, 산탄총은 정확도를 위해 설계된 것이 아니었다. 탄환 안에 들어 있는 산탄 탄알들이 발사되자마자 빠르게 퍼지기 때문이다.[106] 따라서 근접한 몇몇 물체를 동시에 맞히는 데는 유용하지만, 거리가 멀어질수록 유효성이 떨어진다. 올랜도 경찰서의 사격장 책임자인 에릭 클랩새들Eric Clapsaddle 경관은 민간용 모델 M16 250정을 사기로 한 경찰서의 결정을 옹호했다. "이 총기에 관한 교육을 받지 못하면 사람들은 이 총이 위험한 군사용 돌격소총이라고 생각할 겁니다. 하지만 사실 이 총은 사람이 많은 도시 환경에서 더 안전합니다."

경찰 기관들은 1990년대에 폭력 범죄 건수가 일정한 수준을 유지했음을 인정했지만, 범죄의 흉포성은 계속 높아졌다. 경찰은 우월한 화력을 거리낌 없이 사용하는 범죄자들과 맞섰다. (미국만 그런 것이 아니었다. 런던 경찰은 범죄자들과의 대결이 점점 일촉즉발의 상황으로 바뀌자 2001년에 경찰관들에게 헤클러운트코흐Heckler & Koch의 G36K 돌격소총을 지급하기 시작했다.) 국립공원을 순찰하는 국립공원관리청 경비대원들도 시대의 흐름에 따라 바뀌고 있었다. 공원 경비대원들은 권총 외에 M16도 지급받았다. 외딴 지역에서 중무장한 마약 거래상과 마주치는 일이 빈번했기 때문이다. 곧바로 지원을 받기는커녕 무전도 불통인 경우가 있어 이 경비대원들은 스스로 방어를 해야 했다.

예산이 풍부하지 않은 소도시의 경찰 기관들도 경찰에 더 많은 화력을 지원해주었다. 예컨대 루이지애나주의 알렉산드리아(인구 4만 5000명)와 인근의 파인빌(인구 1만 5000명)은 경찰관들이 제 돈으로 비용을 내는 경우에 반자동소총 휴대를 허용했다. 알렉산드리아는 소도시이기는 하지만 2003년에 AK로 무장한 남자가 쏜 총에 맞아 경찰관 두 명이 사망한 일이 있었다.

대도시 역시 경찰관에게 선택권을 주었다. 플로리다주 세인트 피터즈버그 경찰 당국은 AK를 주축으로 경찰이 압수하는 자동소총과 반자동소총의 수가 점점 늘어나자 경찰관들이 개인적으로 AR15를 살 수 있게 허용했다.

이처럼 경찰이 화력을 증강하는 배경에는 2004년 9월 13일에 시효가 만료되는 돌격소총 금지법이 있었다. 경찰 기관이 중무장한 범죄자들에 대항하기 위해 화력을 증강하자 금지법 시효 연장 반대론자들은 이런 사실을 근거로 법이 기대한 대로 효과를 내지 못했다고 주장했다. 범죄자들은 여전히 금지법 시행 이전 제품이나 복제품을 중심으로 돌격소총을 손에 넣고 있었고, 경찰은 계속 위협에 시달렸다.

다른 이들은 금지법을 옹호했다. 브래디 총기폭력예방센터Brady Center to Prevent Gun Violence는 돌격소총이 사용된 범죄가 금지법 시행 전해의 6.15퍼센트에서 2001년 2.57퍼센트로 줄어들었다는 통계를 제시했다. 8년 만에 58퍼센트가 줄어든 것이었다. 반대론자들도 나름의 통계를 제시하면서 범죄의 압도적 다수가 돌격소총이 아니라 권총으로 자행된다고 주장했다. 따라서 법을 준수하는 시민들이 아니라 범죄자들에게 강조점을 두어야 한다는 것이었다.

9·11 이후 사회 분위기가 급변하면서 테러에 대한 공포 때문에 우려의 목소리가 높아졌다. 브래디 센터는 여러 전국 신문에 전면 광고를 내보냈다. "9·11 테러리스트들은 9·13[돌격소총 금지법의 시효 만료일]을 기다릴 리 만무하다"라는 문구 아래 오사마 빈라덴과 그의 상징인 크린코프의 사진과 나란히 알카에다 훈련 교본에서 발췌한 내용이 실려 있었다. "미국 같은 나라에서는 사회 구성원이 일정한 유형의 총기를 소유하는 게 완전히 합법이다. 이런 나라에 거주한다면 돌격소총, 그중에서도 되도록 AK47이나 개량형을 입수하는 게 좋다."

지지자들조차 이 법에 허점이 너무 많으며, 좀 더 엄격한 법안이 통과되어야 한다는 점을 인정했다. 폭력예방정책센터Violence Policy Center 대표 조시 슈거만Josh Sugarmann은 이렇게 말했다. "금지법 시효가 만료되면 AK와 우지가 거리에 홍수처럼 쏟아져 나올 것이라고 우려하는 사람들로서는 유감스럽겠지만, 사실을 얘기하자면 우리는 이미 돌격소총의 바다에서 익사하는 중이다." 그는 돌격소총을 실제로 거리에서 몰아내기 위해서는 모든 허점을 막는 방향으로 법을 개정해야 한다고 덧붙였다.

연방 금지법이 시효를 다하면 일부 주의 돌격소총 금지법도 위태로워진다.[107] 예컨대, 매사추세츠주에서는 주 차원의 돌격소총 금지법이 연방 금지법과 동시에 시효가 만료될 예정이었는데, 금지법 지지자들은 거대한 AK 옆에 "당신 집 근처로 가는 중입니다"라는 글귀가 씌어진 대형 광고판을 세웠다. 미국에서 가장 크다고 알려진 이 광고판에 그려진 AK는 길이가 100ft(약 31m)에 높이가 30ft(약 9m)였다. "AK47을 고른 건 미국인들이 쉽게 알아볼 수 있는 총이기 때문입니다." 광고판을 세운 권총폭력중단연합Stop Handgun Violence의 설립자이자 의장인 존 로즌솔John Rosenthal의 말이다. 총기 소유자이자 스키트 사격 애호가인 그는 한마디를 덧붙였다. "AK47은 미국에서 벌어진 총기 난사 사건과 관련해 추악한 역사를 갖고 있지요." 광고판 자체가 하나의 상징이 되어 〈날 미치게 하는 남자Fever Pitch〉 같은 영화에 등장했다. 이 광고판은 보스턴 펜웨이파크 야구장 바로 옆에 자리한 덕분에 매사추세츠 턴파이크 도로를 이용하는 25만 명 이상이 날마다 마주친다. AK 사진은 더 커졌고, 새로운 문구가 붙어 있다. "매사추세츠주에 오신 걸 환영합니다. 여기서는 당신이 생존할 가능성이 조금 높습니다." 매사추세츠주가 돌격소총 금지법을 시행한다는 사실을 알려주는 문구다.

최근에는 눈길을 사로잡는 총격 사건이 없었기 때문에 금지법 지지자들은 극적인 주장을 펴기가 쉽지 않았다. 조지 W. 부시 대통령은 시효 연장을 지지했지만, 하원에 행동을 재촉하지 않았기 때문에 비판자들은 그가 양다리를 걸친다고 의혹을 제기했다. 부시는 하원이 법안을 제출하면 서명하겠다고 말했지만, 그런 일이 생길 가능성은 거의 없었다. 게다가 미국총기협회를 비롯한 여러 세력이 능수능란하게 로비를 벌이면서 결국 시효 연장은 없던 일이 되었다. 미국총기협회는 심지어 총기 제조업체들이 소송당하지 않도록 보호해주는 수정안까지 포함시킬 수 있었다. 금지법 지지자들은 이 수정 내용으로 얼룩진 금지법에 찬성표를 던질 수 없었다.

금지법의 시효가 끝날 즈음 총기점들은 비정상적인 구매 행위나 규제 종식을 기대하는 구매 둔화, 억눌린 수요의 징후 등을 전혀 보고하지 않았다. 결국 금지법의 시효가 끝났을 때도 소비자들이 소총을 사려고 줄을 선다는 보고는 전혀 없었다. 평상시와 다를 바가 없었기 때문에 많은 이들은 그전까지 극구 치켜세웠던 금지법이 억제책이 아니라고 믿게 되었다. 범죄자든 정직한 시민이든, 누구든지 금지법이 시행된 10년 동안 원하는 대로 총기를 살 수 있었던 것이다.

미국에서 험악하기로 손꼽히는 몇몇 지역에서도 평상시와 다를 바가 없었다. 금지법 시효가 끝나기 전날 밤, 마이애미데이드 카운티의 스물여섯 살의 여경은 일상적인 순찰을 하다가 지역에 총격 사건이 발생했다는 신고를 조사하기 위해 흰색 임팔라 차량 하나를 세웠다. 운전사가 차문을 열더니 AK를 경관에게 겨누고 20여 발을 쏘았다. 연료탱크와 연료관이 총알 세례를 받아서 순찰차가 폭발했다. 어린 아들을 홀로 키우고 있던 경관은 어깨와 이마에 총을 맞았다. 머리의 상처를 몇 차례 수술하고 나서야 간신히 회복되었다. 서른여섯 살 남자인 총격범은 앞서 9년 동안 13차례 체포되었다. 그는 마약 소지, 강도, 그리고 유죄가 확정된 흉악범으로서 총기를 소지한 죄목 등으로 유죄판결을 받았다. 그는 아직 총기 법규 위반과 경관 살인미수에 대해 재판을 받지 않았다.

돌격소총 문제는 두 달 뒤 열린 대통령 선거에도 영향을 미쳤다. 금지법의 시효가 끝났을 때 대통령 후보 존 케리John Kerry는 이렇게 선언했다. "오늘날 조지 부시는 테러리스트의 활동을 더 쉽게 만들고 미국 경찰관의 업무는 더 어렵게 만들었습니다. 명백히 잘못된 것입니다." 케리는 돌격소총에 반대하는 공약으로 몇몇 전국적인 경찰 조직의 지지를 받았지만, 많은 총기 찬성 단체는 그의 발언을 들먹이면서 외골수 총기 반대론자로 낙인찍었다. 미국총기협회는 회원들을 총동원해 케리에게 반대표를 던지자고 선동했다. 이 상원의원이 돌격소총 금지법에 아홉 번이나 찬성표를 던진 사실을 상기시킨 것이다. 미국총기협회는 심지어 한 광고에서 그를 "미국 역사상 총기에 가장 반대하는 대통령 후보"라고 지칭했다.

케리는 가장 논쟁적이었던 2004년 선거에서 박빙의 차이로 패배했는데, 반자동소총 구매를 제한해서는 안 된다는 미국총기협회의 캠페인이 톡톡히 한몫했다. 미국총기협회 부회장 웨인 라피에르Wayne LaPierre는 "이번 선거는 (무기를 소지할 인민의 권리를 규정한―옮긴이) 헌법 수정조항 제2조에 매우 중요하다"라고 말했다. "미국총기협회는 자유를 옹호하고, 우리 회원들은 자유의 옹호자이며, 우리는 전국 각지의 총기 소유자들이 앞장서서 자유를 위해 투표하는 것을 자랑스럽게 지켜봅니다."

미국에서 돌격소총 논쟁이 마무리될 즈음 UN 또한 이 문제를 막 다루려고 했다. UN 회원국, 특히 아프리카 회원국들은 이 무기를 단순한 전쟁의 도구가 아니라 자국의 경제성장과 사회 진보를 가로막는 장기적 장애물로 보았다. 다른 UN 회원국들은 이 군용 소총, 특히 AK를 원자폭탄보다 더 심각하게 세계 평화를 위협하는 무기로 간주하면서 모종의 행동에 나서기로 결심했다.

7

UN, 미국,
그리고 대량 살상 무기

"처음에 산 사람이 누구든 간에
20년 된 칼라시니코프를 추적하는 일은
사실상 불가능합니다."

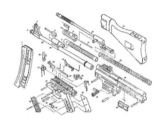

UN 무기회의와 미국의 폭탄 발언

2001년 7월 9일, 존 볼턴John Bolton은 UN 회원국들 앞에 서서 모든 이들을 깜짝 놀라게 했다. 많은 회원국 대표는 최근 들어 이 세계 기구에서 가장 신랄하고 일방적인 입장을 접하고 충격을 받았다. 외교와 타협의 자세를 자랑으로 삼는 기구에서 회원국 대표들은 미국 국무부의 군축 및 국제안보 담당 차관이 단호한 어조로 "아니오"라는 말을 되풀이하는 것을 들었다. 세계에서 유일하게 남은 초강대국이 소형화기 통제 문제에 관해 모래 위에 선을 그어 놓고 아무도 넘어서는 안 된다고 큰소리를 치고 있었다.

볼턴은 UN이 처음 개최한 소형화기와 경무기 불법 거래에 관한 회의Conference on the Illicit Trade in Small Arms and Light Weapons(소형화기와 경무기는 둘 다 사람이 휴대할 수 있는 총기를 가리키는 개념이다. 소형화기는 권총·소총·경기관총 등 한 사람이 휴대·사용하는 각종 총기이고, 경무기는 중기관총·대전차유도 미사일 등 두 사람 이상이 휴대·사용하는 총기다—옮긴이)의 구상을 극찬한 뒤 계속해서 소수파에 속하는 미국의 입장을 제시했다. "우리는 소형화기와 경무기의 합법적 거래와 제조를 제한하는 조치를 지지하지 않습니다. (…) 우리는 국제기구나 비정부기구가 국제적인 여론 형성 활동을 장려하는 것을 지지하지 않습니다. 특히 그 과정에서 주창되는 정치적·정책적 견해가 모든 회원국의 견해와 일치하지 않는 경우에는 더더욱 지지하지 않습니다. (…) 우리는 민간인이 소형화기를 소유하는 것을 금지하는 조치를 지지하지 않습니다."

볼턴은 발언을 계속하면서 많은 나라, 특히 아프리카에서 온 관료들의 희망을 꺾었다. 아프리카가 직면한 많은 문제의 주범인 소형화기, 특히 AK를 뿌리 뽑는 데 국제사회의 탄탄한 지원을 기대하고 온 이들이었다. 볼턴의 말이 계속되자 많은 참석자들은 미국의 태도가 누그러지거나 바뀌지 않을 것이라는 사실을 분명히 깨달았다. 2주에 걸친 회의에서 모종의 합의에 도달한다고 할지라도 결국은 충분하지 못하거나 희석될 것이었다. 값싼 소형화기가 부채질하는 저강도 분쟁으로 갈가리 찢긴 나라들에 가장 해로운 것은 아마 그의 다음과 같은 발언이었을 것이다. "우리는 소형화기와 경무기의 거래를 국가 정부에만 제한하는 조치를 지지하지 않습니다." 볼턴은 이러한 구상은 "개념적으로나 현실적으로나 결함이 있다"고 규정하면서, 이 구상대로 하면 "억압받는 비국가 집단이 종족 학살을 자행하는 정부에 맞서 자신을 방어하는 것을 도울 수 없을 것"이라고 주장했다. "최종적인 총기 사용자가 책임 있는 주체인지 무책임한 주체인지를 판단하는 데서 정부와 비정부의 구분은 필요하지 않습니다." 다시 말해, 소형화기를 심지어 대량으로 구매하는 문제와 관련해서 합법 정부와 다른 집단들 사이에 아무런 차이가 없다는 것이었다. 이런 견해는 미국총기협회를 비롯한 미국의 총기 찬성 단체에는 잘 통했지만(미국은 잘 무장된 반군 집단과 대결하는 나라가 아니다), 테러 집단과 마약 카르텔, 반군 등이 AK를 입수하지 못하게 하려고 고군분투하는 나라들의 등에 칼을 꽂는 셈이었다.

미국은 그 어떤 구속력 있는 협정에도 동참하지 않을 것이라는 말로 볼턴은 발언을 마무리했다.

그가 마지막 말을 내뱉는 순간 대다수 청중은 깜짝 놀라서 침묵을 지켰다. 그의 발언이 너무도 신랄하고 UN과 어울리지 않았기 때문이다. 게다가 전날 그의 발언 내용을 미리 읽은 내부자들은 그가 마지막 순간에 한층 더 악랄한 표현으로 원고를 바꾼 사실을 알고 대경실색했다. 국무부가 승인한 발언 내용이 아니었다.

한 집단이 정적을 깼다. UN 회원국 대표들이 볼턴의 거친 표현에 너무 놀라서 말을 잇지 못하던 때, 미국총기협회 대표자들이 앉아 있던 참관인석에서는 환호성이 터졌다. 그 자리에 있던 모든 이들은 볼턴이 총기 로비 단체의 메시지를 전달한 것임을 분명히 알 수 있었다.

회의가 끝난 뒤 조지아주 출신 하원의원 밥 바_Bob Barr_가 기자회견을 열었다. 이런 움직임에 참석자들은 다시 한번 놀랐다. 미국 국회의원이 UN에서 기자회견을 한 것은 거의 처음이었기 때문이다. 미국총기협회 이사인 바는 볼턴이 보인 '비타협적 태도'를 되풀이했다. "만약 이 회의가 불법 무기의 흐름이라는 핵심적인 문제에 집중할 수 있다면, 우리도 동의합니다. 그렇지만 국가 차원의 정책 결정 영역으로까지 문제가 비화하면 곤란한 문제가 생길 거라고 봅니다." 바는 UN이 불법적인 무기의 유통 문제에 집중하지 않는다면 UN 분담금을 삭감하겠다고 위협했다.

UN 건물 앞에서 택시를 잡던 바는 스웨덴 조각가 칼 프레드리크 로이테르스베르드_Carl Fredrik Reuterswärd_가 만든 〈비폭력_Non-Violence_〉이라는 이름의 청동 조각상을 가리켰다. .45구경 권총의 총신을 매듭처럼 묶은 작품이었다.[108] 프레첼 모양의 상징 때문에 바가 우스꽝스럽게 보였다. "최소한 저기에 AK47을 내걸었어야지요. 그게 일반적인 총기니까."

볼턴은 폭탄선언을 한 뒤 워싱턴으로 돌아갔고, 국무부 정치군사 담당 차관보 링컨 블룸필드 주니어_Lincoln Bloomfield Jr._가 회의와 관련해 남은 업무를 처리했다. 블룸필드는 국무부에서 12년 동안 일한 베테랑이었지만, 현직을 맡은 지는 채 두 달도 되지 않은 상태였다. 다른 나라 대표들은 볼턴이 강경 발언을 하고 신속하게 퇴장한 뒤 경험 없는 블룸필드가 그 자리를 대신하자 UN과 회의의 괴제를 가볍게 보고 무시한다고 받아들였다.

이미 볼턴의 발언은 효과를 발휘했다. 소련이 해체된 뒤 본격적으로 시작된 불법적인 소형화기 거래를 제한하려는 UN의 움직임은 갑자기 중단되었다.

미국 편인 중국과 러시아

UN 정책 입안자들의 눈에는 소형화기가 소규모 부족 간 전쟁의 문제가 아니라는 것이 분명해지고 있었다. 무력 충돌과 국내 폭력 사태라는 두 주요 요인 때문에 연간 50만 명 이상이 소형화기에 사망했다. 마약 전쟁, 테러, 반란 등도 소형화기 덕분에 가능했다. 그러나 소형화기는 여러 나라에 훨씬 더 장기적인 해를 끼쳤다. 소형화기는 전 세계에서 보건의료 체계에 대한 부담을 가중했고, 의료진이 분쟁 지역에 들어가지 못하게 막음으로써 전염병 확산을 방조했다. 남아도는 소형화기는 각국 정부의 안정을 해치고 경제 인프라를 파괴함으로써 경제에 극심한 영향을 미쳤다. 과거 수십 년 동안 핵무기의 유령을 다루다가 이제 그 그림자가 사라진 가운데 UN은 소형화기 폐기 문제에 관심을 돌린 상태였다.

소형화기는 UN이 새롭게 떠안은 고민거리였다.

개별 국가들과 지역 그룹들은 다수의 소형화기를 폐기하려고 노력하면서 다양한 성과를 얻었다.[109] 이 총기들은 대부분 과거에 벌어진 분쟁이 남긴 유물로서 이제 문화 속에 한 층위로 들어 있었다. 다른 지역들에서는 정부의 통제가 닿지 않아서 산적과 도둑이 활개 치는 무법 지대에 사는 사람들이 호신용으로 총을 소유했다. 예를 들어 소말리아와 644km의 국경을 맞대고 있는 케냐 동북부 주 같은 지역에서는 호신용으로 사용되는 소형화기가 원주민 씨족들의 일상생활에 워낙 깊숙이 파고들어 있는 상태라 AK가 대부분인 이 총기를 자진 반납하게 하려는 시도가 실패로 돌아갔다. UN 회의가 열리던 때에 그 지역에서 사람들이 반납한 총기는 전부 오래되어 고장 났거나 겨우 작동하는 것들이었다. 모리스 마카누Maurice Makhanu 주지사는 현실을 깨달았다. "어떤 사람이 자진해서 총기를 반납하는 경우에 알고 보면 이미 더 좋은 총을 손에 넣은 뒤였습니다." 이처럼 소형화기, 그중에서도 특히 값싸고 내구성 좋은 AK를 반납하지 않으려는 태도는 세계 전역에서 공통된 현상이었다. UN 관리들만 깨닫지 못했을 뿐이다.

그로부터 1년 전, 21세기에 UN이 해야 할 역할을 주제로 발표한 코피 아난Kofi Annan 사무총장은 다음과 같은 말로 소형화기를 상대로 전쟁을 벌이겠다고 선포했다.[110]

"소형화기에 죽어간 사망자 수는 다른 모든 무기 체계가 초래한 사망자 수보다 많습니다. 그리고 대부분의 연도를 보면, 히로시마와 나가사키를 쓸어버린 원자폭탄의 사망자 수를 훨씬 초과합니다. 소형화기는 그것이 초래한 살육의 규모로 볼 때 실로 '대량 살상 무기'라고 불러야 마땅합니다."

소형화기 확산은 단순한 안보 문제가 아니다. 그것은 또한 인권과 발전의 문제이기도 하다. 소형화기가 확산하면 무력 충돌이 계속되고 악화한다. 인도적 국제법에 대한 존중이 훼손되기도 한다. 적법하지만 힘이 약한 정부들이 위협을 받고, 조직범죄 세력뿐만 아니라 테러리스트들도 이득을 얻는다.

미국에 있는 많은 총기 찬성 단체가 보기에 UN은 현재 도를 넘었고, 소형화기와 경무기를 통제한다는 의제는 헌법 수정조항 제2조의 총기 소지 권리를 위협하는 것이었다. 총기 찬성 집단 곳곳에서 UN이 정부 공무원을 제외한 모든 사람의 권총 소유를 금지할 뿐 아니라 1인 1총 정책까지 검토하고 있다는 보고서가 나돌았다. UN에 데이터베이스를 두고 전 세계에서 총기 소유 허가제를 시행할 계획이라는 소문이 돌았다. 이런 주장은 모두 사실이 아니었지만, 미국의 많은 총기 소유자는 사실이라고 믿으면서 우려를 표명하는 편지와 전화를 UN에 퍼부어댔다.

회의가 시작되기도 전에 UN 관리들은 홍수처럼 밀려드는 문의에 답하기 위해 대략적인 입장을 담은 공개 성명을 발표할 수밖에 없었다.[111] 관리들은 개인이 소유한 총기를 압수할 생각이 없으며, 회의에서 초점을 맞추는 부분은 소형화기의 합법적인 거래나 제조·소유가 아니라 불법 거래라고 거듭 밝혔다. 그러면서 심지어 회원국의 국내 관할권에 속하는 문제에 간섭하는 것을 금지하는 UN 헌장까지 들먹였다. 국내 관할권에는 총기 관련 법도 포함된다.

또 UN은 성명에서 다섯 대륙의 비정부기구 177개를 초청해 의견을 듣겠다고 언급했다. 여기에는 소형화기반대국제행동네트워크International Action Network on Small Arms, IANSA 같은 총기 반대 단체뿐만 아니라 미국총기협회 같은 총기 찬성 단체도 포함되었다. 모든 비정부기구가 똑같은 권리와 특권을 누렸다.

이런 해명에도 불구하고 미국 총기 찬성 단체들의 우려는 진정되지 않았다. 이 단체들은 UN에 대해 강경 노선을 취하라고 볼턴을 압박했다.[112] 볼턴은 설득할 필요가 없는 사람이었다. 그는 엄격한 헌법 옹호론자이자 과거에 UN을 철저히 경멸하고 멸시하는 사람으로 유명했다. 그는 7년 전에 한 회의에서 이렇게 말했다.

"뉴욕에 있는 UN 서기국[사무국] 건물에서 10개 층 정도를 빼도 별로 차이가 없을 겁니다. UN 같은 건 존재하지 않습니다. 전 세계에 남은 유일한 실질적 강대국이 이따금 주도할 수 있는 국제기구가 하나 존재할 뿐, 우리의 이익에 부합할 때 다른 나라들을 끌어들일 수 있는 것은 바로 미국이지요."

UN 회의가 진행되는 중에 열린 기자회견에서 볼턴은 총기 찬성 단체들이 미국 대표단의 입장을 정리해 주었다는 끊임없는 주장에 대해 일일이 반박했다. "저는 미국총기협회 회원이 아닙니다. 회원이었던 적도 없고요. 다시 말해 보죠." 그가 단호하게 말했다. "저는 예나 지금이나 미국총기협회 회원이 아니며, 대표단 중에 누가 미국총기협회 회원인지 전혀 모릅니다. 미국총기협회는 우리의 입장을 작성해주지 않았고, 더는 할 말이 없습니다."

대표단 내에서 긴장이 높아지고 있었다. 총기 찬성 단체들이 UN이 총기에 관해 미리 계획한 구상이 없다고 믿지 못했듯이, 총기 반대 단체들도 미국총기협회가 미국의 입장을 정리해 주었다고 믿었다.

비정부기구들은 UN에서 주최하는 다른 많은 회의보다 이 회의에서 더 두드러진 역할을 했다. 그들의 참여는 2주간 열린 회의의 진행 과정을 결정한 중요한 요소였다. 소형화기 확산의 저지를 바라는 단체의 연합은 이 회의에 참석한 집단 가운데 가장 컸으며, 약 300개 단체를 대표했다. 두 번째로 큰 집단을 대표한 것은 스포츠 사격 활동의 미래에 관한 세계포럼World Forum on the Future of Sport Shooting Activities이었는데, 미국총기협회가 가장 노골적으로 목소리를 내는 회원 단체였다. 한 가지 흥미로운 면모는 중국이나 알제리 같은 일부 나라가 비정부기구의 참여를 제한하려고 기를 쓰는 모습이었다. 이 단체들이 인권 문제를 제기할까 봐 걱정했기 때문이다. 캐나다나 아일랜드, 영국 같은 나라는 데이터와 정보를 제공하는 주체인 비정부기구 대표들을 대표단에 참가시켰다. 총기 반대 대표자들이 신봉한 한 가지는 총기 찬성 비정부기구들이 미국의 태도에 커다란 영향력을 행사한다는 것이었다. 미국총기협회가 보기에, UN 회의는 전에는 전혀 불가능했던 방식으로 기금을 모으고 국제적 장에 들어설 기회였다. 미국총기협회는 전에도 국제적으로 활동했지만, UN 회의 덕분에 한층 더 높은 수준으로 도약할 수 있었다.

미국이 무기 판매의 투명성과 책임성을 주도하는 세계 지도자임을 고려하면, 강경한 태도는 부적절해 보였다. 다른 많은 나라와 비교하면 미국의 국내 총기 관련 법은 충실하고 실행 가능했다. 미국은 무기 이전을 추적·관찰하고, 무기고의 안전을 유지하고, 중개인에게 허가를 내주고, 무기의 표지를 위한 기준을 정하는 일의 선두에 있었다. 미국 대표단은 미국 법률이 전 세계적 안을 넘어서는 경우에도 국제 표준에 맞추라고 촉구하지 않았다. 일부 사람들이 보기에 미국 대표단은 마치 아무런 뚜렷한 이유도 없이 대결 자세를 취하는 것 같았다.

그러나 빈틈없는 관찰자들에게는 이런 태도가 전혀 놀라운 일이 아니었다. 부시 행정부는 UN의 제안이 향후 미국의 선택지를 제한한다고 여겨지면 열심히 제동을 걸었다. 예를 들어, 미국은 자국의 대기가 실제로 깨끗해지고 있고 많은 국내 환경법이 다른 나라보다 더 탄탄하다는 사실에도 아랑곳하지 않고 온실가스를 제한하는 교토의정서에 아직 조인하지 않았다. 그리고 미국은 1991년 이래 대인지뢰를 사용하지 않고 있는데도 지뢰 사용을 금지하는 협약에 거듭해서 조인을 거부하고 있다.(클린턴 대통령은 1997년 대인지뢰 금지 조약을 조인하지 않았지만, 미국이 2006년까지 이 조약에 가입하는 경로를 밟게 될 정책을 마련했다. 부시 행정부는 이 조약을 노골적으로 거부하지 않았다.)

미국은 혼자서 회의 진행을 방해하는 듯 보였지만, 러시아나 중국 같은 나라들도 암묵적으로 미국 편에 섰다. 예를 들어, 어떤 나라보다도 AK를 전 세계에 더 많이 공급하는 중국은 추적 가능하게 무기에 표지를 넣자는 UN의 제안에 반발했다. 러시아는 막후에서 정부 이외의 집단에 대한 무기 판매 제한에 반대했지만, 미국 대표단이 홀로 비난을 받게 내버려 두었다. 이 세 나라는 모든 쟁점에 대해 반드시 같은 태도를 보이지는 않았지만, 미국 대표단이 공개적으로 목소리를 높였기 때문에 저자세를 취한 다른 두 나라에는 관심이 쏠리지 않았다.

회의가 진행됨에 따라 두 가지 핵심적인 문제에 대해서는 어떤 노력도 허사가 될 것이 점점 분명해졌다. 정부 이외의 집단에 무기를 공급하는 문제와 민간인의 군용 무기 소유를 제한하는 문제에 대해 볼턴은 타협하려 하지 않았다. 소형화기 확산으로 가장 고통받은 아프리카 국가들은 단합을 유지하면서 이 두 조항을 계속 두어야 한다고 주장했다.

회의 마지막 날 오전 6시에 결국 아프리카 국가들은 회의를 불꽃으로 날려버리느니 미국의 주장에 굴복하는 쪽을 택했다. 회의에서 몇 가지 긍정적인 변화가 나오기는 했고, 아프리카 국가들은 작으나마 이런 추진력을 잃고 싶지 않았다. 회의에서 **어떤** 합의도 도출하지 못한다면 볼턴은 만족할 것이었고, 따라서 그들은 미국의 태도가 확고부동하다는 것을 알고 있었다. 그러나 그 대가로 아프리카권 나라들은 회의 의장인 콜롬비아의 카밀로 레예스_{Camilo Reyes}가 그들이 굴복하는 이유와 그 책임 소재를 공개적으로 설명해야 한다고 주장했다. 레예스는 이에 동의하면서 그중 일부를 언급했다.

"이번 회의에서 합의에 이르지 못한 데 대해 (…) 실망을 표해야겠습니다. (…) 전 지구적인 이 위기 때문에 가장 고통받는 아프리카 나라들은 이 중대한 문제가 (…) 삭제되는 일이 없도록 마지못해 합의했을 뿐입니다. 오로지 국제사회 전체가 지구적 차원에서 이런 공동의 위험을 낮추기 위해 첫걸음을 시작으로 함께 나아갈 수 있도록 타협을 하기 위해 합의한 것입니다."

회의에서 채택된 최종 문서인 〈행동강령Programme of Action〉은 불법 무기 거래를 저지하는 데 거의 기여하지 못했지만, 어떤 이들은 이 문서를 어쨌든 성공작으로 간주했다. 전 지구적인 차원에서 이 문제에 대한 의식을 불러일으켰기 때문이다. 회의를 계기로 이 문제를 다루기 위한 장기적인 노력이 추진되었다고 낙관하는 많은 대표자들에 따르면, 어쩌면 이런 의식 고양이 회의가 남긴 가장 중요한 유산일지 모른다.

총기 표지와 총알·탄피 추적

관심을 많이 끈 한 가지 주제는 추적할 수 있게끔 총기 표지의 보편적 기준을 만들자는 것이었다. 회의 당시에 이 주제는 최종 문서에 포함되지 않았다. 중국처럼 결국 악당의 손에 들어가는 무기를 많이 파는 나라들이 승인하지 않았기 때문이다. 실제로 UN 전문가들은 불법 소형화기의 60퍼센트 이상이 처음에 합법적 이전으로 출발하기 때문에 표지와 추적 시스템을 만들면 총기를 통해 자행되는 인권 침해를 막는 데 크게 도움이 될 수 있다고 말한다. 국가 차원의 민간인 총기 소유 제한을 전 세계적으로 도입하려는 나라는 전혀 없기 때문에 이 방안 역시 최종 문서에서 제외되었지만, 그 후 2년마다 열리는 회의에서는 일정한 움직임이 있었다.

첫 번째 회의에서와는 달리 미국은 이 방안을 지지하게 되었다. 미국 총기 제조업체들이 이미 총기에 대한 엄격한 표지와 기록 관리를 고수한다는 사실이 크게 작용했다. 이집트, 시리아, 중국 같은 나라들은 공개적으로 표지와 기록 관리에 반대했다. 자국의 합법적인 총기 판매에 대한 감시가 커질 것을 우려했기 때문이다. 이 나라들에서 생산되는 총기는 종종 불법적인 통로로 흘러든다.

전 세계적인 표지 시스템이 효과를 발휘하려면 각 총기에 유일무이한 일련번호를 매겨서 원산지, 제조업체, 생산 연도 등을 표시해야 한다. 총기를 이전할 때 수입 즉시 표지를 하는 것도 도움이 된다. 최종 수입국이 어느 나라인지 알 수 있어서 수사관이 조사의 출발점으로 삼을 수 있으며, 생산 표지가 지워지거나 등록 데이터가 잘못되었거나 사라졌을 때는 보완 자료로 활용할 수 있다. 밀거래상이 허위 수입 표지를 새긴다 해도 원산지를 추적할 수 있다.

정치적 문제를 제쳐두면 표지는 기술적 문제다. 각인은 전통적이고 가장 흔한 표지 기법이다. 비용이 저렴하고 간단하다. 오늘날 표지는 대개 리시버 옆면처럼 넓고 평평한 부분에 새긴다. 예컨대 AK에서 흔히 눈에 띄는 상징은 러시아 이젭스크 공장을 나타내는 삼각형 안에 위쪽으로 향한 화살 문양과 러시아 툴라아스널Tula Arsenal에서 생산된 AK에 찍히는 오각형별이다. 이 상징들을 삼각형을 비롯한 기하학적 도형 안에 집어넣는 식으로 몇 가지 변형물

AK47 제조업체 표지

 이젭스크 공장(러시아)

 툴라아스널(러시아)

 북방공업공사(중국)

 불가리아

이 존재한다. 흔히 눈에 띄는 또 다른 AK 표지는 중국의 노린코에서 생산되었음을 나타내는 삼각형 안의 숫자 66과 불가리아 무기 공장에서 만든 AK에 찍는 두 동심원 안의 숫자 21이다. 이 모양들과 나란히 숫자, 문자, 기타 부호 등으로 총기의 명칭과 원산지를 나타낸다.

그러나 각인에는 한계가 있다. 새롭게 개발된 단단한 합성수지는 아예 각인을 찍을 수 없으며, 사출 성형으로 표지를 새기면 작은 공간에 세부적인 내용을 담기 어렵다. 많은 정보를 정밀하게 새길 수 있는 레이저 표지가 최신 유행인데, 심지어 바코드까지 새길 수 있다. 나사와 민간 업체가 2차원 디지털 이미지 행렬을 개발했는데, 여기 들어 있는 검고 흰 작은 사각형들은 부품 번호를 가리키는 2진 숫자를 나타낸다. 나사가 염두에 둔 목표는 우주 개발 프로그램에서 사용되는 가장 작은 부품까지 이런 식별 표지를 붙이는 것이었다. 바코드와 달리 이 고유식별표지Unique Identifications, UIDs는 자유자재로 확대·축소할 수 있다. 아주 크거나 작게 만들어도 판독하는 데 아무 문제가 없다. 게다가 일반적인 바코드보다 100배 많은 정보를 담을 수 있다. 미 육군의 화력연구개발센터 Armament Research and Development Center는 현재 M16을 비롯한 장비에 고유식별표지를 시험하는 중이다. 고유식별표지는 손상되어도 판독할 수 있기 때문이다.

또 레이저를 사용하면 바꾸는 데 비용이 많이 들고 손이 잘 닿지도 않는 부품에 표지를 할 수 있는데, 표지를 지우려고 그 부위를 갈면 총기를 사용하지 못하게 된다. 어떤 이들은 노리쇠에 레이저 표지를 하자고 제안한다. 이 방법은 몇 가지 목적에 유용하다. 총을 분해하기 전에는 보이지 않는다. 표지를 지우면 이 부품을 사용할 수 없게 된다. 그리고 표지가 없는 노리쇠로 바꾸려면 비용이 든다.

미국, 캐나다, 유럽의 많은 총기 제조업체는 일반적으로 레이저 표지를 이용해 총기에 신속하게 각인한다. 대략 세 개를 각인하는 데 1분 정도가 걸린다. 비용 역시 낮아서 일단 각인기 구매 비용이 4만~6만 달러라고 할 때 대량으로 작업하면 한 정당 2~3센트에 불과하다. 압착 성형은 지우기가 더 어렵다. 레이저 가공보다 금속의 분자 구조가 훨씬 많이 변형되기 때문이다. 다른 한편 레이저 표지는 속도가 빠르기 때문에 일부 기업은 압착 각인보다 훨씬 깊이 새겨지는 작은 레이저 구멍으로 표지를 각인한다.

표지는 불법 무기 거래를 막는 한 가지 해법이지만, 전 세계적인 데이터베이스와 등록제가 존재하지 않는다면 무의미할 것이다. 이런 등록제가 가능하려면 모든 표지를 표준화―이른바 동기화―해야 하지만 가까운 미래에 이런 일이 이루어질 가능성은 희박하다. 모든 나라의 의무적 참여를 이루기가 어렵기 때문이다.

2001년, UN 회의에서 밥 바는 미국이 총기 표지와 관련해 세계에서 가장 엄격한 법률을 갖고 있다고 지적했다. 소재지, 제조

자명, 일련번호 등을 의무적으로 포함한다는 것이었다. 바는 다른 나라들도 미국의 선례를 따라서 수출품을 규제해야 할 것이라고 말했다. 그렇지만 그는 국제적 등록제는 총기 등록을 국제적으로 강요하는 것과 마찬가지라면서 확고하게 반대했다.

"그건 절대 받아들일 수 없습니다. 나를 비롯한 하원 동료들은 어떤 총기 표지 시스템도 불법적인 총기 거래를 근절하는 데만 초점을 맞추게 하고, 또 UN이 미국의 총기 소유자나 판매를 등록하거나 추적하는 어떤 시스템도 만들지 못하게 노력할 것입니다."

2005년 6월, 표지와 추적에 관해 논의한 UN 소형화기 실무단 회의에서 참석자들은 상당한 시간을 할애해 총탄 표지 문제를 논의했다. 총탄 표지를 주장하는 사람들은 총기가 범죄 현장에 남아 있는 경우는 드문 반면 탄피는 대개 남아 있으며 희생자의 몸에서 총알을 빼낼 수 있다고 주장했다. 만약 이 총알을 추적해서 구매자를 찾을 수 있다면, 수사관들로서는 믿음직한 수사 도구가 생기는 셈이다.

많은 총탄 제조업체가 총알 하나하나에 표지를 새기면 엄청난 비용이 들 것이라고 주장하지만, 표지에 찬성하는 이들은 총탄에 이미 몇 가지 문자와 숫자, 때로는 구경, 제조업체 상징기호, 기타 식별 표시가 각인되어 있다고 지적한다. 독일과 브라질의 군용 탄약 구매자들은 공급 업체에 추가적인 식별 표시를 요구한다. 그들은 AK102와 M16 소총용 5.56×45mm 총알에 제조업체, 생산 연월, 로트 사이즈lot size(해당 제품의 생산 단위 수량—옮긴이), 고유한 로트

식별번호 등이 표시된 숫자 여섯 개와 문자 네 개로 된 10자리 코드와 구경을 표시할 것을 요구한다.

이처럼 복잡한 표지를 하려면 추가 비용이 발생한다. 피스톤으로 밀어 넣어 탄피 밑바닥의 접속구를 만들 때 숫자와 문자를 기계적으로 찍는 방식으로 이미 제조업체나 연도 같은 간단한 표지는 전통적으로 사용되었다. 이 압착 표지는 1년에 한 번만 바꾸면 된다. 그런데 로트 숫자를 새기면 사정이 달라진다. 조립 과정 중에 최대 1만 개의 총탄까지 생산할 수 있는 조립 라인을 멈춘 뒤, 현재 제조 중인 총탄을 라인에서 빼고 새로운 압형을 집어넣은 뒤 조립 과정을 새로 시작해야 한다. 로트 숫자가 서로 섞이지 않게 하려면 이 방법밖에 없지만, 시간이 소요되거나 생산 라인이 느려진다.

그러나 브라질은 관례를 거스르기로 결정했다. 2005년 1월에 시행된 브라질 법률은 각기 다른 11개 구경에 대해 군, 경찰, 민간 보안업체, 스포츠 사격 단체 등의 구매자를 표시하는 코드뿐만 아니라 로트 숫자까지 포함하는 식별 표시를 하도록 규정했다. 이 구경들은 권총, 돌격소총, 기관총 등의 소형화기에 사용되는 것들이다. 게다가 탄약 상자에도 제조업자와 구매자를 추적할 수 있도록 바코드를 부착해야 한다.

이러한 조치는 브라질에서 총기 관련 살인 사건이 자주 발생하기 때문에 취해졌다. 해마다 브라질인 3만 5000~4만 5000명이 총기로 살해된다. 최근에 UN이 57개 나라를 대상으로 조사한 결과에 따르면, 주로 권총이 사용되는 총기 살인이 이 나라에서 으뜸가는 사망 원인으로 나타났다.

이 글을 쓰는 지금도 리우데자네이루의 빈민가에서는 총격 사건이 자주 발생하고 있다. 정부는 800군데 정도에 주민 수가 120만 명에 이르는 판자촌 동네를 전혀 통제하지 못한다. 이곳들은 갱단이 장악했다. 자동소총으로 무장한 젊은이들이 자기 구역을 순찰한다. 일부는 준군사 집단에 속해 있는 반면, 다른 이들은 마약 갱단 소속이다. 또 어떤 이들은 형편이 닿는 대로 입수한 소형 화기를 가지고 그나마 가진 재산을 지키려고 애쓰는 가난한 이들의 느슨한 무리에 속해 있다. 전투경찰이 마약 거래상과 범죄자를 찾기 위해 이런 빈민가를 급습하는 일이 흔하며, 경찰과 범죄자 양쪽에서 날아오는 유탄에 매년 무고한 사람 수백 명이 사망한다.

이처럼 끔찍한 상황이 빈발하는 가운데 브라질 관리들은 서반구에서 규제가 가장 강한 몇몇 총기법을 도입했다. 경찰을 비롯한 법 집행관들만 사람들이 있는 곳에서 총기를 휴대할 수 있다(일부 사냥꾼은 예외다). 총기를 소유할 수 있는 최저 연령도 21세에서 25세로 높아졌고, 총기를 휴대하다가 잡힌 사람은 2~4년 징역형에 처한다. 또 정부는 총기 되사기 프로그램을 시행해 현금을 받고 총기를 반납하는 것보다 등록하는 편이 더 비용이 많이 들게 했다. 권총은 30달러에, 돌격소총은 100달러에 정부가 사들였다. 2004년에 한 여자는 선친이 모아놓은 총기 120여 정을 반납해 6만 5000달러를 받았다고 한다.

이 글을 쓰는 시점에 더 중요한 점으로, 브라질에서는 이제 범죄에 사용된 탄약을 추적하는 것이 가능하다. 브라질탄창회사 Companhia Brasileira de Cartuchos, CBC라는 제조업체가 이미 새로운 표지법에 따라 탄약에 각인을 하기 시작했다. 이 회사는 레이저를 이용해 총탄의 배출 홈에 다섯 자리 코드를 각인한다. 배출 홈은 사격 후에 약실에서 탄피를 빼내기 위해 총기의 갈퀴가 물리게 탄피 끝에 가늘게 판 홈을 가리킨다. 컴퓨터로 제어하는 레이저를 사용하면 코드를 각인해도 조립 과정이 느려지지 않는다. 일단 한 로트를 생산하면 각인을 위해 따로 떼어놓기 때문이다. 일단 그 로트를 완성하면, 다음 로트에 고유 코드를 각인할 수 있다. 기록 관리용으로 컴퓨터가 자동으로 숫자를 기록한다. 생산되고 나서 표지가 완성되기 때문에 수입된 탄약도 이 나라에 일단 들어오면 쉽게 각인할 수 있다. 추적 가능성을 보장하고 도난을 방지하기 위해 생산자와 수입업자는 경찰과 군 사령부에 곧바로 '읽기 전용' 데이터베이스 정보를 제공해야 한다. 이 새로운 총기와 탄약 표지 관련 법으로 총기 폭력이 예방될 것이라고 장담하기는 너무 이르지만, 국회의원들은 큰 기대를 걸고 있다.

브라질의 탄약표지법을 검토하면서 아이디어를 얻고 있는 캘리포니아주 의원들과 경찰도 기대가 크다. 그들은 총기에만 초점을 맞추기보다는 캘리포니아주의 형편없는 살인 사건 해결 비율에 대한 해법으로 탄약에 주목하기로 했다. 2003년에는 캘리포니아주 살인 사건의 45퍼센트가 여전히 미해결 상태였다. 다른 주와 마찬가지로 캘리포니아의 법 집행관들 역시 항상 범죄 현장에 남겨진 총알과 탄피를 수거했지만, 총격범과 총기를 체포하고 압수할 때까지 이 증거들을 특정 총기와 연결할 방법이 없었다.

범인 체포를 돕기 위해 캘리포니아주 상원은 2007년 이후 주에서 판매되거나 소유하는 모든 권총에 표지를 하도록 하는 법안을 통과시켰다. 그 권총이 어디서 왔는지를 상자에 표시하는 것이었다. 탄약 판매상들도 의무적으로 판매 기록을 남겨야 했기 때문에 발사된 총알은 식별할 수 있어서 산 사람을 특정할 수 있었다. 총기 소유자들은 이 계획(.357 매그넘.357 Magnum의 이름을 따서 357주법SB 357이라는 절묘한 이름을 붙였다)에 격노했고, 새크라멘토의 한 사격 동호회는 법무부 장관이 이 법안을 지지한다는 이유로 법무부 수사관들이 자기네 사격장에 와서 사격하는 것을 금지했다. 스포츠용총기탄약제조업체협회는 만약 법안이 그대로 시행되면 신규 투자에 수억 달러가 소요되고, 총탄 한 발 가격이 몇 센트에서 몇 달러로 오를 것이라며 법안에 반대했다.

법 집행관들은 반반으로 나뉘었다. 일부 반대론자들은 수반되는 비용이 충분한 효과를 내지 못할 것이라고 지적했다. 범죄자들이 그냥 다른 주에서 생산·판매된 탄약을 쓸 것이라는 이유에서였다. 법 집행기관들은 또한 자신들이 사야 하는 탄약 가격이 오를 것을 걱정했다.

이보다 논쟁이 크지 않았던 또 다른 법안은 반자동권총이 발사될 때 탄피에 미세한 각인이 새겨지게 하는 것이었다. 이렇게 하면

범죄 사건이 일어났을 때 수사관들이 현장에 남아 있는 탄피를 가지고 총기(그리고 아마도 소유자)를 찾아낼 수 있었다. 뉴햄프셔주 런던데리에 있는 나노마크 테크놀로지스NanoMark Technologies는 이 분야에서 사업을 운영하는데, '탄도 식별 표시' 특허를 보유하고 있다. 이 회사 간부들은 그 식별 표시가 (전통적인 과학수사대 유형의 탄도학 기법을 사용하는 총알 비교와 달리) 확실하고 총기와 직접 연결된다고 주장한다. 이 시스템의 유일한 단점이라면 총을 쏜 사람이 시간이 충분히 남아돌고 탄피를 수거할 마음의 여유가 있으면 사격 후에 탄피를 가져갈 수 있다는 것이다.

이 문제를 해결하기 위해 시애틀에 있는 애뮤니션 코딩 시스템Ammunition Coding System은 총알과 탄피 모두에 코드를 새기는 방법을 개발했다. 이 회사의 레이저 시스템은 총알뿐만 아니라 탄피 안쪽에도 고유한 식별 코드를 새긴다. 둘 다 확대경으로 읽을 수 있다. 회사는 발사 후에 총알이 손상되지만 않으면 최소한 20퍼센트는 숫자를 판독할 수 있다고 주장한다. 샌버나디노 카운티 보안관 부서가 실험한 결과, 22건 중 21건에서 식별 숫자를 판독할 수 있었다. 이 기획의 유일한 단점은 각인/처리 설비가 기계 한 대당 30만~50만 달러로 고가이고, 총알 가격에 특허권 사용료까지 추가된다는 것이다.

이런 총알 추적 시스템은 광범위한 함의를 지닐 수 있다.[113) 이 시스템은 심지어 소규모 충돌이 지역 차원의 전쟁으로 비화하는 것을 막을 수도 있다. 예를 들어, UN 관리들이 콩고민주공화국 국경에 접한 부룬디의 가툼바 난민촌에서 벌어진 학살 사건을 조사할 때 근거로 삼을 만한 것은 탄피밖에 없었다. 2004년 8월 13일 오전 10시에서 11시 30분 사이에 난민들은 북소리와 찬송가 소리가 다가오는 것을 들었다. 몇몇 생존자들은 휘파람과 명령 신호가 들림과 동시에 공격이 시작되었다고 증언했다. 공격자의 숫자에 관해서는 목격자들의 증언이 엇갈렸지만—100명에서 300명까지 다양했다—집단 구성에 관해서는 의문의 여지가 없었다. 공격자들의 대열에는 무장한 남녀와 어린이들이 있었는데, 일부는 군복을 전부, 또는 일부나마 차려입고 나머지는 외출복 차림이었다. 그들은 몇 가지 다른 언어를 구사했는데, 일부는 콩고와 부룬디에서 흔히 쓰이는 언어였다. 그리고 "개새끼 투치족들 죽여버리자", "바냐물렝게족Banyamulenge[콩고민주공화국 남키부South Kivu주 출신의 투치족]을 타도하자" 같은 구호를 외쳤다.

공격자들이 습격을 끝냈을 때 난민 152명이 사망하고, 108명이 상처를 입었다. 그 밖에도 실종된 여덟 명은 영영 발견되지 않았다. 사망자와 실종자 가운데 147명이 바냐물렝게족이었다. 공격자들이 난민촌에 있는 다른 집단들은 표적으로 삼지 않았다. 부룬디인 귀환자들이 거주하던 천막은 아무 피해도 보지 않았다.

이 학살은 취약한 시기에 발생했다. 콩고민주공화국에서 6년, 부룬디에서 11년 동안 전쟁이 벌어진 끝에 모든 세력이 한창 내외적으로 긴장을 가라앉히던 때 벌어진 공격이었다. 그 지역에 사는 많은 사람은 바냐물렝게족이 콩고 내전 당시 양쪽 모두에서 싸웠는데도 그들을 친르완다 세력으로 간주했다. UN 조사관들은 공격자들이 지역 차원의 전투를 다시 부추겨서 각국의 과도정부를 약화할 속셈이었다고 판단했다.

이 계획은 효과를 발휘하기 시작했다. 부룬디 정부와 르완다 정부는 콩고를 공격해 학살범들을 찾아내겠다고 위협했다. 여러 증거로 볼 때 민족해방전선National Liberation Front, FNL이 공격 집단의 일원이라는 것이 유력했지만, 혼전이 벌어지는 와중에 여러 언어가 사용된 사실을 보면 그들이 단독으로 행동을 조직하거나 수행한 것은 아니었다. 부룬디를 근거지로 활동하는 민족해방전선 지도자들은 처음에는 공격에 참여한 것을 인정했지만 나중에 말을 바꿨다. 이 후투족 집단은 투치족이 콩고에서 새로운 전쟁을 이끌고 있는데, 이 때문에 결국 평화로 나아가기 위해 노력해온 지역의 안정이 무너질 것이라고 대꾸하며 학살을 정당화했다.

1993년에 부룬디에서 처음 민주적으로 선출된 대통령이 불과 4개월 만에 암살당한 뒤, 후투족과 투치족이 전쟁을 벌여 국내외에서 20만 명이 사망하고 130만여 명이 피난길에 올랐다. 1990년대 초 부룬디에서 콩고로 대규모 난민이 유입되고, 그와 동시에 르완다에서 종족 학살이 벌어지면서 부족 전쟁이 촉발되어 1997년에는 콩고 정부가 전복되었다. 르완다와 우간다의 반군이 새로 세워진 정권에 도전하자—다른 나라들까지 가세하면서—지역 차원의 전쟁이 벌어졌고, 결국 100만 명이 넘는 콩고인이 난민 신세가 되었다. 게다가 르완다 반군은 콩고를 기지로 삼아 르완다를 공격해 결국 르완다가 콩고를 침공했다.

콩고민주공화국(옛 자이르)을 둘러싸고 벌어진 국지전은 '아프리카 최초의 세계대전'이라는 이름이 붙었다. 각자 제 나름의 이유로 참전한 6개국과 최소한 20개에 달하는 무장 집단이 싸웠기 때문이다. 1997년에 대규모 전투가 발발한 이래 최소한 380만 명이 사망했는데, 대부분 어린이와 여성, 노인이 굶어 죽은 것이었다(일각에서는 사망자 수를 최대 450만 명까지 추산한다). 전쟁이 길어지면서 225만 명이 집을 등졌고, 일부는 가톰바 같은 난민촌으로 들어갔다. 이 전쟁은 2차대전 이래 가장 많은 목숨을 앗아간 충돌이었는데, 소형화기가 주요 무기로 사용되는 가운데 AK가 가장 인기를 끌었다. 교전은 2002년에 공식적으로 끝났지만, 많은 무장 집단이 이 글을 쓰는 지금도 싸움을 계속한다. 이 지역의 미묘한 안정을 유지하는 데 도움을 주려면, UN이 범죄자들의 물리적 증거를 찾아서 정의의 심판대에 세우는 것이 결정적으로 중요하다. 이렇게 하면 소문과 근거 없는 사실 때문에 또다시 충돌이 일어나는 것을 막는 데 큰 도움이 될 것이다.

유감스럽게도, 조사관들이 가톰바 난민촌에 도착했을 때는 이미 현장이 깨끗이 치워진 상태였다. 많은 시체가 법의학적 조사도 없이 집단 무덤에 매장되었다. 증거가 오염되고 상처 입은 피해자들은 병원으로 실려 갔는데, 병원 관계자들은 UN 조사관들이 난민촌에서 온 환자들을 만나지 못하게 막았다.

조사관들은 아직 치워지지 않은 탄피 몇 개만 수거했을 뿐 확실한 증거는 거의 확보하지 못했다. 발사된 총알 수천 발 가운데 각기 다른 탄피가 네 종 발견되었다. 표지를 살펴보니 한 개는 1995년 불가리아의 아스널 카잔루크에서, 두 개는 1998년 중국의 미확인 제조공장에서, 나머지 한 개는 세르비아 우지체의 프르비 파르티잔에서 생산된 것이었다.

탄약 구매자를 추적할 방법이 없으니 UN 조사관들로서도 어찌할 도리가 없었다. 제조업체들도 처음에 탄약을 누가 수령했는지 확인해주지 못했다. 그러나 탄피의 형태로 볼 때 불가리아산과 중국산 총탄은 AK에서 발사된 것으로 보였다. 그 밖에는 다른 어떤 사실도 확인할 수 없었고, 공격자들의 정체는 여전히 오리무중이다.

가툼바 난민촌 사건은 지금도 이 지역에서 분노를 폭발시키는 문제다. 전투는 계속된다. 일부 민족해방군 부대는 가툼바 학살을 자신들이 저질렀다고 실토했고, 재판에 부쳐질 가능성이 있다. 그러나 물리적 증거가 더 나오지 않는 상황에서 대다수 가담자는 절대 법정에 서지 않을 것이다.

표지와 추적 시스템을 주장하는 사람들은 애당초 탄약 구매자를 확인할 수 있는 징치를 만들면 이런 공격—그리고 그 후 방향을 잘못 잡은 보복이 국지전으로 비화되는 사태—이 줄어들 것이라고 주장했다. 가해자들이 추적을 당해 잡힐 가능성이 크다고 생각할 것이기 때문이다. 반대론자들은 악랄한 총기 중개상들은 **언제나** 표지가 없는 상품을 팔 방법을 찾아낼 것이고, 표지가 없는 탄약과 총기를 거래하는 암시장이 발전할 것이 분명하다고 목소리를 높였다.

　그러나 내일 당장 표지와 추적 시스템이 시작된다고 할지라도 현재 워낙 많은 총기와 탄약이 존재하기 때문에 예측 가능한 미래에 큰 효과를 보기는 어렵다.[114] 특히 AK의 경우에 현재 사용되는 총기가 고장 나려면 50년이 걸릴 수 있다. AK는 불량에 가깝거나 질이 떨어지는 탄약도 발사할 수 있으므로 결국 수십 년 동안 사용할 수 있고, 추적하기도 힘들 것이다. 벨기에를 근거지로 활동하면서 UN에서 일하는 무기조사관 요한 펠레만Johan Peleman은 이런 사실을 노골적으로 말했다. "처음에 산 사람이 누구든 간에 20년 된 칼라시니코프를 추적하는 일은 사실상 불가능합니다."

　2003년 미국이 사담 후세인을 축출하고 이라크에 있다고 추정되는 대량 살상 무기를 파괴하기 위해 이라크를 침공한 뒤, 이처럼 20년 된 AK 소총의 일부가 이 나라에서 등장했다. 40여 년 전 베트남에서 그랬듯이, 다시 한번 소련이 설계한 AK가 미국이 설계한 M16과 접전을 벌이게 된다.

8

숙명의 라이벌,
사막의 AK와 M16

"알고 보니 12세 이상의 이라크 남자라면 누구든
눈 감고도 AK를 분해·조립할 수 있고, 다들 명사수입니다."

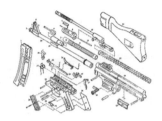

모래 바람 속의 M16

1999년 이라크 대통령 사담 후세인은 세계 최대 규모로 예정된 이슬람 사원 건설 개시를 명령했다. 수도 바그다드에서 24km 떨어진 약 40만 m² 부지에 지어지는 거대한 예배소는 지역 무슬림들에게 국가에 대한 철권통치를 강화하기 위해 독재자가 세운 계획의 일환이었다. 그런데 원래 바트당은 종교를 거부한 전력이 있었고, 걸핏하면 이슬람 근본주의자들을 괴롭히고 살해했다.

'모든 전쟁의 어머니Mother of All Battles' 사원은 이라크 무슬림들의 비위를 맞출 뿐 아니라 1991년 걸프전에도 경의를 표하려는 시도였다. 이라크가 이웃 나라 쿠웨이트를 침공하자 미국의 주도 아래

UN이 인가한 동맹군이 반격을 가해 작은 산유국에서 이라크를 몰아냈지만, 후세인은 군사력만 감소했을 뿐 권좌는 그대로 지킨 이 전쟁에 '모든 전쟁의 어머니'라는 이름을 붙인 바 있다.

후세인의 생일인 2002년 4월 28일에 문을 연 사원은 과대망상증 환자에게 바쳐진 공물이었다. 사원 안에는 후세인의 피에 잉크와 방부제를 섞은 액체 1.4*l*를 가지고 손으로 썼다고 하는 코란 한 권, 아랍 세계 모양으로 된 연못, 대통령의 엄지손가락 지문을 형상화한 24ft(약 7.3m) 너비의 모자이크 등이 있었다. 바깥에는 미국과 43일 동안 싸운 것을 상징하는 43m 높이의 뾰족탑들이 하늘을 찌를 기세였다. 이 탑들은 스커드 미사일 모양이었다. 스커드는 냉전 시절 소련이 만든 R11 미사일에 NATO가 붙인 이름이다. 후세인의 군대는 '모든 전쟁의 어머니' 전쟁 당시 이스라엘과 사우디아라비아에 스커드 미사일을 발사했다. 조잡하고 저렴하지만 실전에서 유능한 이 단거리 미사일은 종종 트럭에서 발사되었는데, 재래식 폭약 탄두나 소형 핵폭탄, 대인 자탄bomblet, 생화학 무기 등을 발사할 수 있었다.

또 사원은 외부의 뾰족탑 네 개를 자랑스럽게 내보였다. 본당에 가까운 뾰족탑들과 마찬가지로, 이 탑들도 후세인이 숭배하는 또 다른 무기, 단순하고 저렴한 소련제 휴대용 무기와 정확히 똑같은 모양이었다. 높이 37m(사담 후세인이 태어난 해인 1937년을 의미한다)인 뾰족탑들은 AK의 이라크 모델인 타부크Tabuk 돌격소총의 총신을 그대로 형상화한 것이었다.

후세인 정권은 뾰족탑이 이 무기들과 비슷하게 설계된 사실을 공식적으로 부인했지만, 아무리 보아도 똑같은 형태다. AK 뾰족탑에는 심지어 이 총의 독특한 모양인 총신 손잡이까지 새겨져 있다. 총신 손잡이는 자동사격 시에 총열을 꽉 쥘 수 있게 만든 부분이다. 스커드 미사일이 그렇듯 AK도 사담 후세인에게 소련의 실용적 사고방식에서 탄생한 단순한 무기를 의미했다. 두 무기는 값이 싸면서도 살상력이 높았다.

1991년, 연합군의 폭격으로 이라크 공군과 스커드 미사일, 탱크가 많이 파괴되었다. 그러나 후세인 정권은 AK를 중심으로 한 소형화기 비축물을 계속 갖고 있었다. 실제로 이라크전쟁, 미국식 명칭으로는 이라크자유작전Operation Iraqi Freedom이 시작된 2003년 3월에 이르면, 이라크의 병기고에는 소형화기가 넘쳐났다. 아마 무려 700만~800만 정에 달했을 것이다. 일단 대규모 교전이 일어나면 이 무기들이 미군에 치명적인 타격을 가하게 될 터였지만, 전쟁이 시작될 당시만 해도 군사전략가들은 이 무기들을 위협으로 여기지 않았다.

이 전쟁은 베트남전쟁에 참전했던 토미 프랭크스Tommy Franks 장군이 이끄는 공중·지상 공격으로 시작되었다. 이라크가 대량 살상 무기(화학·생물학·핵무기) 생산과 보관을 금하는 UN 제재를 위반했다고 믿은 조지 W. 부시 대통령은 프랭크스 장군에게 공격 개시를 명령했다. 군사 전문가들은 지상군을 투입하기 전에 장기간 공습이 진행될 것이라고 예상했다. 그러나 1991년 걸프전이나 미국의 아프가니스탄 침공과 마찬가지로, 프랭크스는 쿠웨이트를 통해 이라크 남단으로 진입해 최대한 신속하게 바그다드로 전진할 것을 지상군에 명령했다. 1940년 독일군이 됭케르크와 파리로 가는 도상에 있는 작은 마을을 우회하면서 아르덴 지역을 신속하게 차량으로 통과한 것처럼, 미군도 북쪽 수도로 가는 길에 있는 소도시들을 무시한 채 전속력으로 이동했다. 펜타곤의 전략가들은 바그다드를 공격해서 이라크의 지휘·통제 역량을 파괴하면 정권이 저절로 붕괴하고, 이라크 국민이 침략군을 해방자로 전폭적으로 지지할 것이라고 믿었다. 펜타곤 전략가들은 일단 미국이 바그다드를 장악하기만 하면 그냥 지나친 소도시와 마을들이 순순히 협조할 것으로 기대했다.

미군이 이라크를 가로질러 진군할 때 우선적인 목표는 쿠웨이트까지 지하로 연결된 루마일라 유전 지대를 확보하는 것이었다. 걸프전 당시 후세인의 군인들은 자욱한 연기로 군대의 이동을 은폐하고 연합군을 교란하기 위해 이 유전에 불을 질렀다. 프랭크스는 이라크군이 유전을 다시 태우지 못하게 막기로 결심하고 병사들에게 유전을 확보하라고 명령했다. 이 행동은 전쟁이 끝난 뒤에도 이득이 될 터였다. 부시 대통령이 이라크에서 가장 가치가 높은 원유 공급이 이라크 재건 비용을 지급하는 데 기여할 것으로 기대했기 때문이다.

이 지역에 배속된 부대 중 하나는 제5해병연대 제1대대였다.[115] 육중하고 더운 화학 방호복을 입은 알파중대가 처음으로 쿠웨이트 국경을 넘어선 지상군 부대 중 하나였다. 알파중대는 8시간을 달린 끝에 제2펌프장에 도달했다. 한때 이라크 여단이 주둔한 기지였던 펌프장은 끝까지 저항하는 몇몇 전사를 빼고 모두 도망간 상태였다. 해병대는 소규모 전투 중에 이라크 포로 몇 명을 잡았는데, 예상치 못한 일이 발생했다.

후세인의 정예부대인 공화국 수비대 소속으로 보이는 이라크 군인 대여섯 명이 갈색 도요타 픽업트럭을 타고 급히 도망쳤다. 해병대원 몇 명이 나중에 증언한 바로는 달리는 차량에서 총격하는 사건과 비슷한 모습이었다. 퇴각하는 이라크 병사들이 창문 밖으로 AK를 난사해서 서렐 '셰인' 칠더스Therrel "Shane" Childers 소위가 하복부에 총을 맞았다. 미시시피주 해리슨 출신으로 시타델군사대학을 졸업한 서른 살의 해병대원 칠더스는 즉사했다. 그는 이라크 자유작전에서 사망한 첫 미군이었다. 그의 중대에 소속된 해병대원은 대부분 당시 전투에서 AK를 처음 보았지만 그것이 마지막은 아니었다. 그들이 가장 두려워한 것은 아마 이 군인들이 총기를 휘두르는 방식이었을 것이다. 미군은 고도로 훈련을 받고 규율이 잡혀서 총을 발사할 때마다 사격 횟수를 세라고 배운 반면, 이라크 군은 누가 맞든 개의치 않고 무차별적으로 쏘아댔다. 그런 사격 방식은 성공적이었다. 그들은 해병대원 한 명을 죽이고 몇 명에게 부상을 입혔다. 전문적으로 훈련을 받은 군대가 도대체 어떻게 이런 식의 군인과 싸워 승리할 수 있겠는가?

다른 전진 부대는 티그리스강과 유프라테스강을 가로지르는 전략적으로 중요한 다리를 장악할 때를 제외하면 주요 도시를 피해 진군했다. 미국의 계획이 곤경에 빠졌음을 보여주는 첫 번째 징후는 (바그다드를 향해 파죽지세로 전진한다는 뉴스에 가려지긴 했지만) 쿠웨이트 국경 바로 북쪽에 있는 이라크 제2의 도시로, 미군이 피해 간 바스라Basra에서 나타났다. 미군이 앞으로 밀고 나아가는 동안 영국군이 바스라를 확보하기 위해 이동했다. 군 고위 장교들로서는 놀랍게도, 영국군이 도시에 진입하기 위해 2주일 동안 전투를 벌였다. 2차대전 이래 영국인들이 목도한 최대 규모의 전차전까지 벌어졌다. 그러나 이라크 탱크들이 파괴되었는데도 전투가 계속되었고, 비좁은 도심에서 시가전까지 벌여야 했다. 영국군은 이라크 정규군과 페다이 전사들Fedayeen의 끊임없는 소형화기 공격에 노출되었다.

'Fedayeen'은 '대의를 위해 기꺼이 목숨을 바치는 사람'을 뜻하는 아랍어 단어의 복수형이다. 8~14세기에 처음 등장한 페다이들은 이슬람 시아파에 속하는 이스마일파 무슬림 집단이었는데, 그들은 바그다드를 통치하는 수니파 무슬림인 아바스 왕조를 공포에 떨게 했다. 이 종교 집단은 또한 '하시신hashishin'이라는 이름으로도 알려졌다. 그들은 전투를 벌이기 전에 하시시를 복용해서 광적으로 싸움에 몰입하는 상태에 빠져들었다고 여겨졌기 때문이다. ('암살자assassin'라는 단어는 그들의 이름에서 유래했다. 통치자 살해와 관련된 그들의 테러 전술도 마찬가지다.)

역사를 통틀어 몇몇 유명한 페다이 집단이 있었다. 가장 최근의 이 전사 집단인 페다인 사담Fedayeen Saddam은 후세인 정권이 직

접 선발해 후세인의 아들 우다이Uday가 지휘했다. 후세인과 바트
당에 충성을 다하는 그들은 모든 침략자에 맞서서 죽을 때까지
싸울 각오가 되어 있었다. 후세인은 전사 수가 3만~4만에 이르는
이 준군사 집단을 이용해 반대파를 탄압하고 지역에서 무기와 마
약을 밀매했다. 이렇게 숫자가 많았지만, 국제사회는 후세인이 미
국의 침략을 맞이해 그들을 군역에 밀어 넣을 때까지 그 정체를 거
의 알지 못했다. 그들이 선택한 무기는 AK였다.

미군이 바그다드를 향해 압박하는 동안 물자 보급이 지체되었
다. 표적을 400km 정도 앞두고 전선의 물자(식량, 식수, 연료) 보급이
부족해지자 보급대가 따라잡으려고 기를 써야 했다. 이 경무장 트
럭들은 페다이 매복 공격의 손쉬운 먹잇감이었다. 많은 수송대가
헬기의 엄호를 받았지만, 다른 트럭들은 치고 빠지는 공격에 고스
란히 노출되었다. 유조차는 가장 선호하는 표적이었다. 느릿느릿
움직이는 데다가 폭발하면서 타오르는 연료가 극적인 효과를 발
휘했기 때문이다.

미군은 바그다드에 진입하면서 완전한 승리가 코앞에 다가왔다
고 확신했다. 2003년 4월 9일 바그다드가 함락됐을 때 페다이들
은 혼란에 빠졌지만, 많은 이가 싸움을 계속했다. AK와 로켓 추
진 유탄이 주요 무기였다. 그러나 다른 어떤 일이 벌어졌다. 부시
행정부는 전쟁이 신속하게 끝났고 이라크 국민이 연합군을 해방자
로 환영할 것이라고 주장했지만, 뒤이어 길고 긴 게릴라전이 이어졌
다. 미군은 이런 전쟁에 대처할 준비가 충분히 되어 있지 않았다.

수도를 장악하고 며칠 동안은 미군이 질서를 유지할 능력이 부족하다는 사실이 극명하게 드러나면서 약탈이 횡행했다. 국방부 장관 도널드 럼즈펠드가 보기에는 수십 년 동안 후세인에게 탄압받은 이라크인들이 그냥 울분을 발산하는 것이었다.

거리 폭력 사태가 계속되었다. 미군이 폭력 사태를 억누르려고 하자 미군의 점령 확대라고 본 많은 이라크인은 지쳐갔다. 게다가 후세인은 종적을 감춘 뒤였고, 많은 국민은 1991년 걸프전 때처럼 미국이 자신들을 버리고 떠나서 결국 후세인이 권력에 복귀하고 반대파에 대해 전보다 더 심한 복수에 나설 거라고 우려했다. 더욱이 많은 이라크 국민은 여전히 1991년 전쟁 당시 미국이 가한 폭격에 분노하고 있었다. 당시 폭격으로 국가 기반 시설이 상당 부분 파괴되었기 때문이다. 전력 공급량은 전쟁 전의 4분의 1에도 미치지 못했고, 정수장이 파괴되어 이라크 국민의 주요 식수원인 티그리스강으로 하수가 그냥 흘러들었다. 이라크의 대다수 국민은 그 후 미국 때문에 전염병이 창궐했다고 비난했다. 대다수 이라크인은 후세인의 통치를 혐오했지만 적어도 그때는 깨끗한 식수와 전기 등의 기본 서비스가 존재했는데, 이제는 아무것도 없었다.

연합군이 승리를 거두고 난 뒤 이어진 불확실성과 혼란의 시기에 후세인의 거대한 무기고에서 AK를 중심으로 소형화기 수백만 정이 약탈되거나 팔려나갔다. L. 폴 브리머L. Paul Bremer 연합국 임시 행정청장(연합국 임시행정청은 이라크 침공 이후인 2003~2004년에 이라크과도통치 협의회와 함께 과도정부 역할을 했다—옮긴이)이 바트당원 전원을 공무원직에서 해임하고 이라크군을 해산하기로 결정한 2003년 5월, 주요한 사건이 하나 발생했다. 이것은 올바른 결정, 그리고 당시 상황을 고려하면 논리적으로 합당한 유일한 결정이었을지 모르지만, 커다란 사회적 소요와 폭력 사태를 유발했다. 이 집단들이 이라크에 있는 소형화기를 거의 아무에게나 쥐여주었기 때문이다. 소련이 해체되던 때의 상황과 흡사하게 군 장교와 정부 공무원들이 돈을 버는 방편으로 국가가 보유한 무기를 팔아치웠다. 집권한 정부, 즉 미국이 이끄는 과도정부에 맞서는 반대파를 부추기려는 의도도 있었다. 이 무기들은 결국 법을 준수하면서도 불안에 떠는 시민들의 손에 들어갔다. 후세인에게 충성하는 바트당원들과 미국의 점령에 반대하는 이들의 수중에도 들어가 장기 시가전에서 사용되었다.

다른 많은 나라에서 목도했듯이, AK의 시중가는 사회적 질서와 시민 불안의 정도를 정확히 나타내는 지표다.[116] 침공 이전 몇 달 동안 AK 한 자루의 가격은 다양했지만 150~300달러 수준에 머물렀고, 중국 모델이 가장 싸고 러시아 모델이 가장 비싼 축에 속했다. 이상한 일이지만, 후세인의 독재에도 불구하고 이라크에서는 개인, 특히 수니파 무슬림의 총기 소유율이 꽤 높았다. 수니파 무슬림은 면허료 150달러만 내면 원하는 만큼 소형화기를 가질 수 있었다. 심지어 바그다드나 팔루자 같은 대도시에서도 집마다 소형화기 몇 자루를 소지하는 것이 드문 일이 아니었는데, 그중에는 거의 언제나 AK가 있었다. 2003년 3월과 4월에 바그다드가 함락된 직후 최악의 소요 사태가 일어나는 동안 군 재고품이 시장에 물밀듯이 쏟아지면서 가격이 급락했다. 바스라에서는 AK가 워낙 널려 있어서 가격이 거의 바닥까지 떨어졌는데, 그런 까닭에 영국이 도시를 통제하는 데 어려움을 겪었다.

약 6개월 뒤, 바그다드가 안정되고 연합군이 광범위한 약탈과 거리 폭력을 어느 정도 제어하게 되자 AK 가격은 예전 수준을 되찾았다. 그때쯤이면 군 무기고에서 나온 AK의 상당수가 연합군에게 폐기되거나 이라크인들 수중으로 들어간 상태였다. 여름이 지나고 반정부 집단들이 임시행정청에 반대하는 정치·종교 지도자들을 중심으로 연합함에 따라, 다시 수요가 늘어나서 이웃 나라 이란과 시리아에서 소형화기를 수입할 정도였다.

미군이 이라크에서 예상치 못하게 긴 게릴라 시가전을 준비함에 따라 자체 소형화기가 이런 전투에는 적합하지 않아 보였다. 병사들은 기본 화기인 M16A2를 지급받았는데, 베트남전 시대부터 사용된 M16의 공식 명칭인 M16A1의 후속 모델이었다. A2는 가늠장치가 개량되고, 총신 손잡이가 변경되었으며, 총열 강선의 '회전율 twist rate'이 달라졌다. 3점사 three-round burst(방아쇠를 한 번 당기면 세 발 연속 사격되는 방식—옮긴이) 방식이었는데, 가장 중요한 차이점은 탄약이었다. A1은 M193 소총탄이라고 명명된 U.S. 55gr(1그레인은 약 0.0648g에 해당한다. 55gr은 약 3.6g이다), 5.56×45mm 표준형 총알을 사용했다. NATO는 55gr 대신 62gr(약 4g) 총알을 사용하게 총탄을 변경하고 이것을 SS109로 분류했다. (그레인은 미국에서 총알과 화약을 측정하는 네 사용되는데, 다른 대다수 나라는 미터법을 쓴다.)

구식 M16 소총으로는 SS109/M855 총탄을 발사할 수 없었다. M1A1의 12in(약 30cm)당 1회전 하는 회전율에서는 총알이 안정되게 날아가지 않았기 때문이다. A2의 회전율은 더 길고 무거운 SS109/M855 총알에 맞게 7in(약 18cm)당 1회전이었다(7in당 1회전 하는 회전율은 총알이 7in를 이동하는 동안 완전히 한 바퀴 회전한다는 뜻이다).

소형화기에서 중요한 진전으로 손꼽히는 것 중 하나는 강선 개념인데, 강선을 만드는 목적은 총알이 안정되게 날아가게 해서 정확도를 향상하는 것이다. 화기가 발전함에 따라 설계자들은 총알이 일단 총열을 통과하고 나면 흔들린다는 사실을 발견했다. 총열에 나선 홈을 파면 총알이 회전했고, 그러면 특히 공기 중에서 고속으로 날아갈 때 안정성이 커졌다. 미식축구 쿼터백이 공에 최대한 많은 회전을 주어 던지는 것도 바로 이런 이유 때문이다. 회전이 많을수록 패스가 더 멀리 더 정확하게 날아간다. 빠르게 도는 팽이는 안정성이 있는 반면 느리게 도는 팽이는 비틀거리다가 금방 쓰러지는 것도 같은 이유에서다.

모든 것이 그렇듯이 무기 설계에서도 균형이 중요하다. 회전율이 너무 낮으면 총알이 안정적으로 날아가지 않는다. 그러나 총알을 너무 많이 회전시키면 제조상의 아주 미세한 결함까지 두드러져서 안정성을 약화한다. 무기 설계자들은 복잡한 컴퓨터 모델을 이용해 총열의 길이와 총알의 질량에 근거하여 최선의 회전율을 찾지만, 보통 현장 경험이 가장 좋은 데이터를 만들어낸다.

A2를 시가전에 맞게 개조하는 데 또 다른 문제가 있었다. 몇 년 전 소말리아 도시에서 시가전을 벌인 부대는 험비 같은 보병용 차량, 헬리콥터, 건물 출입구, 통로 등을 드나드는 데 시간이 오래 걸린다는 것을 깨달았다. 이렇게 신속하게 움직여야 하는 상황에서 기존 소총은 너무 길고 거추장스러웠다. 임시변통의 해결책은 병사들에게 총신이 짧은 카빈총을 지급해 원활하게 움직일 수 있도록 하는 것이었다. 아프가니스탄과 이라크에서 전투 임무에 투입되기 직전, 제82공수사단과 제101공중강습사단 병사들은 기존의 A2 소총을 짧은 버전인 M4 카빈총으로 교체했다. M4는 A2보다 총신이 불과 15cm 정도 짧았지만, 좁은 공간에서 다루기가 훨씬 쉬웠다. 더 가볍고 개머리판도 접이식이었기 때문이다.

또 다른 균형도 있었다. 카빈은 총신이 짧아서 총신이 긴 A2에 비해 총알이 날아가는 속도가 느렸다. M855 총알로 치명상을 입히려면 초속 732m 이상의 속도로 표적을 맞혀야 한다. M193 NATO 총알은 이전 모델과 마찬가지로 인체를 관통하면서 회전해 엄청난 조직 손상을 유발했다. 그런데 이런 효과는 고속에서만 나타났다. 총신이 긴 A2에서 발사된 M855 총알은 초속 914m로 총열을 빠져나가 200m 정도 떨어진 표적을 초속 732m로 맞힌다. 그러나 M4 카빈총에서는 총알이 겨우 초속 790m로 총열을 빠져나가고 불과 50m 뒤에는 이미 초속 732m 밑으로 떨어졌다. 파괴적인 손상을 가하는 데 필요한 최소한의 속도 밑으로 떨어진 것이다. 특수 장비를 갖춘 부대는 이 총기가 근접전에서는 훌륭하지만 멀리 떨어진 적군을 저지하는 데는 효과가 없다고 불만을 토로했다. 이 문제는 인체 내부에서 크게 벌어지도록 총알 끝이 작고 빈 데다가 (중공탄hollow point) 무게가 약간 더 나가는 77gr(약 5g) 총알이 발사되는 MK262 Mod 0 총탄을 채택하여 완화되었다. 병사들은 이 조합으로 더 많은 적을 죽였다고 보고했다.

도시 환경에서 벌어지는 전쟁이 점점 많아지면서 미군은 결국 카빈총의 경량과 짧은 길이에 표준적인 M16의 화력이 결합된 새로운 유형의 총기를 내놓아야 했다. 확실히 M4는 임시변통의 총기였다. 근접전에서는 유리하지만 완전 자동사격을 하면 과열되어 각종 부품에 큰 부담이 가해지고 고장 나기 쉬웠다. 몇 해 전에 칼라시니코프가 그랬듯이, 미국의 군사전략가들은 새로운 종류의 전쟁에서 사용할 새로운 소총을 찾고 있었다.

XM8이라고 명명된 소총을 개발하는 계획이 수년 전부터 진행 중이었다. 시제품이 2003년과 2004년에 시험을 거쳐 2005년에 배치될 것으로 기대되었지만, 이라크전쟁과 기술적인 문제들 때문에 보류된 바 있었다. 군대의 신형 소총이 모두 그렇듯이 이 소총을 둘러싸고도 갖가지 정치적·경제적 논쟁이 난무했다. XM8의 경우에 하원이 신형 소총을 병사들에게 지급하기 위해 수십억 달러를 쓰는 것을 꺼리는 동안 전쟁으로 국고가 바닥나고 있었다. 병사들에게 신속하게 신무기 사용 훈련을 진행하는 과제는 말할 것도 없었다. 논쟁을 더욱 부추긴 것은 이 신형 소총이 독일 회사 헤클러 운트코흐에서 개발한 제품이라는 사실이었다. 이 총기가 사병용

소총으로 지정되면 사상 처음으로 외국에서 설계된 총기가 채택되는 것이었다. 일각에서는 독일이 미국의 이라크 침공을 저지하려고 했기 때문에, 설령 이 소총이 미국 내에서 제작된다고 할지라도 하원이 독일 기업에 보복하는 것을 게을리 하는 셈이라고 지적했다. 전쟁이 진행되면서 XM8은 군사전략가들과 총을 시험해본 병사들에게 점점 더 지지를 받았지만, 이 총이 채택되기까지 미군 병사들은 이라크에서 구할 수 있는 무기를 가지고 전쟁을 치러야 했다. 그런 총기 중에는 아이러니하게도 AK도 있었다. (많은 총기 전문가들은, 심지어 군 내부 전문가들도 XM이 현존하는 소형화기들보다 월등히 뛰어난 점이 전혀 없다고 주장한다. 그런데도 미 국방부 관리들은 M16 시리즈를 대체할 만한 신형 무기 체계를 원한다.)

전쟁 초기 전선에서 올라온 보고를 보면 병사들이 습격 중에 획득한 AK를 사용한다는 사실을 알 수 있다.[117] 베트남에서는 적이 코앞에 있어도 보이지 않는 빽빽한 밀림에서 AK의 독특한 발사음 때문에 아군에게 사격을 받을까 봐 미군 병사들이 AK 사용을 꺼렸지만, 이라크에서는 그런 공포가 전혀 없었다. 이 전쟁에서 병사들은 어느 순간 갑자기 적 전투원과 가까이서 마주칠 일이 거의 없었다. 전투원들은 대부분 탁 트인 공간에서 서로를 볼 수 있었다.

처음에 표면으로 떠오른 이야기 중 하나는 2004년 여름 바쿠바 시에서 전차를 운용한 제4보병사단 제67기갑연대 제3대대의 이야기였다. 바그다드에서 동북쪽으로 약 50km 떨어져 이른바 수니파

이라크전쟁에서 미군은 먼지와 모래에 강한 AK를 선호했다. 일부 장교들은 표준 화기에 관한 군 규정을 준수하기 위해 부대원들의 AK 사용을 금지하려고 했지만, 대부분은 그냥 허용했다.
사진: 2005년 바그다드 시내에서 AK의 이라크 모델 타부크(Tabuk)를 들고 있는 병사. 위키미디어 커먼스

삼각지대에 속한 인구 28만 명의 이 도시는 팔루자, 라마디, 사마라와 나란히 손꼽히는 치열한 격전지였다.

일반적으로 4인조 전차 승무원들은 M4 카빈총 두 자루와 9mm 권총 네 자루를 지급받았다. 승무조는 전차 밖으로 나올 일이 거의 없고 총좌에 설치된 기관총을 사격한다고 여겨졌기 때문이다. 그러나 실제 전투는 펜타곤의 장군들이 상상하는 것과는 다르다. 정찰을 나가면 전차대원들은 너무 좁아서 지나가기 어려운 도로를 가까스로 운전해 빠져나가야 했고, 때로는 사람 하나가 걸어서 통과하기도 힘든 길을 지나야 했다. 그러면 전차에서 내려 도보로

정찰할 수밖에 없었다. "보통 기갑대대는 전차에 타고 싸웁니다. 그런데 지금은 전차에 탄 채로 싸우지 않는군요." 마크 영Mark Young 중령의 말이다. 전차 승무조마다 최소한 소총 두 자루가 부족하기 때문에 병사들은 걸핏하면 습격 시에 압수했거나 검문소에서 압수한 AK를 유용하게 써먹었다. 베트남전쟁 때의 선배들이 그러했듯이, 그들 또한 단순하고 튼튼하고 파괴력이 강한 AK를 높이 평가했다. M16이나 M4와는 확실히 달랐다.

신형 M4를 가진 병사들조차 AK를 선택하기도 했다. 완전 자동 사격 방식을 사용하면 키 큰 풀숲 같은 지역에 숨은 적의 진지를 '무작정 난사해서 얻어걸리기를 바랄' 수 있었기 때문이다. 병사들은 건물 안에서도 자동사격을 선호했다. 묵직한 7.62mm 총알이 나무와 얇은 스투코stucco(벽면 등을 미장하는 재료의 총칭—옮긴이)를 손쉽게 관통했기 때문이다. 병사들은 또한 때로는 AK 탄약을 구하는 게 더 쉽다고 보고했다. 적의 은신처를 습격할 때면 보통 원하는 만큼 가져갈 수 있는 새 총탄이 수백 상자 있었다.

일부 장교들은 표준 화기에 관한 군 규정을 준수하기 위해 부대원들의 AK 사용을 금지하려고 했지만, 대부분은 그냥 허용했다. 지급받은 권총을 제외하면 소형화기가 전혀 없었기 때문이다.

병사들은 M16과 달리 AK는 툭하면 사방이 온통 붉게 변했다가 칠흑같이 어두워지는 폭풍 속에서 흩날리는 흙먼지와 모래에 강하다는 사실을 알게 되었다. 모래폭풍이 일 때면 M16은 걸핏하면 총탄이 걸려 발사가 되지 않았다. 그러면 분해해서 청소해야 했다. 병사들은 금세 총기를 랩으로 싸거나 더플백에 넣는 법을 배웠다. 어떤 병사들은 모래알 때문에 총기가 막히지 않도록 총신 양쪽 끝을 콘돔으로 감쌌다. AK는 그럴 필요가 없었다. AK를 사용하는 병사들은 사막이라는 악조건에서 그것이 뛰어난 성능을 발휘한다는 것을 알아챘다.

AK를 사용하면 가장 자주 맞닥뜨리는 그 총기를 더 잘 이해할 수 있었다. 무엇보다도 7.62mm 총알에 방탄복이 뚫리는 경험을 직접 해보아야 비로소 AK의 위력을 제대로 깨달았다.

촌뜨기 장갑을 덧댄 험비

1990년대 말, 미군 병사들은 인터셉터 다중위협 방탄복 시스템 Interceptor Multi-Threat Body Armor System을 지급받았다. 탄 파편이나 저속 권총에서 발사된 9mm 총알을 막아주는 방탄복이었다. 이 방탄복은 탄 파편만 막는, 베트남 시대부터 사용된 25*lb*(약 11kg) 무게의 방탄조끼보다 좋았지만, 이라크전쟁에서 요구되는 수준에는 여전히 미치지 못했다. AK에서 발사되는 7.62mm 총알을 막지 못했기 때문이다.

그러나 조끼 주머니에 세라믹 판을 넣은 인터셉터는 맹렬한 총격을 막아줄 수 있었다. 주머니는 주요 장기를 보호하기 위해 절묘한 위치에 있었다. 정확한 성분은 기밀이지만, 이 소형화기 보호판 Small Arms Protective Inserts(병사들에게는 새피 판SAPI plates이라는 이름으로 알려졌다)

은 AK 총알과 심지어 경기관총 총알도 막을 수 있다. 조끼 한 벌의 소매가격이 1500달러 정도인데, 목과 가랑이 보호용 연결 부품도 같이 살 수 있다. 새피 판을 넣어도 조끼 무게가 약 7.4kg이어서 베트남 시대의 방탄조끼보다 한결 가볍다.

이라크전쟁이 시작되었을 때만 해도 새피 판을 넣은 병사는 거의 없었다. 시가전이 고조되면서 바그다드를 함락하고 한참이 지나 몇 달 동안 전투가 벌어지는 와중에도 사병의 30퍼센트 정도가 신형 조끼를 지급받지 못했다. 2003년 여름에 이르러 의원실마다 병사와 가족들의 편지가 빗발쳤다. 4월에 하원에서 이라크전쟁 예산 870억 달러 가운데 3억 1000만 달러를 방탄복 조끼 30만 벌을 구매하는 데 특별 책정했는데도 왜 병사들이 조끼를 지급받지 못했냐고 따져 묻는 편지였다.

청문회에서 의원들은 제 돈으로 새피 판을 사서 이라크에 있는 자녀에게 우편으로 보내준 성난 부모들에게서 온 편지를 읽었다. 소도시에서는 동네 사람들에게서 기금을 걷고 빵 바자회를 열어 조끼 값을 냈다. 하원의원들은 또한 가족들이 구식 방탄조끼에 청테이프로 세라믹 판을 붙여 이라크에 있는 군인에게 보낸다는 내용을 담은 기사를 언급했다. 병사들은 새피 판과 조끼 수량이 부족해서 전투 현장으로 나가는 동료들에게 빌려줄 수밖에 없는 실정이라고 불만을 토로했다.

새피 판이 병사의 생존에 워낙 중요했던 까닭에 제1기병사단 제112기동부대원들이 포스쿼터4th25(미식축구 경기에서 필사적으로 뛰는 쿼터를 가리킨다)라는 이름으로 제작한 랩 앨범 〈라이브 프롬 이라크Live from Iraq〉의 노골적인 가사에서도 화제에 오를 정도였다. 이 그룹은 판잣집 같은 건물에서 방음을 위해 낡은 매트리스를 쌓아 놓고 녹음하면서 형편없는 장비와 바그다드 공항 방어 같은 작전 임무에 대한 지원 부족에 불만을 나타냈다. 앨범 수천 장이 인터넷과 텍사스주 포트후드 기지 주변 음반 가게에서 팔려나갔다. 포트후드는 병사들이 주둔한 기지 지역이었다. '스테이 인 스텝Stay in Step'이라는 노래에는 생존의 이야기가 담겨 있었다. "쓰레기 같은 사막 전투복, 먼지투성이에 탄약도 없고 멜빵까지 부스러지는 M16, (…) 머리하고 어깨를 맞아도 깊게 숨을 들이쉬어/왜냐하면 내 방탄조끼에는 케블러 판과 새피 판이 있거든. (…)"

하원의원들은 럼즈펠드에게 해명을 요구하는 편지를 보냈다.[118] "펜타곤은 전투가 개시되기 전에 미군 병사들에게 적절한 생명 보호 장구를 제공하지 못했을 뿐 아니라 귀 부처는 전쟁이 시작되고 7개월이 지나서야 이 필수 장비를 지급하는 데 필요한 예산 요청을 하원에 제출했습니다." 오하이오주 출신 하원의원 테드 스트릭랜드Ted Strickland는 이렇게 말했다. "야전 지휘관들에게 극찬을 받는 최신 모델 케블라 조끼가 한 벌당[새피 판만] 517달러에 불과한 점을 고려하면 이런 상황은 특히 놀랍습니다. 지금까지 최소한 미국인 29명의 목숨을 구한 공적이 있는 장비의 값으로는 놀랍도록 적은 액수로 보입니다."

미 중부사령관 존 애비제이드John Abizaid 장군은 증언에서 이렇게 답변했다. "우리가 보호용 조끼가 덜 보급된 상태로 이 전쟁을 개시한 이유에 대해서는 공식적인 답변을 드릴 수 없습니다." 펜타곤 관리들은 사적인 자리에서 미군이 게릴라전에 직면하게 되어 놀랐다는 말을 반복했다. 애비제이드는 지상군 전체에 연말까지 조끼와 삽입판을 지급할 것이라고 약속했다.

문제가 된 것은 방탄복만이 아니었다. AK 사격에 차량에도 스위스 치즈같이 숭숭 구멍이 뚫리고 있었다. 고기동성 다목적 차량High Mobility Multipurpose Wheeled Vehicle, HMMWV, 이른바 험비는 현대식 군대에서 지프처럼 다용도로 사용되었다. 사륜구동에 자동변속기, 낮은 무게중심, 그리고 약 1.5m 깊이의 물에서도 움직일 수 있게 해주는 스노클 등을 갖춘 험비는 미군의 주요 수송 차량이었다. 병력을 신속하게 전선으로 보내기 위해 설계된 차였지만, 이라크전쟁에는 전선이랄 것이 없고 적과 접촉할 것으로 예상되는 지점도 없었다. 전투는 반군이 원하는 곳이면 어디서든 벌어졌다. 험비는 많은 상황에서 골칫거리로 전락했다. 기본 장갑 덕분에 일반적인 군용 지프 차량보다 탑승자가 훨씬 안전했지만, 적군이 설치해 놓은 급조 폭발물뿐 아니라 근거리 AK 사격에도 취약했다. 험비의 장갑은 근접 공격이 아니라 원거리 AK 사격과 탄 파편에 대비해 설계된 것이었다.

진취적인 병사들은 고물상이나 쓰레기장으로 달려가서 철판을 비롯한 금속 쪼가리를 모아다가 험비에 볼트로 덧씌웠다. 공격에 대비해 목숨을 지키려는 노력이었다. 때로는 양동이에 모래를 가

험비의 장갑은 근접 공격이 아니라 원거리 AK 사격과 탄 파편에 대비해 설계된 것이었다. 진취적인 병사들은 고물상이나 쓰레기장으로 달려가서 철판을 비롯한 금속 쪼가리를 모아다가 험비에 볼트로 덧씌웠다. 공격에 대비해 목숨을 지키려는 노력이었다. 때로는 양동이에 모래를 가득 채워서 차량 옆판에 주렁주렁 매달았다. 병사들은 이런 응급장치에 '촌뜨기 장갑'이나 '집시 선반'이라는 이름을 붙였는데, 이런 임시변통 차량의 사진이 미국 국민에게까지 전해지자 병사들이 국방부 관리들이 예상하지 못한 상황에서 싸우고 있다는 사실이 점차 분명해졌다.

사진: 2004년 이라크 팔루자에서 작전 중인 미 해병과 험비. 위키미디어 커먼스

득 채워서 차량 옆판에 주렁주렁 매달았다. 병사들은 이런 응급장치에 '촌뜨기 장갑'이나 '집시 선반'이라는 이름을 붙였는데, 이런 임시변통 차량의 사진이 미국 국민에게까지 전해지자 병사들이 국방부 관리들이 예상하지 못한 상황에서 싸우고 있다는 사실이 점차 분명해졌다. 2004년 12월, 쿠웨이트에서 국방부 장관 럼즈펠드와 일종의 타운홀 미팅을 하는 자리에서 어느 주 방위군 병사는 군인들이 왜 차량의 장갑 성능을 높이기 위해 쓰레기장을 뒤져 금속 쪼가리를 긁어모아야 하는지 이유를 따져 물었다.

항상 비밀스럽고 초연한 분위기인 럼즈펠드가 어깨를 으쓱했다. "다들 기존에 있는 군대로 전쟁을 벌이는 겁니다." 후에 미군 사망자 수가 증가하면서 점점 인기가 떨어진 국방부의 전쟁 계획과 실행에 대해 하원의원들이 분노하며 거듭 의문을 제기함에 따라 이 대답은 미국 전역에서 울려 퍼지게 된다.

군이 추가 중량을 감당하게끔 설계되지 않은 험비에 '장갑을 새로 장착'하자 논쟁이 더욱 커졌다. 이렇게 추가된 중량 때문에 과도하게 마모되고, 부품이 파손되고, 전복 사고까지 일어났다. 차량이 더 무거워져 연료를 더 소모하고, 따라서 물자 보급 부담이 커진 것은 말할 나위도 없었다.

누가 보더라도 미국은 너무 적은 병사와 부적절한 소형화기, 표준 이하의 방탄복, 어울리지 않는 차량으로 이라크전쟁을 치르고 있었다. 그리고 더욱더 당혹스러운 일이 기다리고 있었다. 새롭게 구성되어 미군과 민간 계약 업체에서 국가 방어에 필요한 훈련을 받은 이라크군이 미국제 M16이나 M4를 사용하려고 하지 않았다. 그들은 AK를 지급해달라고 요구했고, 미국은 어쩔 수 없이 요구를 들어주었다.

미군·반군·민간인이 선택한 AK

연합국 임시행정청은 "보증된 제조 일자가 1987년 이후인 미사용 신상품으로 고정식 개머리판인 AK47 돌격소총"을 구매한다는 제

316

안요청서_{Request For Proposal, RFP}를 공개했다. 추가로 각 소총마다 탄창 네 개, 탄창 주머니, 총검, 멜빵, 청소 도구가 들어 있어야 했다. 관리들은 단일 공급자에게 총기를 구매하려고 한다고 말했다. 최종 선적량은 3만 4000정으로 예정되었다.

이 요청서는 몇 가지 차원에서 우스꽝스럽고 굴욕적으로 보였다. 첫째, 요청서는 M16과 M4가 전쟁의 새로운 현실에 부합하지 않는다는 견해를 뒷받침했다. 그렇다면 왜 미군 병사들은 이 무기를 사용하고 있는가? 둘째, 만약 이라크인들이 AK를 원한다면 왜 이라크 각지에 있는 무기고와 비축 창고에서 발견된 AK 수십만 정을 지급하지 않는가? (이 계약이 체결되기 전에 초창기 이라크군은 국내 비축 창고와 요르단군 비축물에서 가져온 AK를 지급받고 있었다.) 제안요청서가 나온 것과 거의 동시에 미군은 바그다드 북쪽 도시인 티크리트에서 AK 10만 정 정도를 발견했다. 거의 하루가 멀다 하고 이와 비슷한 발견 소식이 들려왔다. 이 무기 중 일부는 중고였지만, 대부분은 신품이었다. 후세인 정권이 구매해 상자 그대로 보관해둔 것이 많았다.

미국의 몇몇 총기 업체는 구매제안서에 격분하면서 이런 처사는 M16을 격하하는 것이며, 전쟁 예산이 연간 800억 달러에 달할 것으로 예상되는 시기에 납세자의 돈을 해외로 보내면 안 된다고 주장했다. 또한 이라크군을 위해 AK를 구입해 주면 미군 병기와 동조되지 않기 때문에 공동 기동을 하는 데 지장이 있었다.

그러나 연합국 임시행정청 관리들은 AK 구매의 정당성을 강하게 주장했다.[119] "좋건 나쁘건 AK47은 그 지역에서 선택한 무기"라고 임시행정청 수석 고문 월터 슬로컴Walter Slocombe은 말했다. "알고 보니 12세 이상의 이라크 남자라면 누구든 눈 감고도 AK를 분해·조립할 수 있고, 다들 명사수입니다."

아마도 더 중요한 이유는 가격이었을 것이다. AK는 이 정도 수량이면 한 정당 60달러에 구매할 수 있는 반면, M16은 500~600달러였다. 그렇지만 사용하지 않은 AK 수십만 정이 이라크 전역에서 속속 발견되고 있는데, 왜 새로 구매해야 하는지는 전혀 해명되지 않았다.

러시아인들도 분노했다.[120] 로소보로넥스포르트 간부들은 미국이 러시아제가 아닌 AK를 다른 나라에서 사들이는 것은 해적질을 지원하는 것과 마찬가지라면서 실망감을 드러냈다. 그들은 다른 어떤 나라도 AK 제조 라이선스가 없으며, 미국이 이런 무기를 구입하면 지속적인 라이선스 침해를 부추기는 셈이라고 주장했다.(이런 주장은 완전히 진실이 아니었다. 옛 소련은 바르샤바조약기구 국가들과 중국, 북한에 생산 허가를 내준 바 있다. 이 논란에 대해서는 나중에 다시 이야기할 것이다.) 로소보로넥스포르트의 부서장인 이고리 세바스티야노프Igor Sevaastyanov는 이렇게 말했다. "우리는 미국을 포함한 많은 나라가 유감스럽게도 널리 인정된 규범을 어기고 있다는 사실을 전 세계 모든 사람에게 알리고 싶습니다."

마침내 계약이 체결되어 2005년 5월에 물품 인도가 예정되자 이야기가 한층 묘하게 바뀌었다.[121] 계약은 요르단 재벌인 인터내셔널 트레이딩 에스태블리시먼트International Trading Establishment에 돌아갔다. 이 회사는 AK 외에도 통신 장비와 야간 투시 장비 등의 온갖 무기를 공급하는 대가로 1억 7440만 달러를 받았다.

하도급 업체 가운데 하나로 중국에 본사를 둔 폴리 테크놀로지스 Poly Technologies는 세계에서 손꼽히는 규모의 탄약 제조업체였다. 폴리는 1만 5000정에 가까운 AK, 경기관총과 중기관총 2300정, 탄약 7200만 발 등 다양한 무기를 공급하고 2900만 달러를 받았다.

그러나 폴리 테크놀로지스에는 굴곡진 과거가 있었다. 애틀랜타에서 다이너스티 홀딩스Dynasty Holdings라는 이름으로 사업하던 1996년 5월 이 회사 간부들이 AK 2000정과 30~40발 탄창 4000개를 미국으로 밀수입하려다가 기소된 적이 있다. 미국 캘리포니아 북부 지검 검사는 시중 가격을 400만 달러 이상으로 평가하면서, 이 무기가 거리 갱단의 수중에 들어가기로 되어 있었다고 말했다. 무기들에는 중국(노린코)과 북한 표지가 새겨져 있었다.

노린코와 폴리, 그 밖의 독립 사업체에 속한 14명이 체포·기소된 뒤 16개월 동안 조사가 이어졌는데, 그동안 미국 수사관들은 중국원양운수공사China Ocean Shipping Company, COSCO가 소유한 '엠프레스 피닉스Empress Phoenix' 호를 통해 밀수입된 AK 2000정에 대해 70만 달러 이상을 지불했다. 연루된 인물 가운데 몇몇은 무죄를 주장했는데, 이 글을 쓰는 지금 판결을 기다리고 있다. 다른 이들은 아직 기소되지 않았고, 다이너스티 회장으로 기소장에 오른 바오핑마는 중국으로 도주해 지금도 미국 정부가 수배 중이다. 다이너스티는 베이징 계좌로 선금의 38퍼센트와 최종 지불금 일부를 받았다. 미 육군 관리들은 폴리 테크놀로지스에 대해서는 배경 조사를 했지만, 다이너스티 홀딩스는 문을 닫은 곳이라 조사하지 않았다고 말했다.

이라크에 주둔한 미군을 겨냥한 공격이 증가하면서 군은 반군이 사용하는 AK의 중요성에 면밀한 관심을 기울였다. 미군은 거리에 돌아다니는 많은 무기를 없애기 위해 몇 차례 무기 되사기 프로그램을 진행했다. 예를 들어, 2004년 5월에 8일 동안 미군은 바그다드 사드르시티Sadr City의 시아파 지구에서 권총부터 지대공 미사일까지 온갖 무기를 사들이면서 매일 35만 달러를 나눠 주었다. 4000정에 육박하는 AK를 한 정당 125달러에 사들이고, 박격포탄 9000발과 각종 무기, 탄약 등을 수거하면서 8일 동안 총 130만 달러 이상을 썼다.

거리에 돌아다니는 총을 하나라도 줄인 것은 승리로 여겨졌지만, 이 프로그램은 이라크의 전반적인 무기 공급에 거의 영향을 주지 못했다. 무기 반납이 의무가 아니었으므로 이라크 시민 가운데 그냥 갖고 있기로 결정한 이들이 많았다. 또한 법에 따라 이라크 가정마다 등록된 총기 한 정씩 소유하는 것이 허용되었는데, 보통 호신용으로 AK를 보관했다(그렇지만 많은 가정이 미등록 총기 여러 정을 소유했다). 시민들은 또한 30발짜리 탄창도 하나씩 소유할 수 있었다. 이번에도 역시 많은 사람이 탄창을 여러 개 소유했다. 또한 이라크뿐 아니라 다른 나라들에서도 되사기 프로그램에서 흔히 그러했듯이, 사람들은 오래된 총기를 몇 자루 가져와서 받은 돈으로 암시장에서 훨씬 좋은 신형 모델을 구입했다. AK의 암시장 가격은 되사기 프로그램이 진행되는 동안 계속 바뀌었고, 미군은 길거리에서 통용되는 가격보다 조금이라도 높은 값을 쳐주기 위해 매입가를 조정했다.

AK의 폭넓은 인기를 인정하는 움직임은 또 있었다. 미군은 가장 자주 마주치게 될 이 총기에 익숙해지기 위해 체계적이고 공식적인 AK 훈련을 시작했다. AK는 적군의 손에도 들려 있을 뿐 아니라 미군이 종종 함께 순찰을 도는 이라크 병사들도 사용했기 때문이다. 특수부대는 항상 다수의 외국제 무기를 훈련받지만, 이제 일반 부대도 이라크뿐 아니라 버지니아주 콴티코Quantico 같은 본토 시설에서도 AK 사격 훈련을 받았다.

'적응 사격fam fire' 훈련에 참여한 해병대원들은 대부분 AK의 겉모습에 별다른 인상을 받지 못했다. 칼라시니코프는 M16보다 마감이 조잡하고, 무겁고, 정밀도가 떨어졌다. 그렇지만 직접 AK를 사격해볼 기회가 생기자 이 '총알호스bullet hose(분당 발사 속도가 빨라서 호스에서 물이 나오듯 총알이 나온다고 자동소총에 붙은 별칭—옮긴이)'가 근거리에서 대단히 위력적이라는 것을 깨달았다. 냉전 시기 소련 군인들처럼, 해병대원들도 30초 만에 AK를 분해했다가 결합하는 법을 배웠다.

보안 회사를 위해 일하는 민간인 계약업자들이 이라크에 들어오자 그들 역시 AK 사격 훈련을 받았다. 보안 회사들은 많은 직원에게 서구 무기 대신 AK를 지급했다. AK의 자동사격은 집중적인 훈련을 받지 못해 총기 다루는 기술이 부족한 일반인에게 훨씬 적합했다. 보안 분야 종사자가 아니더라도 일터를 오가는 동안 호신용으로 사용하기 쉬운 총을 원하는 민간인에게도 이상적인 총이었다.

미군이 시가전에 익숙해지면서 반군은 타이머나 휴대폰으로 폭발하게 만든 사제 폭탄인 급조 폭발물을 점점 더 많이 사용했다. 장약裝藥은 보통 박격포탄 같은 폭발 물질에서 뜯어내 만들었다.

게릴라 전사들이 즐겨 사용한 전술은 험비나 그 밖의 비장갑 차량이 지나가는 경로에 급조 폭발물을 놓아두었다가 군인들이 차량 상태를 점검하기 위해 차를 멈추면 AK로 일제사격을 가하는 것이었다. 아프가니스탄에서 무자헤딘이 소련군을 상대로 구사한 전술이 떠오르는 방식이었다. 대부분 미군이 총격전에서 승리했지만, 그래도 병사들을 잃었다. 이 전술은 특히 중무장하지 않은 채 호송대를 이루어 이동하는 민간인 직원들에게 효과가 컸다. 다수의 연합군을 살해하는 측면에서는 특별히 효과적이지 않았지만, 부대원들의 사기를 꺾고 병사들로 하여금 이라크의 모든 민간인을 의심하고 안절부절못하게 만들었다. 그리하여 때로는 미군이 검문소나 거리에서 민간인들을 더 거칠게 다루었는데(간혹 이 과정에서 무고한 이라크인에게 모욕을 주었다), 결국 평범한 이라크 사람들이 미군에 등을 돌리게 만들려는 반군의 의도에 넘어간 것이었다.

이라크에서 폭력 사태가 계속되는 가운데 언론 보도는 급조 폭발물에 군인들이 살해되는 사건에 초점을 맞췄다.[122] 이런 사건이 극적이긴 하지만, 2005년 봄에 공개된 군 보고서에서는 미군, 이라크인, 민간인 계약 업체 등에 가장 치명적인 위협은 길가에 설치된 급조 폭발물이 아니라 소형화기, 그중에서도 특히 AK와 기관총이라고 결론지었다. "근접전에서 소형화기를 쏘는 것이 여전히 으뜸가는 사상자 유발 전술이다." 보고서는 이라크 민병대가 종종 픽업트럭 같은 비장갑 차량을 타고 순찰을 하는데, 특히 매복 전술에 취약하다고 덧붙였다. 폭탄이나 도로 파편을 이용해 순찰차를 세우고는 자동사격으로 난사하는 것이다. 2005년 중순에 이르러 반군은 미군에게서 관심을 돌려 이라크 민간인들을 겨냥하고 있었다. 특히 의사 집단이 반군의 표적이 되었다. 이라크 사람들의 치료를 막고 나라의 생산 기반을 무력화하려고 했기 때문이다. 게다가 범죄자들은 걸핏하면 병원을 공격했다. 의료 물품과 의약품은 암시장에서 높은 값을 받을 수 있었기 때문이다. 바그다드가 함락된 이래, 의사 25명이 살해되고 300명이 납치되었다. 보건부는 의사들을 보호하기 위해 청진기와 함께 AK를 들고 다니라고 의사들에게 지시했다.

2006년까지 폭력 사태가 계속되는 가운데 이라크 관리들은 사담 후세인을 법정에 세울 준비를 하기 시작했다. 바그다드를 탈출한 후세인은 독재자가 숨은 곳을 찾기 위한 합동 작전인 붉은 여명 작전Operation Red Dawn 중에 티크리트 근처 외딴 농가에서 제4보병사단 병사들에게 생포되었다. 비밀 정보에 근거해 한 장소를 수색한 뒤 허탕을 친 부대는 담장으로 둘러싸인, 철판으로 붙여 지은 별채가 있는 작은 오두막집으로 관심을 돌렸다. 군인들은 벽돌과 흙으로 위장된 출입구를 감시했다. 구멍 자체는 6~8ft(183~244cm) 깊이였는데, 후세인은 그 바닥에 숨어 있었다. 군인들은 턱수염이 덥수룩한 독재자와 나란히 권총 한 자루와 미화 75만 달러를 발견했다.

후세인이 숨어 있던 '잠복호' 바로 옆에는 AK 소총 두 자루가 놓여 있었다. 그가 숭배하여 '모든 전쟁의 어머니' 사원에 모셔놓은 이 총은 미군에게 생포되는 순간에 그를 지켜주지 못했다.

이라크전쟁이 계속되면서 미군 병사들은 AK의 놀라운 단순성을 한층 더 높이 평가하기 시작했다. 그러나 칼라시니코프에게 이 놀라운 단순성은 돈으로 바뀌지 않았다. 칼라시니코프는 AK를 살상용 무기가 아니라 대중문화의 아이콘으로 선전함으로써 이런 상황을 바꾸기를 기대하고 있었다.

9

대중문화의
아이콘

"나는 이제 전쟁에 관심이 없습니다.
오직 내 군대인 보드카에만 관심이 있지요.
자리에 앉아서 우정의 건배를 나누고 싶습니다.
세계가 건배를 더 많이 하고 전투를 더 적게 한다면
더 좋은 세상이 될 겁니다."

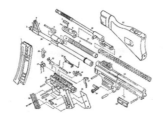

평화와 예술의 상징

1990년대 중반에 이르러 칼라시니코프는 본인의 인생과 관련된 냉엄한 진실을 마지못해 받아들였다. 비록 세계에서 가장 인기 있는 총기를 발명하고 수많은 상을 받았지만, 그는 결코 노력한 만큼 부자가 되지 못할 터였다. 칼라시니코프는 언제나 자신이 돈보다 의무가 더욱 중요하다는 공산주의의 이상을 받아들이는 소박한 시골 남자라고 생각했지만, 그래도 주머니 속에 여윳돈이 조금 있는 게 좋지 않을까? 그는 군사 무기로서는 아닐지라도 일종의 문화적 상징으로 AK의 인기가 점점 높아지는 현상을 활용할 방편이 있기를 바랐다. 자기 이름으로 돈을 벌 수 있는 방법이 있었을까?

몇 푼 되지 않는 연금으로 생활하는 그는 무기박람회에 얼굴을 보이며 유명 인사로서 러시아가 더 많은 군사 무기를 판매하는 것을 돕기 위해 몇 마디를 거들었다. 이런 활동은 재정 상황을 개선하는 데 도움이 되었지만, 그가 정말로 원한 것은 유진 스토너가 자신이 개발한 M16으로 수백만 달러를 벌어들인 것처럼 모종의 로열티 계약을 맺는 것이었다. 칼라시니코프는 자기 발명품에 대해 경제적인 인정을 받고 싶었다.

소련이 해체되면서 러시아 관리들은 칼라시니코프와 AK를 활용해 경화를 마련하려고 필사적으로 노력했다. 칼라시니코프를 무기박람회에 일종의 대변인으로 파견했을 뿐 아니라 AK를 생산하는 나라들에 계속 로열티를 내라고 강요했다. 관리들은 이 총기가 대규모로 불법 제조되지만 않으면, 러시아가 제조업에 다시 복귀하고 현재 시장에서 경쟁해 번성할 것이라고 주장했다. 그러면서 많은 싸구려 AK 복제품이 정품의 4분의 1 가격에 판매되어 러시아산 정품의 명성이 훼손된다고 말했다. 러시아는 이미 군용 AK 생산을 중단한 상태로 대규모 재고를 팔아치우고 있었다. 관리들은 불법적인 총기 제조업자들만 없었더라면 재고가 바닥나서 신규 생산을 할 수 있었을 것이라고 주장했다.

이 총 자체에 대한 특허권을 주장하는 것은 이제 불가능했다. 칼라시니코프는 소총 설계에 대해 특허를 출원한 적이 없었고(소비에트 체제에서는 누구도 그런 생각을 한 적이 없었다), 이제는 너무 늦은 일이었다. 이즈마시는 자신들이 AK의 적법한 발명자라고 러시아 최고특

허법원을 설득해 이 소총의 러시아 특허권을 따낸 상태였다. 러시아 내에서는 승리한 셈이었지만, 그런 특허를 국외에까지 강요하는 것은 가망없는 일이었다. AK는 거의 20개 나라에서 생산되고 있었는데, 오직 몇 나라(중국, 슬로베니아, 터키)만이 로열티를 지불하여 전부 합쳐 봐야 100만 달러도 되지 않았다. 이 로열티는 양국의 정치적 관계를 우호적으로 유지하기 위한 상징적인 지불일 뿐이었다. 칼라시니코프는 로열티를 구경조차 하지 못했다.

법적으로 볼 때 특허권 계약을 해결하는 것은 불가능한 일이었다. 우선 당시 소련이 실제로 소비에트권 나라들과 특허권 계약 문서에 서명했는지, 또는 정치적 친선 관계를 맺는 대가로 기술 지식을 비공식적으로 제공했는지 분명하지 않았다. 법률 전문가들은 이런 계약이 존재한다 할지라도 시효가 만료되었거나 영구적으로 무상 생산할 수 있도록 서명되었을 수 있다고 말한다. 지금까지 러시아 정부는 이런 주장을 뒷받침하는 어떤 문서도 공개하지 않았다. (몇몇 국제법 학자들은 현재의 러시아는 옛 소련과 법적으로 다른 실체이며, 이전에 체결한 계약이 이어지지 않을 수 있다고 주장한다.)

무엇보다도 각국은 AK에 나름의 변화를 주면서 자국의 특별한 관심과 필요에 맞게 변경했다. 이런 변경 때문에 새로운 모델들은 이제 원래 설계와 의미 있게 비슷하지 않다고 주장할 수 있다. 게다가 지적 재산권 학자들과 변호사들은 몇몇 제품은 이제 워낙 곳곳에 존재하기 때문에 소유권을 입증하기가 불가능하다고 역설한다. 수없이 많은 AK와 변형물이 유통되기 때문에 법정에서 공유재라는 주장이 통하기 쉽다.

　가난에 시달리던 칼라시니코프는 1998년에 자기 이름을 보드
카에 빌려주는 식으로 상표명 세계에 발을 들여놓았다. 글라조프
Glazov시의 글라좁스키Glazovsky 증류소에서 생산한 '보드카 칼라시
니코프'는 병 종류가 여러 가지였는데, 그중 하나는 수류탄 모양이
었다. AK 모양의 또 다른 병에는 병목에 두른 체인에 고유번호가
찍힌 인식표가 달려 있었다. 수출용으로 만들어진 이 보드카는
칼라시니코프가 승인한 제조법에 기반을 두었는데, 소금·설탕·바
닐린(바닐라향)·글리세린 등을 섞어 향을 더한 최초의 보드카라고
선전했다. 그렇지만 아쉽게도 판매는 부진했다.

　이 보드카는 대부분 러시아 내에서 메달과 우수상을 몇 차례
받았지만, 국제적인 마케팅과 홍보 요령은 여전히 부족하다. 지금
와서 보면, AK 모양 병을 채택한 VRQ인터내셔널이라는 회사는
서구인들의 취향에 어울리지 않게 군사적인 측면을 다소 지나치
게 강조한 것 같다. 광고에서는 다음과 같이 자랑했다. "전설적인
AK47 소총을 닮은 모습이지만 최상급의 고유한 러시아 보드카
몇 잔이 들어 있습니다."

　서구 소비자들은 전쟁의 추악한 측면을 떠올리게 하지만 않는
다면 AK의 반체제적 성격을 즐겼다. 현실과 환상 사이에는 아슬
아슬한 선이 있었고, 러시아 증류주 업체는 그 구분선을 제대로
활용하지 못했다.

　그러나 세월이 흐름에 따라 AK가 인기 있는 상징이 되는 현상

은 계속 두드러졌다. 칼라시니코프와 그의 발명품은 여러 다큐멘터리의 주제가 되었다. 독일의 유명 영화감독 악셀 엥스트펠트Axel Engstfeld와 헤르베르트 하베르자크Herbert Habersack는 〈칼라시니코프 자동소총Automatic Kalashnikov〉에서 자신이 만든 무기가 세계를 바꾸고 있는데도 정작 본인은 세상에서 잊힌 채 가난을 숙명으로 받아들이고 살고 있는 여든 살의 설계자를 동정적으로 묘사했다. 2000년 독일에서 개봉해 선댄스 채널을 통해 전 세계에 방영된 영화를 보면, 매달 50달러의 연금을 받으며 수수한 아파트에서 조용히 나이를 먹어가는 칼라시니코프와 러시아인들을 몰아내는 데 혁혁한 기여를 한 그의 발명품에 감사를 표하는 무자헤딘, 그리고 AK로 무장한 거리 갱단에 화력에서 밀린다고 이야기하는 로스앤젤레스 경찰관들의 이야기가 비슷하면서도 다소 엇갈리게 교차한다.

이 영화는 슬프면서도 혼란스러운 한 남자를 묘사한다. "좋건 나쁘건 간에 마치 몸속에 박힌 수류탄 파편처럼 부여안고 살아가야 해요. 내 몸에도 긴 흉터 안에 파편이 하나 있습니다. 바쁘게 일상을 살다 보면 잊어버리다가도 몸을 조금 틀거나 돌릴 때 갑자기 극심한 통증이 생기면 어떻게 할까요?"

그로부터 몇 년 전에 칼라시니코프는 고향 도시에서 교통 신호에 걸려 멈췄을 때 그런 고통을 느낀 적이 있다.[123] 도로를 따라 굴러가는 AK 탄피 하나가 보였다. "자동차 바퀴에 튕겼거나 바람에 날린 거라는" 생각이 들었다. 그런데 탄피 하나가 또 눈에 띄자 전날 밤 도시 한가운데서 총격전이 벌어졌음을 깨달았다. "아무도 탄피를 수거하지 않아요. 이제는 아무도 신경 쓰지 않는다고요."
그가 얼마나 깊이 생각에 잠겼는지 경찰관 하나가 다가와서 괜찮
냐고 물을 정도였다. 신호가 바뀌었는데도 움직이지 않았기 때문
이다. "무기고에 보관하고 초병들이 잘 지켜봐야 하는 무기들을 이
제 아무나 자유롭게 사고 팝니다. (…) 그래도 인민의 적은 무기 제
조업자나 정치인이 아니에요." 칼라시니코프가 생각에 잠겼다.

영화에서 칼라시니코프의 아들 빅토르는 카메오로 나올 뿐이
지만, 그 자신이 숙달된 무기 설계자였다. 칼라시니코프의 형 빅토
르의 이름을 딴 아들은 군 특수부대와 경찰 전술부대가 근접 상
황에서 사용하는 9mm 기관단총인 PP19 비존PP19 Bizon을 설계했
다. 이 총기는 방아쇠 장치나 리시버 커버 등 이미 입증된 AK의 장
점을 여럿 활용했다. 가장 색다른 부분은 여느 돌격소총이나 기
관단총과 달리 탄창이 개머리판 앞 아래쪽에 수직으로 끼우는 게
아니라 나선형이라는 점이다. 이런 특징 때문에 총의 높이가 낮아
서 옷 속에 쉽게 숨기거나 들키지 않게 옆구리에 붙일 수 있다.

어린 시절 빅토르의 꿈은 항공기를 설계하는 것이었지만, 카잔
항공학교에 지원했다가 떨어졌다. 그 대신 이젭스크 기술대학에
등록해 소형화기를 전공하고, 1980년에 박사학위를 받았다. 그보
다 전인 1967년에 그가 속한 설계국이 이즈마시로 옮겨가서 그가
소속된 유리 K. 알렉산드로프Youriy K. Alexandrov 그룹이 아버지의 그
룹과 5.45×39mm 소총 개발을 놓고 경쟁했다. 결국 승리한 쪽은
아버지 그룹이었다.

빅토르는 AK의 로열티를 받지 못하는 데 대해 아버지보다 한결 신랄하게 목소리를 높였다.[124] "아버지하고 저는 미국의 M16 돌격소총 발명자인 유진 스토너처럼 백만장자가 될 수 있었습니다. 그 사람은 총 한 자루가 팔릴 때마다 1달러를 받더군요."

다큐멘터리 영화가 개봉하던 무렵에 OK47이라는 이름의 유행을 선도하는 티셔츠 회사가 세 대륙에 부티크 매장 100여 곳을 차리면서 대안적 패션으로 성장을 시작했다. 이 회사는 OK47이라는 명칭이 AK와 초현실적인 대비를 노린 것임을 인정했다. 엇비슷한 의류 제조업체들 속에서 두드러지고 싶었을 뿐이다. 토론토에 본사를 둔 이 회사는 디자인이 독특했을 뿐 아니라 저발전 국가들에서 역외 생산을 하면서 노동자를 착취하는 추세에 반기를 들고 모든 제품을 북아메리카에서 만들었다. AK처럼 OK47도 그 방식과 사업 관행에서 반란을 일으켰다.

AK는 쿠엔틴 타란티노Quentin Tarantino가 감독한 〈재키 브라운 Jackie Brown〉 같은 여러 영화에서 불쑥 등장했다. 영화에서 새뮤얼 L. 잭슨은 이렇게 말한다. "AK47이라. 현존하는 최고의 무기지. 방 안에 있는 새끼들 모조리 다 죽여야 할 때 정말 필요하지." HBO 방송의 히트작 〈소프라노스The Sopranos〉에서 토니 소프라노는 뉴저지에 있는 자기 집 뒷마당에서 곰이 어슬렁거리는 것을 보고 AK로 무장한다. 셰익스피어가 관객에게 악역을 알려주기 위해 배우로 하여금 무대에서 걷다가 개를 걷어차게 한 것처럼, 할리우드는 반영웅이나 테러리스트, 악당을 보여주기 위해 AK를 활용했다.

바야흐로 예술가들이 AK의 강력한 상징성을 발견하고 있었다. AK는 장기화된 더러운 전쟁의 뚜렷한 상징이었기 때문에 예술가들은 반어적인 강조이자 전쟁에 항의하는 상징으로 작품에 이 총을 집어넣었다. 캄보디아에서는 일군의 예술가들이 여배우 안젤리나 졸리와 에마 톰슨에게 일부 예산을 지원받아 폐기된 AK만을 매개체로 삼아서 작업을 했다. 평화미술프로젝트Peace Art Project에 참여하는 프놈펜의 왕립미술대학 학생들은 정부가 수거한 AK 수천 자루를 가져다가 조각품으로 바꾸었다. 《킬링필드The Killing Fields》라는 책과 동명의 영화에서 묘사된 크메르루주의 대량 학살을 비롯해 수십 년에 걸친 전쟁 끝에 이 나라에는 지금도 AK를 필두로 무기가 넘쳐났지만, 예술가들은 이 소총으로 평화의 메시지를 전하고자 했다. 칼라시니코프를 예술 작품으로 바꾸는 것은 서구 미술가들이 자동차나 수프 캔 같은 일상적인 물품을 아방가르드 미술로 뒤바꾼 것처럼 자연스러워 보였다.

"무기를 가져다가 미술품으로 만드는 것은 전후 사회에서 벗어나 평화의 문화를 갖춘 사회로 나아감을 보여주는 완벽한 상징 같습니다." 프놈펜의 EU 군축 프로그램 책임자 다비드 데 비어David de Beer의 말이다. 캄보디아에는 조각 전통이 있기 때문에 무기로 만든 미술품은 더없이 자연스러워 보였다. 코끼리, 말, 새, 닭, 뱀 같은 동물이 인기 있는 주제였다. 10만 정이 넘는 AK가 당국에 반납되었다. 미술품 재료로 사용되지 않은 총은 불태웠는데, 〈평화의 불길Flames of Peace〉이라는 공개 화톳불 행사마다 구경꾼이 수백 명씩 모여들었다.

이 프로젝트는 모잠비크에서 〈칼을 쟁기로Swords to Plough-shares〉라는 이름으로 진행된 비슷한 프로그램에서 영감을 얻은 것이다. 모잠비크에서는 내전이 끝난 뒤 총기를 가져오면 쟁기, 자전거, 재봉틀 같은 물품으로 교환해주었다. 페일 두스 산투스Feil dos Santos 같은 몇몇 예술가가 AK와 지뢰를 조각품으로 변신시켰듯이, 이 나라에서도 예술이 한몫을 했다. 비정부기구인 크리스천 컨선Christian Concern이 총기를 모아 주자 두스 산투스는 한데 용접해서 〈무기에서 예술로From Weapons to Art〉라는 제목의 전시품을 만들었고, 이 작품은 아프리카 전역을 순회했다. 조각상들은 교전 지역에서 생활하는 예술가가 느끼는 스트레스와 슬픔을 묘사했다. 특히 〈이중 항복Dual Surrender〉이라는 제목의 조각은 늙어빠진 자신의 상황에 체념한 채 두 팔을 뻗어 자선을 구걸하는 남자를 보여주었다. 남자의 귀는 AK의 방아쇠 손잡이였고, 머리카락은 탄피로 만들어졌다. 두스 산투스가 만든 또 다른 작품인 〈멜로디Melody〉는 팔다리를 AK 부품으로 만든 남자를 묘사했다. 남자는 하모니카를 연주하는 모습이었다. 모잠비크에서는 많은 사람이 음악에서 위안을 찾으면서 긴 전쟁이 남긴 조용한 공허를 메웠기 때문이다.

AK 때문에 수많은 사람이 목숨을 잃은 여러 나라의 시민들에게 이 총이 무해하고 때로는 놀랍고 아름다운 예술품으로 변신한 모습을 보는 것은 전쟁의 상처를 치유하는 데 큰 도움이 되었다.

고급 상업예술가들과 디자이너들도 AK 디자인 운동에 가세했다. 주로 충격 효과를 이용해 서구 소비자들을 자극하기 위해서였다.[125] 2005년, 밀라노 가구박람회에서 세계적으로 유명한 디자이너 필립 스탁Philippe Starck은 AK와 M16, 베레타 권총 복제품으로 만든 고급 탁자용 램프를 선보였다. 십자 장식으로 안을 댄 검은 갓을 씌운 램프였다. 스탁의 설명을 들어보자. "나는 디자이너이고, 디자인은 내 무기예요. 나는 내 가구가 세상 모든 것, 심지어 가구조차 정치적 선택의 대상일 수 있음을 보여주기를 바랍니다."

온라인 사진잡지《AK47》을 창간한 사람들은 혼잡한 인터넷 공간에서 관심을 끌기 위해 이 이름을 사용했다.[126] 편집장 요르크 디크만Joerg Diekmann은 다음과 같이 말했다. "AK47, A-K-4-7이라는 네 기호는 상징적입니다. 그러니까 인터넷 잡지의 관점에서 보면, 검색 페이지에서 두드러져 보이고 싶으면 AK47이 눈길을 사로잡지요. 남아공 역사에서 AK47은 항상 끔찍한 역할을 했습니다. 은행강도, 도둑, 자동차털이, 참정권을 빼앗긴 분노한 사람들…… 사람들한테 진짜 공포를 심어주는 게 바로 AK47이에요. 길거리에서 30달러 정도면 살 수 있습니다. AK47을 사진잡지 이름으로 쓰는 건 그 어두운 시절이 이제 끝나가고 있다는 긍정적인 확인입니다. 변화의 신호이자 다른 시대의 상징 같은 것이죠. 그래도 아직은 서슬 퍼렇게 날이 서 있어서 여러 감정을 들끓게 합니다. 저는 감정적 반응을 일으키는 사진이 좋아요. 여전히 모호한 감정일 수 있지만, 어쨌든 감정이 있어야 해요."

핑크색 직물과 반짝이로 뒤덮인 AK

칼라시니코프는 이렇게 고조되는 움직임에 편승하려고 했다. 2003년, 그는 독일 졸링겐에 본사를 둔 마르켄 마케팅 인터내셔널 Marken Marketing International, MMI과 계약을 체결했다. 이 회사는 발명자인 칼라시니코프의 이름으로 각종 소비재 상품을 판매하기로 했다. 칼라시니코프는 이름을 빌려주는 대가로 이 벤처 기업의 지분 3분의 1을 받았다. 이 회사는 주머니칼, 플래시, 스노보드, 우산, 테니스 라켓 등 야심 찬 제품 목록을 기획했다. 할리데이비슨이 자사 브랜드를 붙인 의류를 팔고 다농 요구르트 회사가 생수 부문을 보유한 것처럼, 견고하고 단순하고 소박한 디자인이라는 칼라시니코프의 명성을 이 제품들에 덧붙이는 것이 목표였다. 이 회사들 모두 의류나 생수에 관해 전혀 알지 못했지만, 소비자들은 회사명을 품질과 연관 지었기 때문에 제품 확장이 가능하고 수익까지 올릴 수 있었다. 칼라시니코프는 자신도 똑같은 결과를 얻기를 바랐다.

AK가 반체제적라는 명성을 누린 사실은 주류를 벗어난 소수자를 자처하는 이들과 젊은 층을 겨냥한 제품 판매에 도움이 될 터였다.[127] 할리데이비슨을 타는 사람들은 대부분 마흔 살 이상의 남성으로 부인과 자녀가 있고 근엄한 직장에 다니며 높은 가계소득을 누렸지만, 그럼에도 할리데이비슨은 무법자 바이커라는 분위기를 조성하는 데 성공했다. 남성적인 스포츠와 캠핑 장비 분야에서는 마케팅만 잘하면 칼라시니코프라는 이름이 아마 제품을 움직일 수 있을 것이었다. 칼라시니코프는 자신만만했다. "이 제품들은 내 소총하고 아주 비슷합니다. 믿음직스럽고, 사용하기 쉽고, 고장 나지 않지요."

마르켄 마케팅 인터내셔널의 발표는 엄청난 환호와 언론의 관심을 받았지만, 계획에서 실제로 현실화된 성과는 아무것도 없었다. 회사는 종적을 감추었고, 칼라시니코프는 다시 한번 자신의 발명품으로 돈을 버는 데 실패했다.

그렇지만 AK의 신비한 매력은 커져만 갔다.[128] 2004년 《플레이보이》는 〈세계를 바꾼 50가지 제품: 지난 반세기에 등장한 가장 혁신적인 소비재를 말한다〉라는 특집 기사에서 AK47을 4위로 꼽았다. AK가 애플 매킨토시 데스크탑 컴퓨터(1위), 경구 피임약(2위), 소니 베타맥스 VCR(3위)에 이어 4위 소비재로 꼽혔다는 사실이야말로 이 총이 현대 세계에 장기적으로 중대한 영향을 미쳤음을 보여주는 진정한 지표였다. 1999년 7월 국무부가 펴낸 보고서에서 이 총에 관해 언급한 내용을 거론하면서 《플레이보이》 편집인은 이렇게 말했다. "몇몇 나라에서는 극장에서 영화를 보거나 번듯한 식사를 대접하는 것보다 AK47 한 자루를 사는 게 더 쉽고 저렴하다." 잡지는 또한 이 총을 "역사상 가장 널리 보급된 살인 도구"라고 지칭한 《로스앤젤레스 타임스》 기사도 인용했다.

AK를 둘러싸고 과대광고가 난무하는 가운데 박물관들은 이 소총이 문명과 문화에 미친 영향을 좀 더 냉정하고 사려 깊게 살

퍼보기 시작했다. 네덜란드 군사박물관은 2003년과 2004년에 〈칼라시니코프: 국경 없는 소총Kalashnikov: Rifle without Borders〉이라는 제목으로 AK에 관한 전시회를 열었다. 이 소총이 결정적인 역할을 한 여러 전쟁을 관람객들에게 멀티미디어로 보여주는 전시였다. 아프리카를 비롯한 여러 곳에서 AK를 들고 있는 소년병들의 모습도 전시되었다. 한 전시품은 다공체 블록으로 총알의 형태를 보여주는 식으로 이 총기의 파괴력을 극적으로 드러냈다. 그러나 아무리 진지한 박물관이라도 칼라시니코프의 대중문화적 측면을 무시할 수 없었다. 관람객들은 크롬 도금된 AK나 강렬한 핑크색 직물과 반짝이로 뒤덮인 AK를 보았다. 군사적 측면에 초점을 맞추는 박물관조차 AK가 세계 문화에 워낙 깊숙이 새겨진 나머지 총기의 힘을 어느 정도 덜어내기 위해 사람들이 밝은 색깔로 AK를 꾸민다는 사실을 외면할 수 없었다. 칼라시니코프 본인도 팡파르가 울려 퍼지는 가운데 전시회를 열었다. 과거에 대중을 만날 기회가 생길 때마다 그러했듯이, 이번에도 역시 그는 공론장을 활용해 자기 발명품을 남용했다고 정치인들을 비난하고 자신은 AK가 남긴 끔찍한 유산의 책임을 벗어던졌다.

러시아 국내에서도 그의 동포들이 자국에서 가장 유명한 발명가를 기릴 준비를 하고 있었다. 1996년 이젭스크 칼라시니코프 박물관 건설이 시작되었지만 예산이 부족해 중단되었다. 러시아 전역과 인터넷에서 기금 모금을 호소한 결과, 2004년 칼라시니코프의 여든다섯 살 생일에 맞춰 800만 달러가 소요된 칼라시니코프

무기박물관 및 전시 센터가 문을 열었다. 박물관은 칼라시니코프의 작품을 기린다는 목적뿐만 아니라 2차대전과 냉전 시기에 호황을 누리다가 이제는 어려운 시절을 근근이 버티고 있는 퇴락한 이젭스크 시에 활기를 불어넣는다는 목적도 있었다. 고립된 위치에 있어 러시아 상업의 주류에서 멀리 떨어진 이 도시는 무기 생산을 위해 존재했는데, 2차대전 당시에는 하루에 1만 정 이상을 생산했다. 나중에 냉전 시기에도 무기 생산을 계속해 주로 AK를 대량으로 생산하면서 고용과 번영을 이어나갔다.

소련이 몰락한 뒤로 더는 AK를 생산하지 않는 상황에서 이젭스크 공무원들은 박물관 덕분에 관광객이 모여들 것으로 기대했다. 한때 외부인들과 일반 관광객에게 문을 걸어 잠근 극비 장소였던 곳에서 시 공무원들은 AK의 명성에 힘입어 도시가 재생하고 다시 호시절을 구가하기를 기대하고 있었다. 시장은 연설에서 박물관이 믿음직한 제품, 즉 확실하게 작동하고 세계적으로 존경받는 제품을 만들어낸다는 점에서 도시의 힘을 구현한다고 언급했다. 칼라시니코프의 이름과 보증이 붙은 소비재를 판매해서 돈을 벌기를 바라는 상업적 판매자들과 마찬가지로, 그를 양자로 삼은 도시도 그의 명성에 의존해 경제에 활기를 불어넣으려고 애를 쓰고 있었다.

지금까지는 그 성과가 미지근하다.

칼라시니코프 보드카

발명자 칼라시니코프가 경제적 성공을 거두기에 가장 좋은 기회는 아마 2003년에 찾아왔을 것이다. 당시 영국인 기업가 존 플로리John Florey는 차세대 대박 상품을 찾고 있었다. 플로리는 프랑스가 포도주로 유명하고, 카리브해가 럼으로, 스코틀랜드가 스카치위스키로 유명한 것처럼 러시아가 보드카로 유명하다고 추론했다. 러시아는 또한 AK를 만드는 것으로 유명했고, 칼라시니코프는 이미 전 세계에서 컬트 같은 지위에 올라서 있었다. 플로리가 보기에 러시아가 좋아하는 독주와 유명인을 섞으면 완벽한 조합이 될 것 같았다. 어느 날 저녁식사 자리에서 떠오른, 칼라시니코프의 AK와 보드카를 결합한다는 아이디어는 성공이 확실해 보였다.

플로리는 체스 챔피언 가리 카스파로프Gary Kasparov의 대변인을 한 적이 있어서 러시아 문화를 어떻게 선전할지 잘 알았다. 그는 또한 모스크바 경영대학원을 설립하는 데도 조력했는데, 그 덕분에 2001년에 이 학교를 통해 칼라시니코프를 소개받았다.

칼라시니코프는 이 아이디어에 관심은 있었지만 신중한 태도를 보였다. 이미 몇 차례 불에 덴 적이 있었기 때문이다. 플로리는 칼라시니코프가 보드카 브랜드 세계에 손을 댔다가 실패한 전력에 아랑곳하지 않았다. 그는 이 프로젝트에 거대하고 대담한 판촉 사업에 대한 흥행사의 선견지명을 갖고 임하면서도 총기라는 측면에 지나치게 의존하지 않았다. 그가 보기에 이전의 보드카 계약은 칼라시니코프라는 브랜드를 '확장'하지 못했다. 그는 또한 탄탄한 사업 계획을 세웠다. 칼라시니코프는 '칼라시니코프 보드카 합자회사(1947)Kalashnikov Joint Stock Vodka Company(1947) plc.'의 명예회장으로 임명되었고, 소규모 지분과 함께 병에 이름과 얼굴을 사용하는 대가로 순익의 2.5퍼센트를 받기로 했다. 젊고 활기 넘치는 칼라시니코프의 1947년 얼굴이 병에 에칭으로 새겨졌고, 그가 직접 러시아 해군을 위해 발명한 구르지 않는 작은 잔을 만들어서 술집 홍보용으로 사용하기로 했다.

플로리는 폴스타Polstar 보드카를 창조한 데이비드 브로미지David Bromige 등 유명 인사를 총망라한 진용을 짰다. 아이슬란드 독주인 폴스타는 북극곰 로고에 '순수의 힘'이라는 모토를 내세워 성공을 거두었다. 브로미지는 또한 마틴 밀러Martin Miller's 진을 소유한 리폼드 스피리츠 컴퍼니Reformed Spirits Company의 중역이기도 했다. 마틴 밀러는 아이슬란드의 빙하수에 감귤, 배, 정향의 풍미를 담아서 많은 관심을 받은 제품이다. 세련되게 각진 병은 바텐더들이 영화 〈칵테일Cocktail〉에서 톰 크루즈가 보여준 능수능란한 동작을 흉내낼 때 즐겨 다룬다. 이 브랜드는 1999년에야 생겨났는데도 '잉글랜드에서 가장 오래된 동銅증류기'를 사용한다고 자랑했다. 옛 소련이 개방되면서 보드카는 유럽과 북아메리카에서 점점 인기를 끌었다. 스톨리치나야Stolichnaya, 앱솔루트Absolut, 핀란디아Finlandia(뒤의 두 개는 러시아 제품이 아니다) 같은 유서 깊은 보드카 제조업체들이 색다른 풍미와 혁신적인 모양의 병, 훨씬 더 혁신적인 광고, 명성을 드

높이는 높은 가격 등으로 젊은 애주가들에게 매력을 발산했기 때문이다. 플로리는 이 물결에 편승하기를 기대했다.

칼라시니코프 82프루프(알코올 도수 약 41도 — 옮긴이) 보드카는 상트페테르부르크에 있는 증류소에서 제조해 잉글랜드에서 병입 작업을 할 계획이었다.[129] 플로리는 제품이 제대로 효과를 내게 하기 위해 적절하게 자리매김해야 했다. 군사적 측면을 너무 강조하면 애주가들이 흥미를 잃을 터였다. 그렇다고 너무 부각하지 않으면 그냥 또 다른 보드카에 불과했다. 플로리는 잘 갈고닦은 메시지를 밀어붙였다. "칼라시니코프는 러시아적 디자인, 제품이 본연에 충실하다는 완전성, 전우애, 강인한 성격 등을 나타냅니다. 이런 특징은 장군의 생애와 그가 러시아 문화에서 수행한 역할을 집약적으로 보여줍니다."

이 회사의 주식 공개는 투자자들을 순조롭게 끌어모아 목표치를 상회했고, 중소기업을 전문으로 다루는 영국의 장외 주식 거래 시장 OFEX의 하위 시장인 JPJL 시장에 등록되었다.

플로리의 접근 방법은 정확히 들어맞았다. 칼라시니코프를 선전 모델로 내세우자 세계 주요 언론이 앞다퉈 기사로 다뤄준 것이다. 2004년 여름이 되자 명예 장군복에 색색의 리본을 두루 갖춘 칼라시니코프의 사진이 전 세계 잡지와 신문의 지면을 장식했다. 칼라시니코프는 전통적인 방식으로 AK를 두 손으로 가슴 앞에 비스듬히 잡는 대신 카메라를 향해 건배하듯이 마티니 잔을 우아하게 치켜 들었다. 탁월한 선전술이었다. 보드카는 보통 일반적인 술잔에 따르지만, 마티니 잔의 독특한 삼각형 모양 때문에 곧바로 칵테일이라는 걸 알아볼 수 있었다. 일반적인 원통형 잔에는 통상적인 아무 액체나 담을 수 있는 것과 대조적이었다. AK47의 발명자가 독주를 즐기고 있는 게 분명했다.

런던 센추리 클럽에서 열린 공식 출시 행사에서도 칼라시니코프는 계속 메시지를 전달했다. 그는 자리에 모인 청중에게 러시아어로 말했다. "우리가 지금 막 출시하는 제품이 제가 만든 총처럼 믿음직스럽고 사용하기 편했으면 좋겠습니다." 그 후 다른 많은 행사에서도 그는 똑같은 메시지를 전했다.

리셉션에서는 하얀색 군복 비슷한 차림에 미니스커트를 입은 모델인 나타샤, 아누시카, 이바나 등 일명 '니키타 걸스Nikita Girls'가 참석자들에게 시음용 술을 대접했다. 니키타 걸스가 하는 일은 칼라시니코프 브랜드를 선전하는 행사 동안 술집을 돌아다니는 것이었다.

리셉션이 끝나고 진행된 인터뷰에서 칼라시니코프는 이렇게 말했다. "내가 비난받아야 한다면 신뢰성 높은 총기를 설계한 죄밖에 없습니다. (…) 내 총이 사용되어선 안 되는 경우에 사용되는 것을 보면 정말 슬프지만, 설계자를 비난해서는 안 됩니다. 정치인들을 비난해야지요."130) 훌륭한 군인답게 그는 신규 브랜드를 홍보하는 공개 석상에 나타날 때마다 상업적인 메시지를 계속 전달했다. "나는 언제나 좋은 일을 해서 내 총의 명성을 드높이고 널리 퍼뜨리기를 원했습니다. 그래서 우리는 내 이름으로 보드카를 만

칼라시니코프는 새롭게 문화적 상징으로 올라선 AK의 지위를 활용하기 위해 보드카 브랜드에 이름을 빌려주었다. "우리가 지금 막 출시하는 제품이 제가 만든 총처럼 믿음직스럽고 사용하기 편했으면 좋겠습니다."
사진: The Kalashnikov Joint Stock Vodka Co.(1947) plc.

들기로 결정했고, 이 보드카가 지금까지 러시아와 잉글랜드에서 만들어진 어떤 것보다 더 뛰어나기를 바랐습니다."

그러나 사적인 자리에서는 자신도 한통속이 되기는 싫다는 속내를 드러냈다. "그런데 어쩌겠어요? 요즘 세상이 그런걸요." 그 후 여생의 대부분에 그러했듯이, 칼라시니코프는 새로운 러시아에서 돈을 벌어야 하는 자본주의의 현실과, 중요한 것은 어떤 금전적 보상도 생각하지 않고 조국을 위한 의무를 다하는 것이라는 평생 지켜온 공산주의적 신념 사이에서 갈팡질팡했다.

플로리의 마케팅 솜씨와 칼라시니코프의 명성에 힘입어 이 강력한 보드카는 요란한 인기를 누렸다. 《FHM》 같은 최신 유행 잡지는 직원들의 취향 테스트를 거쳐 칼라시니코프를 가장 뛰어난 10대 보드카 중 하나로 꼽았다. 폴스타 보드카의 홍보 업무를 맡았던 기업인 토크 라우드 PR Talk Loud PR은 바텐더들을 설득해서 이 보드카를 활용해 최신 유행의 칵테일을 만든 뒤 여러 잡지에 보냈다. 런던의 《선데이 타임스 스타일 Sunday Times Style》 잡지는 배우 줄리아 로버츠의 사진 옆에 칼라시니코프 보드카로 만든 스코피노 Scorpino라는 칵테일을 좋아한다고 말하는 말풍선을 넣었다. 남성성인 잡지 《ICE》는 '러시아식 건배 Raise Your Glass the Ruskie Way'라는 제목의 화보와 나란히 칼라시니코프와 나눈 불경스러운 내용의 일문일답을 특집으로 실었다. 러시아 전통 방식으로 보드카 마시는 법에 관한 기사였다.

9만 달러를 투자한 초기 홍보 캠페인은 충분히 성과를 냈다. 이 회사는 소매 거래를 겨냥하기 전에 2006년까지 술집과 레스토랑에 4만 4000상자를 판매한다는 목표를 향해 순조롭게 나아갔다. 플로리는 심지어 영어 음주 사전에 새로운 관용구가 추가되기를 기대했다. "지난밤에 놀러 나가서 칼라시에 취했지I went out last night and got Kalashed."

그런데 문제가 발생했다.

'스코틀랜드 음주 문화를 바꾸는' 데 전념하는 단체인 알코올 포커스 스코틀랜드Alcohol Focus Scotland가 주류 산업에서 자금을 지원받는 규제 기구인 포트먼 그룹Portman Group에 이의를 제기한 것이다. 이 단체는 칼라시니코프 보드카가 "허세 또는 폭력적·공격적이거나 위험하고 반사회적인 행동을 연상시킨다"면서 단체의 실천 규범에 위배된다고 주장했다.

주류 제조업체들은 특히 젊은 소비자들 사이에서 제품에 대한 관심을 불러일으키기 위해 갖은 수를 썼기 때문에 이런 식의 항의는 꽤 흔한 일이었다. 예컨대 포트먼 그룹은 칼라시니코프 보드카를 제재하는 행동을 고려하는 동안 다른 한편으로 구강성교Blow Job, 오르가슴Orgasm, 전희Foreplay, 불륜 상대Bit on the Side 등의 이름을 붙인 '튜브 드링크tube drink(튜브 같은 유리관에 한 잔 분량씩 포장 판매하는 칵테일 상품—옮긴이)' 제품이 알코올 섭취와 성행동의 연관성을 함축하기 때문에 규정에 위배되는지 여부를 비롯하여 여러 위반 사항을 검토했다. 당시 제기된 또 다른 항의는 로켓 퓨얼 보드카Rocket Fuel Vodka와 로켓 퓨얼 아이스Rocket Fuel Ice라는 이름의 자매 제품이

42.85도라는 매우 높은 알코올 도수를 중요한 특징으로 내세우는 것과 나란히 알코올 효과를 판촉 요소로 분명히 활용하는 것 역시 규정에 위배된다는 것이었다. 둘 다 규정 위반으로 판정되었다.

1996년(포트먼 그룹은 1989년에 출범했다)까지 거슬러 올라가는 140여 건의 항의 접수 중에서 인정된 것은 대부분 라벨이나 포장에 담긴 노골적인 성적 내용, 또는 허위이거나 오해를 불러일으키는 라벨과 관련된 것이었다. 칼라시니코프 보드카가 출시되기 전까지 폭력적인 내용에 대해 회사에 취해진 조치는 단 두 건이었다. 하이스트Heist라는 이름의 맥주(포트먼 그룹은 이 명칭이 강도를 뜻하는 미국 속어라는 사실을 인정하기는 했다)와 도화선이 들어 있는 막대형 다이너마이트 모양으로 디자인된 TNT 리퀴드 다이너마이트TNT Liquid Dynamite라는 제품이 그것이다.

플로리는 칼라시니코프 브랜드가 군사적 형상이 아니라 "전우애"에 근거한 것이라고 주장했다.131) 회사 간부들은 이 브랜드가 "파격적"이고 "노골적"이기는 해도 "사람들로 하여금 무력 충돌에 가담하게 만들지는 않는다"고 주장했다.

플로리는 여론을 자기들 쪽에 유리하게 바꾸기 위해 칼라시니코프를 전면에 내세웠다.132) 칼라시니코프는 AK를 공격과 연결시키는 것은 잘못된 일이라고 말하는 인터뷰를 했다. 그는 AK 넥타이핀을 한 채 《파이낸셜 타임스》 기자들에게 말했다. "이 총은 평화와 친선에 기여합니다. 조국을 지키는 데 사용되는 총이니까요. 얼마나 많은 나라가 이 총을 이용해서 독립을 얻었는지 생각해보세요."

그의 주장은 포트먼 그룹을 설득하지 못했다. 이들은 칼라시니코프 보드카가 주류 산업의 자체 규정을 위반했다고 판단했다.

포트먼 그룹의 이런 평가는 플로리와 칼라시니코프에게 좋은 소식인 동시에 나쁜 소식이었다.[133] 포트먼 그룹은 폭력성에 관련된 항의를 지지하기는 했지만, AK가 서구 세계에서 대중문화의 상징 같은 지위를 가졌다는 사실을 공식적으로 인정했다. 이 보드카의 포장은 AK와 비슷한 모양이 아니고 또 폭력적이거나 반사회적인 함의를 담고 있지 않았지만, 칼라시니코프라는 이름만으로도 소비자들의 가슴속에 열정적인 반응을 일으키기에는 충분했다. 마케팅 담당자들로서는 반가운 일이었다. 포트먼 그룹 심사단은 2005년 1월 21일에 펴낸 보고서에서 이렇게 말했다. "포장과 전체적인 소개 등 제품 전반을 살펴본 결과, 심사단은 현존하는 총기, 즉 설령 세계에서 가장 널리 사용되는 것은 아닐지라도 많이 사용되는 총기인 AK의 이미지를 주로 불러일으키는 명칭은 알코올 음료의 브랜드명으로 부적절한 선택이라고 결론 내렸다. 간접적으로나마 폭력적이고 위험한 행동을 연상시킬 수 있기 때문이다."

플로리는 참으로 사업가답게 약삭빠른 어조로 주변 사람들에게 **그 어떤** 오명이라도 **훌륭한** 홍보가 된다고 말했다. 그러나 그와 동시에 포트먼을 비난하면서 스핏파이어Spitfire 맥주, 봄바디어Bombardier 맥주, 클레이모어Claymore 스카치위스키 등 다른 알코올 음료도 무기 이름을 딴 것인데 금지된 적이 없다고 불만을 토로했다.

플로리는 심사단과 협의해 해결책을 찾을 수밖에 없었는데, 결국 영국에서는 상표명을 바꿔야 할 터였다. 수출용으로는 계속 그 이름을 쓸 수 있었다. 실제로 칼라시니코프 보드카는 중동에서 요란한 성공을 거두고 있었다. 플로리는 다음과 같이 말했다. "중동에서는 사람들이 이 총을 친근하게 받아들입니다. 그리고 우리는 지금 남아공에 'AK47 프리덤 보드카ᴀᴋ-47 Freedom Vodka'라는 이름으로 프랜차이즈를 설립하는 중입니다."

협의가 무위로 돌아가고 보드카 판매가 금지되자 상황이 암울해 보였지만, 포트먼이 (판매 금지 결정을 설명하기 위해) 연 기자회견에서 한 기자가 이름을 제안하자 포트먼 회장 폴 콘던Paul Condon 경도 그 정도는 가능할 것이라고 인정했다. 2005년 가을에 이르러 '제너럴 칼라시니코프 러시안 보드카General Kalashnikov Russian Vodka'가 영국에서 판매를 재개하고 북미로 진출하기 시작했다.

포트먼 그룹을 비롯해 많은 사람이 살상 무기를 이용해서 경제적 이득을 얻는 것은 천박한 짓이라고 생각했지만, 한층 더 기묘한 사례들이 나타나기 시작했다. 이제 AK는 군대의 일부나 반문화, 중동의 '칼라시니코프 문화'에서 벗어나 주류 영화와 책, TV에서 거의 매일같이 등장하고 언급되고 있었다. 한때 세계 일부 지역에서 무섭지만 일상적인 품목이었던 것이 이제는 현대 글로벌 문화의 확고한 한 부분이 되었다.

히트 영화 〈8마일8 Mile〉에서 유명인으로 떠오른 과정을 보여준

래퍼 에미넘은 AK의 강력한 이미지를 이용하여 미국이 주도한 이라크전쟁에 대한 분노를 표현하면서, 2004년 선거에서 조지 W. 부시 대통령에게 반대표를 던지라고 젊은이들을 설득했다. 〈모시 Mosh〉라는 제목의 애니메이션 뮤직비디오에서 에미넘은 권리를 빼앗긴 후드티 차림의 시민 무리를 이끌고 미국의 어두운 '경찰국가' 거리를 행진한다. 용기를 얻은 군중은 정부 청사에 들어가지만 폭동을 일으키는 대신 조용히 줄을 서서 유권자 등록을 한다. 에미넘은 부시 대통령이 국가보다 자신의 이익을 우선시하는 거짓말쟁이에 도둑이라고 비난한다. AK를 들고 있는 부시의 모습이 애니메이션으로 등장하면서 에미넘이 노래한다. "대통령에게 무정부 상태를 초래한 책임을 묻자./AK47을 쥐여주고/그자가 직접 전쟁에서 싸우게 하자./그렇게 자기 아버지를 감동시키게 하자." 에미넘은 AK의 이미지에 호소하면서 논쟁적인 메시지를 선명하게 전달한다.

아마도 AK의 상징적인 지위에 편승한 상품으로 가장 기묘한 것은 영국의 오디오북 출판사 오디오북스포프리닷컴AudioBooksForFree.com에서 출시한 AK-MP3 주크박스AK-MP3 Jukebox였을 것이다. 이 뮤직 플레이어는 AK47의 바나나 모양 탄창으로 만들어져서, 실제로 칼라시니코프 소총에 기존 탄창 대신 꽂아서 음악을 틀 수 있었다. 플레이어는 최대 9000곡, 또는 3000시간 분량의 오디오북까지 저장할 수 있었다. 러시아의 록스타 출신으로 회사를 설립해 성공을 거둔 안드레이 콜타코프Andrey Koltakov는 다음과 같이 말했다. "이 제품은 세계 평화에 기여하려는 우리의 시도입니다. 우리는 이제부터 많은 전투원과 테러리스트가 AK47을 이용해서 음악과 오디오북을 듣기를 기대합니다. (…) 그들도 긴장을 풀고 진정할 필요가 있습니다." 이 회사는 웹사이트에서 위장군복 무늬 비키니 차림의 모델들이 도발적인 자세로 AK47과 플레이어/탄창을 들고 있는 모습과 함께 제품을 대대적으로 선전했다.

인도에서는 활기 넘치는 발리우드 꿈의 공장이 AK의 흡인력을 이용하여 〈AK47〉이라는 상업용 테러 영화를 내놓았다. 영화 개봉 당시에 평론가들은 영화가 판에 박힌 줄거리에 천박하고 지나치게 폭력적이라고 비난했다. 그러나 영화 제목에 끌린 관객이 구름처럼 모여들었다. 인도 영화 관객들은 AK로 무장한 모택동주의 테러 집단이 걸핏하면 농촌의 석유, 화학, 광산 시설에 대규모로 격렬한 치고 빠지기 공격을 가한 사실을 개의치 않는 것 같았다.

같은 해에 AK는 다시 한번 문화적으로 획기적인 단계에 도달했다.[134] 신기한 신제품과 반라의 여자들, 최신 비디오게임 등에 관한 화보와 기사로 젊은 남성에게 인기 있는 잡지 《스터프Stuff》는 양면 펼침 기사에서 이 총기를 특집으로 다루면서 발명자와 나눈 문답도 실었다. 이 자동소총은 고속 오토바이나 예쁜 여자, 혁신적인 비디오게임, 최신 이어폰같이 세련된 고전적 도구, 멋진 액세서리로 치켜세워졌다. 예상대로 칼라시니코프는 인터뷰 자리를 빌려서 자기 무기를 오용한 책임을 무기 설계자들이 아니라 정치인들에게 물었다. 그는 또한 자신이 소총을 만들 때 표적으로 미군을 염두에 두지 않았다고 이라크 주둔 미군을 안심시켰다.

칼라시니코프는 이 기회를 빌려 최근에 시작한 브랜드 사업을 홍보했다. "나는 이제 전쟁에 관심이 없습니다. 오직 내 군대인 보드카에만 관심이 있지요. 자리에 앉아서 우정의 건배를 나누고 싶습니다. 세계가 건배를 더 많이 하고 전투를 더 적게 한다면 더 좋은 세상이 될 겁니다."

AK와 잔디깎이

1980년, 소련 관리들은 노벨상 수상자이자 반체제 과학자인 안드레이 사하로프 Andrei Sakharov 를 유배 보낼 만한 외딴 곳을 탐색했다. 그들은 사하로프와 그의 민주적 언어를 가두기를 기대하면서 그를 고리키 Gorky 로 보냈다. 수십 년 동안 세계 나머지 지역과 격리된 도시였다. 그러나 이렇게 외딴 장소로 옮겨졌어도 그의 신념과 글은 세계 각지로 퍼져 나가 결국 1986년에 그가 석방되고 공산주의 초강대국의 몰락을 부추기는 불씨가 되었다.

1993년에 러시아군 관리들이 정부 관리들과 기술자들이 선정할 완전히 새로운 돌격소총을 전시할 장소를 찾을 때도 같은 도시가 선택되었다. 그 무렵이면 혁명 전 이름인 니즈니 노브고로드 Nizhni Novgorod 로 다시 바뀌었지만, 고립된 분위기는 여전했다. 무기 박람회 전시장에 배치된 군인들은 이 총기에 관한 정보가 퍼지는 것을 막기 위해 작은 설명카드에 인쇄된 내용 말고는 총에 관해 아무엇도 이야기하지 않았다.

이런 외딴 장소에 사하로프의 이데올로기를 가둬둘 수 없었던 것처럼, 신형 소총에 관한 정보도 감출 수 없었다. 세계 각지의 군 관리들이 갖가지 추측을 하면서 소형화기 세계에 새로 진입하게 될 이 총기에 관해 소란을 떨었다. 러시아 관리들은 여전히 소총 개발 계획에 대해 침묵을 지켰고, 그 후 3년 동안 총기가 다시 나타나지 않았지만 군 내부에서는 기대감이 커졌다.

마침내 러시아 관리들은 러시아 무기고의 보병 표준 화기로 AK 대신 AN94를 도입한다고 발표했다. 많은 사람이 이러한 결정을 예측하긴 했지만, 그렇다고 하더라도 전 세계 각국 군 엘리트들은 러시아의 발표에 깜짝 놀랐다.

이 변화는 오래전부터 준비된 것이었다. 앞에서 언급했듯이, 소련이 더 작은 5.54×39mm 총알을 사용하기 위해 AK74를 만들었을 때, 이 소총은 일종의 타협이었다. 칼라시니코프의 설계를 개조해서 서둘러 소형 총탄 경쟁에 뛰어들기 위한 방편이었던 것이다. 이 총의 설계가 표준 이하였던 것이 아니라(AK74와 '독총알'은 아프가니스탄에서 위력을 증명한 바 있다) 소련군이 AK74에 만족하지 못했던 것이다. 군 관계자들은 AK의 무시무시한 살상력과 함께 M16과 맞먹는 정확성까지 원했다.

그러나 새로운 설계를 내놓으려면 기다려야 했다. 당시 소련 경제는 혼란에 빠져들고 있었고(아프가니스탄 전쟁의 막대한 비용이 주된 원인이었다), 연구 자금이 부족했다. 다른 한편으로 소련은 소형화기 기술에서 뒤처지고 있었고, 이 문제를 해결해야 했다.

경제적인 해결책은 소련에서 손꼽히는 무기 설계자들을 서로 경쟁시키는 것이었다. 경쟁의 주요 요건은 신형 소총의 '명중률'이 AK74보다 1.5~2배 높아야 한다는 것이었다. 다시 말해 자동사격에서 정확도가 1.5~2배 높아야 했다. 또한 고장이 잘 나지 않고 사용하기가 어렵지 않아야 했다. AK74는 여러 면에서 뛰어난 총기였지만, 자동 방식에서는 여전히 제어하기가 어려웠다(물론 7.39mm 대형 총알을 사용하는 이전 모델인 AKM보다는 월등히 뛰어났다). 이 총은 "무작정 난사해서 얻어 걸리기를 바라기" 쉬운, 제대로 훈련받지 못한 병력이 사용하기에는 더없이 좋은 총기였지만, 관계자들은 정확도를 높이면 살상력도 커질 수 있음을 깨달았다. 순식간에 같은 지점을 연속으로 맞힐 수 있기 때문이다. 최신 방탄복을 입은 적군과 대결할 때는 이 점이 특히 중요하다.

반동은 정확성의 오랜 적이었다. 병사가 소총을 쏠 때 첫 번째 총탄에서 생기는 반동 때문에 항상 다음에 쏘는 사격의 정확도가 떨어졌다. 최고 사수라 할지라도 몇 발을 연속해서 정확히 표적에 맞추기는 어렵다. 먼저 쏘면서 생기는 반동 때문에 총기가 움직이기 때문이다.

반동을 완화하는 일반적인 방식이 몇 가지 있었다. 첫 번째는 더 작고 위력이 약한 총알을 사용하는 것이었다. 그러나 설계자들은 살상력을 유지하면서도 최대한 작은 총알을 이미 만들었다고 생각했다. 다른 방법으로는 AL7에 들어 있는 것처럼 스프링으로 반동 충격을 완화하는 반동 제어 시스템 등이 있었다. 이 방법은 (당시로서는 최첨단일 뿐만 아니라) 반동을 크게 줄여주기는 했지만, 군 전략가들은 아직 이것을 고려하지 않았다. 또 다른 확실한 방법으로는 개머리판에 설치하는 여러 종류의 충격 흡수 장치나 심지어 사격하는 사람이 어깨에 쿠션이 부착된 옷을 입는 것 등이 있었다.

이런 '전통적인' 아이디어들은 어느 것도 만족스럽지 않았다. 군 간부들이 무반동이라는 꿈을 실현하기 위해서는 완전히 새로운 설계가 필요했다. 결국 칼라시니코프의 설계를 완전히 포기해야 했다.

많은 무기 설계자가 진정한 무반동 돌격소총은 영구기관을 설계하는 것과 비슷하다고 생각했다. 물리학 법칙상 불가능한 일이었다. 실제로 여러 해 동안 줄곧 소련은 AK74가 반동이 없다고 극찬한 바 있었다. 반동이 크게 줄어들었기 때문이다. 물론 AK74는 이전 모델보다는 훨씬 좋았다. 이제 그들은 AK처럼 언젠가 고전적인 총기의 반열에 오를 수 있는 총을 설계한다는 기대 속에 하늘을 향해 손을 뻗고 있었다. 반동이 전혀 없고, 가볍고, 믿음직스럽고, 병사들이 사용하기 쉬운 소총을 만드는 것이 목표였다.

아바칸Abakan(러시아 중남부에 있는 도시)이라는 암호명이 붙은 소총 공모전은 1970년대 말에 10여 개의 설계 그룹이 서로 경쟁하면서 시작되었다. 칼라시니코프가 선임 설계자(사실은 명예직에 가까웠다)를 맡은 이즈마시는 공모전에 두 설계 그룹을 참여시켰다. 칼라시니코프의 아들 빅토르가 한 설계국을 이끌었고, 다른 그룹은 겐나디 니코노프Gennady Nikonov가 지휘했다. 니코노프는 열여덟 살에 기술학교를 졸업한 뒤 줄곧 이즈마시에서 일하면서 입지를 굳힌 무기 제작자였다. 니코노프의 부모는 둘 다 이즈마시에서 일했는데, 경력 초기에 그는 수중용 소총에 사용되는 방아쇠 장치를 설계해서 유명해졌다. 또한 스포츠용 총기도 만들고, 멋진 모양에 정확도도 높은 이주브르Izjubr(수사슴)를 제작해서 극찬을 받았다. 이주브르는 안목 있는 사냥꾼들을 위해 한정 수량으로 생산한 최고급 카빈이었다. 이즈마시에 재직하는 동안 니코노프는 자체 최고 설계자상과 국방부 최고 설계자상 등 명성 있는 상을 두 차례 받았고, 40건이 넘는 특허를 획득했다. 부인 타티아나도 같은 설계 센터에서 엔지니어로 일했다.

칼라시니코프는 아들이 지휘하는 팀이 공모전에서 승리하도록 열심히 로비를 했다.[135] 공모전에서 선정된 소총이 AN94Automatic Nikonov 1994라는 공식 명칭을 부여받고 채택될 것이 확실해진 뒤에도 칼라시니코프는 아들의 설계를 계속 밀었다. 그는 집안의 전통을 계속 이어가기를 원했지만, 정치권에 아무리 요청해도 소용이 없었다. 빅토르 그룹은 2위에 그쳤다.

러시아 무기 제작계의 원로를 한 번 더 모욕하기라도 하려는 듯 니코노프는 자기가 설계한 총은 칼라시니코프가 아니라 전설적인 설계지인 예브게니 드라구노프Evgeny Dragunov와 아자리 네스테로프Azariy Nesterov에게 영향 받은 것이라고 공개적으로 선언함으로써 AK와 더욱 거리를 두었다. AN94는 AK와 겉모습도 다르고 작동 방식도 달랐다.

AN94의 놀라운 차이점 중 하나는 총구 부착물이었다. 소염기라고 불리는 이 비대칭 모양 총구 장치는 양쪽 옆에 배출구가 두 개 있고, 내부 공간 두 군데 중 첫 번째의 상층부 오른쪽에도 배출구가 하나 있다. 상부 배출구는 개 호루라기dog whistle처럼 생겼는데, 총열에서 공기가 고속으로 빠져나가면서 생기는 소리를 인간의 귀에 들리지 않게 바꾸기 위해 설계된 것이다.

AN94에다 30발짜리 탄창을 합하면 무게가 4.3kg으로 AK74보다 900g 정도 무거웠는데, 부속품은 AK 신형 모델들이나 대다수 최신 소총과 비슷하게 유리섬유 강화 폴리아미드로 만들었다. 이 총에는 개량된 가늠 장치와 인체공학적 안전 조정간이 있지만, 가장 두드러진 차이는 그 작동 방식이었다.

가스로 작동하는 시스템은 러시아인들이 '블로백 진동 이동blow-back shifted pulse'이라고 부르는 설계를 채택했다. 통상적인 3점사가 아니라 2점사로 사격을 하면 첫 발을 쏘고 두 번째 발로 넘어갈 때 반동이 전혀 생기지 않는다. 게다가 2점사 방식으로 사격하면 첫 두 발이 1분당 1800발(1분당 600발인 AK보다 약 세 배 빠르다)이라는 놀라운 속도로 발사된다. 총기를 자동 방식에 두면 첫 두 발은 분당 1800발의 속도로 발사되고 나머지 총알은 분당 600발의 속도로 줄어든다.

니코노프의 획기적인 설계는 천재적 재능의 소산이었다. 전통적인 총기 설계 관습은 물론, AK의 제한적인 형태에서도 벗어났기 때문이다. AK의 설계는 단순한 반면, AN94는 복잡했다. 전례 없는 방식으로 배열된 도르래와 케이블 같은 추가 부품의 도움을 받아 반동 문제를 해결했기 때문이다. 니코노프는 또한 소형 총알을 사용할 때는 반동을 줄이는 평형 시스템balanced system을 쉽게 채택할 수 있는 반면, 자신이 개발한 소총이 러시아 군용 총기 전반의 표준 설계가 되려면 고정식 중기관총에서 사용하는 것과 같은 대형 총알까지 사용할 수 있어야 한다는 점을 깨달았다. 도르래와 케이블 방식을 사용한 덕분에 대형 총알에 맞게 기계장치를 크게 만들면서도 반동이 없는 특징을 유지할 수 있었다.

AK를 비롯한 전통적인 자동화기에서 노리쇠 뭉치는 먼저 발사된 총알에서 나온 탄피를 방출하는 동시에 다음에 쏠 총탄을 탄창에서 '벗겨내서' 발사할 수 있는 자리에 놓아야 하기 때문에 전장만큼 움직여야 한다. 이 왕복 운동에는 시간이 걸리고 반동이 발생한다. 두 번째 총알은 항상 먼저 쏜 총알이 약실에서 나가 총열을 빠져나간 뒤에 발사되기 때문이다. 한 발을 쏠 때마다 똑같은 과정이 이루어진다. 총알이 발사되고, 반동이 생기고, 다음 총알이 발사된다. 이런 단계적 사이클에서는 반동을 막을 방법이 전혀 없었기 때문에 니코노프는 이런 직선적 진행을 흩뜨리기로 결정했다. 적어도 첫 두 발에 대해서는.

AN94에서는 노리쇠 뭉치가 후퇴하기 전에 도르래와 케이블이 작동하기 시작한다. 도르래와 케이블은 노리쇠의 후퇴 동작을 신속하게 뒤집으면서 뒤로부터 앞으로 노리쇠를 당기고 특수한 급탄

받침의 도움을 받아 다음 발사될 총알을 약실에 일부분 장전한다. 노리쇠가 다시 전진할 때면 '반쯤 장전된' 이 총알은 이미 장전되어 발사 준비가 끝난다. 그리하여 두 번의 사격이 마치 한 번처럼 느껴지고, 두 번째 총알이 발사된 뒤까지 반동이 전혀 없다.

두 발을 쏘는 데 전혀 반동이 없기 때문에 병사는 동일한 지점을 두 번 맞힐 수 있다. 전문 저격병 말고는 아무도 할 수 없었던 기술이다. AN94는 사실상 방아쇠를 한 번 당겨서 다른 어떤 돌격소총보다 더 빠르고 정확하게 사격할 수 있는 2점사 소총이었다.

반자동 방식에서는 여느 소총과 작동이 비슷하지만 반동이 아주 작다. 완전 자동 방식에서는 결과가 비슷하지만, 조정간을 2점사 방식으로 놓으면 사격자는 적 보병이 마주치는 가장 두려운 상대가 될 수 있다. 제아무리 성능이 좋은 방탄복을 입고 있어도 소용없다. 철갑탄을 사용하고 정확히 겨냥해서 2점사로 일제사격하면 탱크 장갑도 뚫을 수 있다.

이 소총은 AK보다도 신뢰성이 높았다. 시험 결과 평균 고장 간격이 4만 발로 AK의 3만 발보다 좋았다. 그러나 이 총도 결함이 있었다. 유지 보수가 쉽지 않았고, 일부 사용자들은 전투 환경에서 가늠 장치에 먼지가 낀다고 이야기했다. 시험 참가자들은 또한 개머리판을 접으면 방아쇠가 가려져서 사격을 할 수 없다고 불만을 토로했다. 이 점은 시가전에서 병사들에게 중요한 특징이었다. 비좁은 공간에서 운신하기 위해 개머리판을 접어두면서도 적이 나타나면 바로 대처할 수 있어야 하기 때문이다. 또 어떤 이들은 권총식 손잡이가 생각만큼 편안하지 않다고 불평했다.

2점사의 장점이 이 모든 단점을 메우고도 남았다. 그렇지만 간과할 수 없는 문제는 가격이었다. AK보다 생산 비용이 5배 정도 높았다. 러시아군은 1997년에 AN94를 공식 보병 소총으로 채택했지만, 예산 때문에 군 전체에 지급할 수 없었다. 경제 상황이 개선되지 않는다면 계속 생산과 지급이 제한될 것이다. 지금까지는 러시아의 스페츠나즈 특수부대와 경찰 엘리트부대에만 AN94가 지급되었다. 주로 대테러용으로 사용된다.

니코노프가 개발한 총기가 AK보다 훨씬 뛰어나기는 하지만, AK를 밀어내고 세계에서 가장 치명적이고 인기 있는 소총의 자리에 오르는 일은, 특히 기성 군대를 상대로 싸우는 이들 사이에서는 결코 없을 것이다. 현재 사용되는 AK들이 폐기되기까지는 수십 년이 넘게 걸릴 테고, 특히 중국·불가리아·루마니아 등지에서는 지금도 AK 신제품이 생산되고 있다. 이 대량 살상 무기는 오랫동안 우리 곁에 있을 것이다.

그리고 AK는 어느 때보다 쉽고 저렴하게 손에 넣을 수 있게 되었다. 거의 아무나 별다른 노력 없이도 한 자루를 살 수 있다. 2005년 늦여름에 영화 〈로드 오브 워Lord of War〉가 개봉했다. 니컬러스 케이지가 연기한 유리 오를로프는 뉴욕의 우크라이나계 이민자로, AK 몇 자루를 가지고 총기 중개 사업을 시작해 결국 백만장자가 된 인물이다. 감독 앤드루 니콜Andrew Niccol은 AK 복제품

3000정을 사러 다니면서 깜짝 놀랐다. 〈가타카_Gattaca〉와 〈트루먼 쇼_The Truman Show〉도 감독을 맡은 니콜은 진짜 AK를 가짜보다 더 싼 값에 살 수 있다는 것을 깨달았다. 영화 촬영이 끝났을 때 니콜은 이 총기들을 팔았다. 아무 노력을 기울이지도 않았는데 그는 세계에서 가장 신뢰받는 총기의 거래상이 되어 있었다.

2003년 5월 니코노프가 쉰세 살의 나이로 숨진 사실이 러시아에서조차 뉴스거리가 되지 못한 것은 아마 AK가 장수하기 때문일 것이다. 분명 세계에서 가장 진보한 돌격소총을 설계했는데도 국가의 공식적인 부고는 간단했다. "그의 죽음은 이젭스크 무기 제작 학교에 커다란 손실이다."

칼라시니코프 본인은 나이를 먹고 몸이 점점 약해지는데도 여전히 군이나 군과 무관한 총기 전시회에서 화제를 끄는 유명 인사다. 그가 하는 일은 AK100 시리즈, 아들 빅토르가 설계한 비존 기관단총, 그리고 종종 아바칸이라는 이름으로 거론되지만 니코노프와는 전혀 연결되지 않는 AN94 등 이즈마시에서 만드는 총기에 대한 관심을 고조하는 활동이다.

2002년 독일 동부의 줄_Suhl에 무기박물관을 여는 동안 칼라시니코프의 태도가 바뀌었다.[136] 무기 설계자가 아니라 정치인들이 전쟁을 일으켰다고 도발적으로 비난하던 기존의 태도와 정반대로, 그는 그답지 않은 슬픔과 책임감을 나타냈다. "나는 내가 만든 발명품이 자랑스럽지만 테러리스트들이 그 총을 사용하는 것은 유감입니다. 사람들이 사용할 수 있는 기계, 농부의 작업을 돕는 기계, 예컨대 잔디 깎는 기계를 발명했더라면 더 좋았을 겁니다."

칼라시니코프가 설계한 잔디 깎는 기계는 전면에 기관차의 장애물 배제기cow catcher를 단 기묘한 예초기 모양의 세 바퀴 기구였는데, 유감스럽게도 실제로 생산된 적은 없다. 소련에 잔디 깎는 기계가 많아지기 전에 이 기계를 만들었는데, 그는 지금도 시골 저택에서 잔디를 깎는 데 사용한다. 칼라시니코프 박물관에는 자동으로 시시케밥을 굽는 장치를 비롯해 그가 만든 다른 발명품들 바로 옆에 이 잔디 깎는 기계가 전시되어 있다.

칼라시니코프는 바퀴 크기도 제각각이고 청테이프로 부품을 붙여 놓은 이 투박한 잔디 깎는 기계가 고대 유물처럼 보인다는 걸 인정하면서도 기능은 완벽히 정상이라고 말한다.

할 일은 한다는 것이다.

옮긴이의 글

AK47 돌격소총은 우리에게도 낯설지 않다. 세대마다 조금씩 다르겠지만 적어도 한국 남자들에게 AK는 무척 익숙한 총기다. 군대에 처음 들어가면 훈련소에서부터 북한군의 표준 소총인 아카보총(AK보병소총), 즉 58식(AK47), 68식(AKM), 88식(AK74)의 제원 등에 관해 교육을 받는다. 그 순간부터 AK47은 언제든지 전장에서 마주칠 수 있는 '주적'의 주력 총기로 각인된다.

노년의 남자들이라면 AK47에서 곧바로 베트남전쟁의 기억이 떠오를 것이다. 베트남 참전군인들의 무용담에 단골로 등장하는 전설적인 총기이기 때문이다. 한국인의 체형에 맞지 않게 무겁고 큰 M1을 들고 참전한 한국군은 베트남에서 처음 M16을 지급받았는데, 무더운 이국땅의 진창에 굴러도 흙만 툭툭 털어내면 곧바로 발사 가능한 적군의 AK47은 고장이 잦은 미군의 최신형 총기보다 믿음직스럽게 보였을 것이다.

한편 AK47은 젊은 세대에게도 생소하지 않다. 어린 시절부터 즐기는 1인칭 슈팅 게임FPS에서 정체불명의 악당이나 게릴라, 테러리스트들이 단골로 들고 나타나는 총기가 AK이기 때문이다.

1949년 소련군이 처음 보병 기본 화기로 공식 채택한 순간부터 AK47은 작동이 간단하고 튼튼하며, 아무리 열악한 환경에서도 믿음직하고 대량생산이 가능해서 값도 싼 총기로 명성을 떨쳤다. 총구 발사 속도가 초속 700미터에 1분당 600발을 사격할 수 있고, 반자동·자동 사격이 가능한 AK47은 당시 혁신적인 발명품이었다. 부품 수를 최소화하고 가동 부품의 공간에 여유를 두어서 야전의 거친 환경에서도 좀처럼 잔고장이 생기지 않는 것이 가장 큰 장점이었다. 총기의 기본인 신뢰성과 살상력에 가장 충실한 '명품'이었다. 한 가지 약점이 있다면 반동 때문에 연속 사격 시 정확도가 떨어진다는 것이었는데, AKM과 AK74 등 신형에서는 반동 문제도 크게 개선되었다.

하지만 AK47이 "세계에서 가장 많이 사용된 무기"로 기네스북에 등재된 데는 이런 기술적 장점 외에도 정치적 요인이 작용했다. 미국과 대결하는 냉전 상황에서 소련은 사회주의권 나라들뿐만 아니라 제3세계 비동맹국가들의 환심을 사기 위해 AK47의 특허를 주장하지 않았고, 설계도면까지 무상으로 배포했다. 불가리아, 중국 등에서 생산된 저렴한 가격의 정품이 불티나게 팔려나가는 한편, 세계 각지에서 복제품이 우후죽순처럼 쏟아져 나왔다. 현재 전 세계에 흩어져 있는 AK는 9000만~1억 정을 헤아리는데, 절반 이상이 소련 바깥에서 생산된 것이고, 또 정품이 어느 정도인지는 제대로 파악조차 되지 않는다. 전 세계 소형화기의 5분의 1이 AK이고, AK가 전체 돌격소총의 절반을 넘는다.

AK47의 탄생에서부터 "매년 25만 명의 목숨을 앗아가는 진정한 대량 살상 무기"로 자리 잡게 된 오늘날에 이르기까지의 역사를 다룬 이 책은 크게 세 부분으로 나뉜다. 우선 2차대전에서 일반 병사로 복무하다가 독일군에 부상을 당한 칼라시니코프가 나치 독일에 맞서 조국을 지키기 위해 돌격소총을 만들게 된 기원부터 그의 생애를 충실히 추적한다. 칼라시니코프의 생애는 역설로 가득하다. 젊은 시절 피 끓는 애국자였던 그는 소련 시절에는 성실한 무기 설계자로 조국에 봉사한다. 어찌 보면 평범한 은퇴 생활자였던 그의 삶은 그러나 소련이 몰락하면서 요동친다. 미국에서 초청이 쇄도하고, 기묘한 아이콘이 된 AK47을 상업적으로 활용하려는 제안이 몰려든다. 왕년의 애국자 칼라시니코프는 이제 명예만이 아니라 부까지 얻으려고 애를 쓴다. 그러면서도 AK47이 전 세계에서 무고한 민간인을 수없이 살상한 것은 자기와 무관하게 정치인들 때문이라고 잡아뗀다.

한편 이 책은 AK47의 전기이기도 하다. AK47을 둘러싼 기술적·전술적·정치적 이야기는 흥미진진한 일화로 가득하다.

그리고 마지막으로 냉전의 가장 파괴적인 유산으로서 AK47이 20세기 중반 이후 전 세계의 군사, 정치, 사회, 그리고 대중문화에 미친 영향까지 돌아본다. 아프리카, 아시아, 남아메리카, 중동의

'작은 전쟁'만이 아니라 많은 나라의 국내 범죄에 이르기까지, "국제적 반군과 테러리스트부터 국내의 마약상과 거리 갱단에 이르기까지 수많은 비정규 전투부대"가 AK47을 휘둘렀다.

불과 반세기 동안 그토록 많은 목숨을 앗아간 무기는 역사상 없었다. AK47은 초강대국 냉전의 대리전에서 가장 위력을 떨쳤다. 인류가 발명한 가장 강력한 무기인 핵폭탄이 절멸의 위협 때문에 초강대국 간의 전쟁을 억제했다면, 대리전의 주력 무기였던 AK47은 그 치명적인 살상력으로 전쟁의 면모를 바꾸었다. 아니, 소수의 선진국을 제외한 세계 전체의 현대사를 변모시켰다.

무엇보다도 비극적인 사실은 이 책에서도 끈질기게 추적하는 것처럼, 전 세계의 77명 중 한 명이 가지고 있는 이 개인용 대량 살상 무기를 환수해서 파기할 방법이 없다는 것이다. 냉전 직후 사회주의권에서 제3세계로 쏟아져 나오면서 한때 6달러까지 가격이 떨어진 이 총은 닭 한 마리 가격이라고 '치킨건'이라는 별명까지 붙었다. 지금은 AK의 가격이 분쟁 지역의 사회 안정을 상징적으로 보여주는 지표로 통하기도 한다.

한때 해방과 혁명과 자유의 상징이기도 했지만, 정작 AK가 그 치명적인 위력을 발휘한 것은 독재와 내전, 분쟁과 범죄에서였고, 군인보다 더 많은 민간인의 목숨을 앗아갔다. 대륙간 탄도미사일을 공중에서 격추하는 기술을 보유한 미국도 소말리아에서 겪은 '블랙 호크 격추' 사건 이후로는 AK가 두려워 지상군 파견을 꺼리게 되었다. 미국은 아프가니스탄과 이라크에서 승리를 거두었다고

자랑하지만, 아직도 두 나라는 AK로 상징되는 사회불안에 시달
린다. 냉전이 남긴 가장 치명적인 유산은 지금도 세계를 배회하면
서 분쟁이 벌어지거나 치안이 약화되는 곳마다 역병처럼 퍼져 나
간다.

2019년 6월 유강은

미주

제사

1) Kofi A. Annan, "Small Arms, Big Problems," *International Herald Tribune*, July 10, 2001.

2) George Orwell, "Don't Let Colonel Blimp Ruin the Home Guard," *Evening Standard*, January, 8, 1941.

3) Kate Connolly, "Kalashnikov: 'I Wish I'd Made a Lawnmower,'" *Guardian*(UK), July 30, 2002.

프롤로그

4) Mary Beth Sheridan, "Ground Fire Repels Copter Assault; Two Crewmen Seized by Iraqis as Apache Goes Down," *Washington Post*, March 25, 2003.

5) Ibid.

6) 1978년 포트베닝에서 윌리엄 J. 리브시 주니어와 가진 인터뷰.

7) Jonathan Fryer, "Jingoism Jibe over Black Hawk Down," BBCNews. com, January 21, 2002.

1장 제2차 세계대전과 AK47의 탄생

8) 칼라시니코프의 초년에 관한 개인적 정보는 대부분 그의 자서전[*From a Stranger's Doorstep to the Kremlin Gates*(Moscow: Military Parade, 1997), 러시아어에서 번역]에서 따온 것이다. 가능한 경우에는 모든 일화를 관련된 이들의 이야기 및 다른 객관적인 역사적 설명과 대조해서 확인했다.

9) Ibid., 50, 92.

10) William H. Hallahan, *Misfire: The History of How America's Small Arms Have Failed Our Military*(New York: Charles Scribner's Sons, 1994), 402-404.

11) Kalashnikov, *From a Stranger's Doorstep*, 231을 보라.

2장 논에서의 명성, 베트남전쟁

12) Edward Clinton Ezell, *The Great Rifle Controversy: Search for the Ultimate Infantry Weapon from World War II Through Vietnam and Beyond*(Harrisburg, PA.: Stackpole Books, 1984), 49-51.

13) Hallahan, *Misfire*, 435-437.

14) AR15 개발 프로젝트를 밀어붙이려 한 스토너의 노력과 군의 저항에 관한 자료는 대부분 베트남전쟁 당시 M16의 기능 불량에 관한 이코드Ichord 청문회(아래 16번 주를 보라)에서 가져온 것이다. 스토너는 또한 스미스소니언협회Smithsonian Institution를 위해 일련의 동영상 인터뷰를 했는데(칼라시니코프도 했다), 여기서 군과 싸움을 벌인 이야기를 했다. 앞에서 참조한 《소총 대논쟁The Great Rifle Controversy》과 《불발Misfire》에는 이 시기에 관한 광범위한 문서 자료가 담겨 있다. 이 특정한 인용문은 히스토리 채널의 시리즈물인 〈총 이야기: M16Tales of the Gun: The M-16〉에서 볼 수 있는데, 여기서 스토너는 카메라를 앞에 두고 M16 소총의 기원에 관해 설명한다.

15) 커티스 르메이Curtis LeMay가 자신의 부통령 후보로 나서는 데 동의했다고 발표한 조지 월리스George Wallace의 1968년 10월 3일 기자회견을 말한다.

16) *Report of the Special Subcommittee on the M-16 Rifle Program of the Committee on Armed Forces*, House of Representatives, 19th

Congress, First Session, October 1967. 이 청문회는 베트남전쟁 당시 M16이 자주 고장 난 문제를 하원이 조사할 것을 주장한 미주리주 출신 하원의원 리처드 이코드Richard Ichord의 이름을 따서 이코드 청문회라는 이름이 붙었다.

17) Report by Preparedness Investigating Subcommittee of the Committee on Armed Services, U.S. Senate, on M-14 Rifle Program, 1961.

3장 판도라의 상자, 아프가니스탄

18) Lester Grau, "The Soviet–Afghan Wars: A Superpower Mired in the Mountains," *Journal of Slavic Military Studies*, March 2004.

19) Ibid.

20) 소련 침공 당시 아프가니스탄에서 CIA가 벌인 활동은 대부분 자료로 남아 있다. Charles G. Crogan, "Partners in Time," *World Policy Journal*, Summer 1993; Steve Coll, *Ghost Wars: The Secret History of the CIA, Afghanistan and Bin Laden from the Soviet Invasion to September 10, 2001*(New York: Penguin, 2004), 58과 더불어 CIA 활동에 관한 의회 증언도 보라.

21) Val Shilin and Charlie Cutshaw, *Legends and Realities of the AK* (Boulder, CO: Paladin Press, 2000), 38.

22) Kalashnikov, *From a Stranger's Doorstep*, 292.

23) 이 부분의 기술적 자료는 대부분 Shilin and Cutshaw, *Legends and Realities of the AK*에서 가져왔다.

24) Edward Clinton Ezell, *Kalashnikov: The Arms and the Man: A Revised and Expanded Edition of the AK47 Story*(Cobourg, ON: Collector Grade Publications, 2001), 121.

25) Galen L. Geer, "Jihad in Afghanistan," *Soldier of Fortune*, September and October 1980.

26) David Rooney, *Guerrilla: Insurgents, Patriots and Terrorists from Sun Tzu to Bin Laden*(London: Brassey's, 2004), 227–228.

27) Bobi Pirseyedi, *The Small Arms Problem in Central Asia: Features and Implications*(Geneva: United Nations Institute for Disarmament Research, 2000).

28) Coll, *Ghost Wars*를 보라.

29) *The State of the World's Refugees 1995: Conflict and Reconstruction in Afghanistan*, UNHCR. Chris Smith, "Light Weapons and Ethnic Conflict in South Asia," in Jeffrey Boutwell, Michael T. Klare, and Laura W. Reed, eds., *Lethal Commerce: The Global Trade in Small Arms and Light Weapons*(Cambridge, MA: Committee on International Security Studies, American Academy of Arts and Sciences, 1995), 64도 보라.

30) Grau, "Soviet-Afghan Wars"를 보라.

31) A. Z. Hilali, "Afghanistan: The Decline of Soviet Military Strategy and Political Status," *Journal of Slavic Military Studies* 12, no. 1(March 1999): 102.

32) Henry Kamm, "Pakistani Arms Dealers Hail God and the AK-47," *New York Times*, March 8, 1988.

33) Mark Fineman, "Ethnic Tensions Grip Hyderabad; Pakistanis Fear for Lives in Kalashnikov Culture," *Los Angeles Times*, October 5, 1988.

34) Mary Williams Walsh, "Guns and Gunmen Rule in Pakistan's Wild West," *Wall Street Journal*, June 30, 1987.

35) Ibid.

36) Chris McNab, *The AK47*(St. Paul, MN: MBI Publishing, 2001), 60.

37) *Jane's Intelligence Review*, August 1, 1997.

38) 빈라덴이 부상한 과정을 간결하면서도 훌륭하게 요약한 Rooney, *Guerrilla*, 229-241을 보라.

39) Michael Scheuer, "Al-Qaeda's Tactical Doctrine for the Long War," *Terrorism Focus*, March 14, 2006에 인용된 알카에다 작가들 글의 영역본. 쇼이어는 또한 *Imperial Hubris: Why the West Is Losing their War on Terror*(Dulles, VA: Potomac Books, 2005)에서도 알카에다의 교의를 다루었다.

4장 아프리카의 신용카드

40) PBS, *Frontline/World*, "Gun Runners," May 2002.

41) Howard Witt, "In Liberian Jungles, Teens Take Charge," *Chicago Tribune*, July 15, 1990.

42) Tom Kamara, "Children Remain Useful," *The Perspective*, January 24, 2001.

43) Jamie Menutis, "No End to the Ugliness in Liberia," *Alternet*, June 24, 2003.

44) "Up to 15,000 Child Soldiers in Liberia, UN Says," IRIN News, September 24, 2003. IRIN은 통합지역정보네트워크Integrated Regional Information Networks의 줄임말로 UN 인도지원조정국Office for the Coordination of Humanitarian Affairs 소속이다.

45) Howard Witt, "In Liberian Jungles, Teens Take Charge," *Chicago Tribune*, July 15, 1990.

46) Michael Klare, "The Kalashnikov Age," *Bulletin of the Atomic Scientists,* January 1999.

47) "Liberia's Killing Goes On," *Economist*, September 15, 1990.

48) Fadiru B. Koroma, "War in Liberia Threatens to Destabilise Region," Worldpress.org, August 14, 2002.

49) P. W. Singer, *Children at War*(New York Pantheon, 2005), 56.

50) Ken Silverstein, "Comrades in Arms," *Washington Monthly*, January 1, 2002.

51) Holly Burkhalter, Physicians for Human Rights, testimony before the U.S. House of Representatives Ways and Means Subcommittee on Trade, September 13, 2000.

52) Tamam Ahmed Jama, "Soaked in Blood," *Al-Ahram Weekly*, January 23, 2003.

53) Alex Vines, *Hunting the Illegal Arms Traffickers*, report to Norwegian Initiative on Small Arms Transfers, December 6, 2003.

54) Paul Salopek, "Disarming Sierra Leone," *Chicago Tribune*, December 23, 2001.

55) "A Region in Flames: West Africa Wars," *Economist*, July 5, 2003.

56) Kim Sengupta, "British SAS Overpower West Side Boys with Military Precision," *Hamilton* (ON) Spectator, September 11, 2000. 다음의 책은 전체가 이 사건을 설명하는 내용이다. William Fowler, *Operation Barras: The SAS Rescue Mission, Sierra Leone 2000*(London: Weidenfeld & Nicholson, 2004).

57) "Children of the Gun," Children in Crisis Report, Save the Children, September 2000. Singer, *Children at War*, 15도 보라.

58) Clarence Roy-Macaulay, "Sierra Leoneans Testify on Rebel Abuse," Associated Press, July 21, 2004.

59) *Terrorist Responses to Improved US Financial Defenses*, testimony by Douglas Farah before the House Subcommittee on Oversight and Investigations, Committee on Financial Services, February 16, 2005. 파라는 피의 다이아몬드와 알카에다 같은 테러 집단이 이 다이아몬드를 이용해 벌인 활동을 심층 조사한 책의 저자이기도 하다. 그는 2001년 9·11 공격의 자금원에는 다이아몬드를 비롯한 보석의 불법 거래도 있었다고 설득력 있는 주장을 편다. Douglas Farah, *Blood from Stones: The Secret Financial Network of Terror*(New York: Broadway Books, 2004)를 보라. "9/11 Funds Traced to Taylor," *Africa News*, July 22, 2004도 보라.

60) "Somali President a 'Man of Peace,'" *BBC News World Edition*(online), October 14, 2004.

61) Stephen D. Goose and Frank Smyth, "Arming Genocide in Rwanda," *Foreign Affairs*, September/October 1994.

62) Jeffrey Boutwell and Michael T. Klare, "A Scourge of Small Arms," *Scientific American*, June 2000.

63) Carter Dougherty, "Rwanda Marks Genocide Anniversary," *Boston Globe*, April 8, 2004. 당시 UN 사무총장 부트로스 부트로스갈리Boutros

Boutros-Ghali가 한 역할에 관한 설명으로는 Linda Melvern, *A People Betrayed: The Role of the West in Rwanda's Genocide*(London: Zed Books: 2000)를 보라.

64) Richard D. Hooker, *By Their Deeds Alone*(New York: Ballantine, 2003).

65) Shapi Shacinda, "Tides of Guns Leaves Africa Awash with Misery," Reuters, November 14, 2004.

66) 인류학자를 비롯한 연구자들은 AK가 목축민들에게 미친 영향을 연구하고 있다. 사례 연구로는 Mustafa Mirzeler and Crawford Young, "Pastoral Politics in the Northeast Periphery in Uganda: AK-47 as Change Agent," *Journal of Modern African Studies* 38, no. 3(2000)을 보라.

67) *Small Arms Survey 2001*(Geneva: Graduate Institute of International Studies, Oxford University Press, 2002): 64.

68) Tom Bowman, "The Father of Terrorism: Kalashnikov Is a Trademark for Revolution," *Daily Telegraph*(Sydney), March 9, 2002.

5장 라틴아메리카에 꽃핀 '칼라시니코프 문화'

69) 다음의 증언은 라틴아메리카 범죄 문제에 관한 통찰을 보여준다. The testimony of Adolfo A. Franco, Assistant Administrator, Bureau for Latin America and Caribbean, U.S. Agency for International Development, Committee on House International Relations Subcommittee on Western Hemisphere, April 20, 2005.

70) Chuck Taylor, "Galil: The World's Best Assault Rifle," *Guns*, August 1994.

71) "Israel Shows Off a New Rifle That She Says Rates with the Best," *New York Times*, April 15, 1973.

72) Christopher Dickey, *With the Contras: A Reporter in the Wilds of Nicaragua*(New York: Simon & Schuster, 1985), 118-119.

73) George Gedda, "Contras Obtain 10,000 Polish AK-47 Rifles, US Officials Say," Associated Press, August 31, 1985.

74) Michael S. Serrill, "Shot out of the Sky: A Captured U.S. Soldier of Fortune Spins a Tale of CIA Intrigue," *Time*, October 20, 1986.

75) Elaine Sciolino, "Contra Leader Discloses Bank Records," *New York Times*, March 6, 1987.

76) 당시 가장 훌륭한 언론 보도는 《월스트리트저널》에서 나왔는데, 특히 John Walcott and David Rogers, "Ship Used to Send Arms to Contras Said to Aid Delivery of East-Bloc Arms," *Wall Street Journal*, February 13, 1987을 보라.

77) Roy Gutman, "Bush Assails Soviets on Salvador Aid: He Says They're Exporting Revolution," *Newsday*(New York), May 3, 1989.

78) "Grapevine," *Time*, March 27, 1989.

79) Frank Smyth, "Mysterious Influx of Soviet and Chinese Arms for Salvador Rebels," *Sacramento Bee*, June 4, 1989.

80) Report of the General Secretariat of the Organization of American States on the Diversion of Nicaraguan Arms to the United Defense Forces of Colombia, January 6, 2003.

81) *El Tiempo*, June 30, 2002. 무기를 빼돌린 이 사건에 관한 첫 번째 기사는 2002년 4월 21일에 나왔다.

82) DEA unclassified document written August 27, 1996. Part of a FOIA request in the National Security Archive, George Washington University.

83) Juan O. Tamayo, "Peru's Link to Arms Deals Worried U.S.," *Miami Herald*, September 20, 2000.

84) 가격 정보에 관해서는 An Vranckx, "European Arms Exports to Latin America: An Inventory," *IPIS Background Report*, Antwerp, Belgium, updated January 2005를 보라.

85) *El Tiempo*, June 16, 2004. Marcela Sanchez, "Guerrillas March to War in $100 Boots," *Seattle Post-Intelligencer*, June 25, 2004도 보라.

86) "The Iron Fist of Hugo Chavez," FoxNews.com, February 4, 2005.

87) Pablo Bachelet, "Rumsfeld 'Concerned' about Venezuela's Plan to Buy AK47s," *Miami Herald*, March 24, 2005.

88) Bill Gertz and Rowan Scarborough, "Inside the Ring," *Washington Times*, February 18, 2005.

6장 미국에 건너간 칼라시니코프

89) Kalashnikov, *From a Stranger's Doorstep*, 335를 보라.

90) Ezell, *Kalashnikov: The Arms and the Man*, 231–239.

91) 저자가 2004년 9월 윌리엄 애디슨 허스트와 가진 인터뷰.

92) Sergeant Chris Lawson, "Top Weapons Designers Meet Here," *Quantico Sentry*, May 22, 1990.

93) 2004년 9월 윌리엄 애디슨 허스트와 가진 인터뷰.

94) 저자가 2005년 5월 매슈 P. 콜필드 소장(퇴역)과 전화와 이메일을 통해 가진 인터뷰.

95) Stephen Johnson, "The Rifle Men: Meeting of the Minds Behind AK–47, M–16," *Houston Chronicle*, January 18, 1993.

96) J. Kampfner, "Kalashnikov," *Courier*(Queensland, Australia) *Mail*, March 5, 1994.

97) Celestine Bohlen, "Arms Factory Can Make Bricks, But, Russia Asks, Is That Smart?" *New York Times*, February 24, 1992.

98) "Five Children Killed as Gunman Attacks a California School," Associated Press, January 18, 1989.

99) Laurie Becklund, "Saddled Up, Reagan Vows to Speak on Issues," *Los Angeles Times*, February 7, 1989.

100) Douglas Jehl, "Bennett Pressured by NRA on Gun Views, Officials Say," *Los Angeles Times*, March 18, 1989.

101) "Bennett Feels the Heat over Stand on Guns," *Chicago Tribune*, March 18, 1989.

102) 론 휘태커와의 인터뷰, *60 Minutes*, February 8, 1995.

103) *Gun World*, August 2001.

104) 다이앤 파인스타인과의 인터뷰, *60 Minutes*, February 8, 1995.

105) 노스할리우드 총격 사건에 관해서는 많은 설명이 있다. Nancy J. Rigg, "Shootout in North Hollywood," *9-1-1 Magazine*, Sept/Oct. 1997; "Botched L.A. Bank Heist Turns into Bloody Shootout," CNN.com, February 28, 1997; Beth Shuster and James Rainey, "The North Hollywood Shootout," *Los Angeles Times*, March 1, 1997; "Stunned Police, Residents Cope with Aftermath of L.A. Shootout," CNN.com, March 1, 1997; and *1997 LAPD Annual Report* 등을 보라. 사건 발생 후 44분 동안 이루어진 경찰 무선 기록도 몇몇 인터넷 사이트에 공개되어 있다.

106) Mark Schlueb, "As Danger Grows, Orlando Cops Get Rifles with Punch," *Orlando Sentinel*, June 4, 2002.

107) 저자가 2005년 6월 존 로즌솔과 가진 인터뷰.

7장 UN, 미국, 그리고 대량 살상 무기

108) Mei-Ling Hopgood, "Gun Lobby Keeps Heat on U.S. at Conference," *Atlanta Journal-Constitution*, July 11, 2001.

109) Mike Crawley, "Kenya Trade-In; Guns for Schools," *Christian Science Monitor*, January 2, 2001.

110) Kofi Annan, *We the Peoples: The Role of the United Nations in the 21st Century, October 2000 Millennium Report*, April 3, 2000.

111) *Setting the Record Straight*, UN Conference on the Illicit Trade in Small Arms and Light Weapons in All Its Aspects, New York, July 9-20, 2001. Published by the United Nations Department of Public Information in cooperation with the Department for Disarmament Affairs, July 2001.

112) Global Structures Convocation(3rd: 1994), February 2-6, 1994, Washington, D.C.

113) Joint Report of the United Nations Organization Mission in the

Democratic Republic of the Congo, the United Nations Operation in Burundi and the Office of the United Nations High Commissioner for Human Rights into the Gatumba Massacre, October 5, 2004.

114) Johan Peleman, "Tracing Arms Flows," presentation given at the international experts meeting on tracing illicit small arms and light weapons, organized by the GRIP and the European Cost programme, Brussels, October 22, 2004.

8장 숙명의 라이벌, 사막의 AK와 M16

115) Gordon Dillow, "Battle Transforms Fresh Faced Troops," *Orange County Register*, March 23, 2003, in conjunction with Department of Defense Press Releases.

116) Anna Badkhen, "Gun Market Thrives on Dread," *San Francisco Chronicle*, March 26, 2003. *Small Arms Survey 2004*(Geneva: Graduate Institute of International Studies, Oxford University Press, 2004), 48도 보라.

117) Andrew England, "US Troops Using Confiscated Iraqi AK-47s," Associated Press, August 25, 2003.

118) Ted Strickland, letter to Secretary of Defense Donald Rumsfeld, October 1, 2003.

119) William Matthews, "U.S. Officials Rap Rifle Buy for Iraqi Corp," *Defense News*, December 22, 2003.

120) C. J. Chivers, "Who's A Pirate? Russia Points Back at the U.S.," *New York Times*, July 24, 2004.

121) Northern District of California indictment, U.S. District Attorney, May 23, 1996. Jonathan S. Landay, "Chinese Firm Linked to Smuggled AK-47s Picked to Supply Iraqi Army," Knight Ridder Newspapers, April 27, 2005도 보라.

122) Oliver Poole, "The Iraqi GP: Stethoscope and AK-47," *The Age*, May 19, 2005.

9장 대중문화의 아이콘

123) Kalashnikov, *From a Stranger's Doorstep*, 444.
124) "Kalashnikov Inventor Wants Peace; Recalls Soviets Nostalgically," Agence France-Presse, May 7, 2000.
125) 저자가 필립 스탁의 대리인에게서 받은 이메일.
126) 저자가 요르크 디크만에게서 받은 이메일.
127) Dave Graham, "Kalashnikov Sets Sights on Superbrand," Reuters, February 17, 2003.
128) *Playboy*, January 2004.
129) "Russian Roulette," *Growing Business*, June 2004.
130) Vicky Allan, "Kalashnikov Calls New Kinds of Shots," *Sunday Herald*(Scotland), September 26, 2004. "Kalashnikov Launches Liquid Weapon," CNN.com, September 20, 2004도 보라(미주 129~132에는 지은이가 플로리와 전화로 한 인터뷰 내용도 들어 있다).
131) John Ness, "Swords into Vodka," *Newsweek International*, November 22, 2004.
132) "Britain's Kalashnikov Vodka to Change Name after Anti-Violence Campaign," Reuters, January 15, 2005. Adam Jones, "Lobby Sets Sights on Kalashnikov Vodka," *Financial Times*, October 26, 2004도 보라.
133) Report of Panel Meeting, January, 21, 2005.
134) Billy Hidge, "Killing Machine," *Stuff*, April, 2005.

에필로그

135) Shilin and Cutshaw, *Legends and Realities of the AK*, 144를 보라.
136) Kate Connolly, "Kalashnikov: 'I wish I'd made a Lawnmower,'" *Guardian*(UK), July 30, 2002.

찾아보기

AK47 매혹적이면서도 가장 잔혹한 도구의 세계사

초판 1쇄 발행 | 2019년 7월 5일
초판 5쇄 발행 | 2022년 10월 17일

지은이 | 래리 커해너
옮긴이 | 유강은

펴낸이 | 한성근
펴낸곳 | 이데아
출판등록 | 2014년 10월 15일 제2015-000133호
주   소 | 서울 마포구 월드컵로28길 6, 3층 (성산동)
전자우편 | idea_book@naver.com
전화번호 | 070-4208-7212
팩   스 | 050-5320-7212

ISBN 979-11-89143-04-6 03900

이 책의 국립중앙도서관 출판사도서목록(CIP)은 서지정보유통지원시스템 홈페이지
(http://seoji.nl.go.kr)와 국가자료종합목록 구축시스템(http://kolis-net.nl.go.kr)에서
이용하실 수 있습니다.
(CIP 제어번호: CIP2019024130)

책값은 뒤표지에 있습니다. 잘못된 책은 구입하신 곳에서 바꿔드립니다.